新世纪教师教育丛书·修订版

袁振国 主编

实用教育技术

——面向信息化教育

祝智庭 沈书生 顾小清 编著

教育科学出版社

·北 京·

《新世纪教师教育丛书》修订版前言

　　振兴民族的希望在教育，振兴教育的希望在教师。

　　教师是一种专门化的职业，它有自己的理想追求、有自己的理论指导、有自觉的职业规范和成熟的技能技巧，具有不可替代的独立特性。教师不仅是知识的传递者，而且是道德的引导者，是思想的启迪者，是心灵世界的开拓者，是情感、意志、信念的塑造师；教师不仅需要知道传授什么知识，而且需要知道怎样传授知识，知道针对不同的学生采取不同的教学策略。教师职业的专门化既是一种认识，更是一个奋斗过程，既是一种职业资格的认定，更是一个终身学习、不断更新的自觉追求。中国教师队伍的培养和培训正在发生着历史性的变革，正在从发展数量向提高质量转变，提高质量将成为新世纪教师队伍建设的主旋律。在这种转变的过程中，无论是职前培养还是职后培训，无论是教育机构还是教师个人，都需要以一种新的姿态迎接这一转变。

　　从我们对广大中小学的调查中了解到，面对全面推进素质教育的新形势，当今教师迫切需要不断更新教育理念，提高将知识转化为智慧、将理论转化为方法的能力，提高将学科知识、教育理论和现代信息技术有机整合的能力，增强理解学生和促进学生道德、学识和个性全面发展的自觉性。为了响应这种挑战，广大的师范院校和教师培训机构都在积极探索教师教育的新内容和新方法。以华东师范大学为例，1996年起，就有组织地开发了现代教育理论与教育实践紧密结合的新课程系统和教学模式，这些课程包括：教育新理念、课程理论与课程创新、现代教育技术、教育评价与测量、当代教学理论、教学策略、心理健康的指导和研究、网络教学、课件制作、教会学生思维、师生沟通的艺术、优秀班主任研究、中小学教学与管理案例分析、教育研究方法、基础教育改革的理论与实践等。参加课程开发的教师60%具有教授、副教授职称，80%具有硕士、博士学位。这一项目列入了教育部师范司"面向21世纪高师教学与课程改革计划"重点项目。我主持了这一项目的研究和实践。根据边实践、边研究、边总结、边改进的方针，经过几轮教学，逐渐形成了一批相对成熟的教材，在反复教学的基础上，经过精选整合、修改补充，于2001年由教育科学出版社出版。由于这套丛书理念新、注重理论联系实际、强调可操作性，出版以后受到了读者极大欢迎，数次甚至数十次重印，为满足教师教育的新形势、新要求尽了绵薄之力。

正是由于这套丛书影响大、受欢迎程度高，所以更增强了我们的责任感。丛书出版的六年多来，教师教育的知识、观念不断更新，教师教育的实践不断发展，我们对教师教育课程的认识也不断深化，为此，根据教师教育的新形势和新要求，我们对《新世纪教师教育丛书》进行了修订。这次修订包括两方面，一是对第一版图书进行了较大修订，更新了内容，改善着结构，修饰了语言，修订了错误；二是丛书新增了若干选题，以反映教师教育的新要求。

祝愿丛书与我国一千多万中小学教师共同成长。

袁振国
2007 年 7 月

作者前言

　　教师专业发展已经成为我国教育工作者耳熟能详的话题和热切追求的目标，掌握现代教育技术，运用信息技术改进教学效能已经成为教师专业能力的必备要素。在"教育信息化带动教育现代化"的理念驱使下，我国基础教育信息化建设取得迅猛发展，教育教学过程随之发生变化，出现了人们普遍认同的"信息化教育"新形态。本书从我国教师教育的实际需求出发，旨在帮助广大教师认识现代教育技术在当代教育改革与发展中的作用，能够理解和应用教学系统设计的原理和方法，能够掌握教学媒体，特别是数字化媒体技术的使用技能，能够运用它们来获取、选择、评价和利用教育信息资源，以及能够设计具有创新意义的信息化教学过程来进行教学改革实践。

　　教育技术领域本身处在一个不断发展和完善的过程中，信息化教育可以看做是教育技术发展的新形式与新阶段。本书在编写过程中，既注意吸收现有研究成果，也进行了一定的创新尝试，主要表现在以下几个方面。

　　一是结构新。本书结合我们多年来从事教育技术教学与实践的经验，从未来教师可能面临的日常工作场景出发，形成了本书的特有结构。

　　二是内容新。本书内容大量吸收了国际教育技术学领域研究的最新成果，并有作者在信息化教育方面的理论研究和实践的大量成果，同时充分关注实际应用需求,强调了内容的可读性。

三是观点新。本书力图综合与教育技术相关的主要理论流派的观点,并用我们的系统观点对其加以适当的对照分析,并从我国基础教育教学改革的实践出发,形成可运用于我国实践的信息化教学实用策略。

四是方法新。我们深知在教育技术教学中很容易造成理论与实践脱节的现象,要么偏重理论而忽视实践,要么偏重具体操作而淡薄理论。本书在选择案例的过程中,注意保持案例的可实践性与可借鉴性,使读者通过案例学习来连接理论与实践。因为我们相信好的案例可以为学习者提供模仿、修改、拓展、延伸和创新的原型。

但愿我们在编写过程中所形成的近乎于"革命"的举措能被广大读者所理解和接受,并能在国内教育技术同行中引起共鸣。

本书的内容是"自给有余"的。读者可根据自己的需求选择其中一部分内容进行学习,每章后面提供的实践项目也可酌情取舍,并可以按照需要改变学习的顺序。

本书是通过群体合作完成的。祝智庭、沈书生、顾小清共同进行全书的整体规划与结构设计,并完成了全书主要内容的编写与统稿工作,在编写过程中,牛玉霞、谢同祥、刘强、刘芬芬、张所娟、李兴德、荣亮、石冉冉、胡培培等参与了大量的资料收集与部分章节的编写任务,牛玉霞和刘芬芬还承担了资料校对与排版等方面的大量工作。

本书参考、引用了大量的国内外资料,其中的主要来源已在参考文献中列出,如有遗漏,恳请原谅。

由于作者经验与学识所限,加上时间紧迫,书中谬误在所难免,欢迎读者指正。

最后,作者要感谢袁振国教授,在他的策划与指导下,使本书得以成为"新世纪教师教育丛书"之一。作者还要感谢教育科学出版社为本书的出版所做的努力。

2008 年 1 月

目　　录

1

教育技术概论

【学习导航】

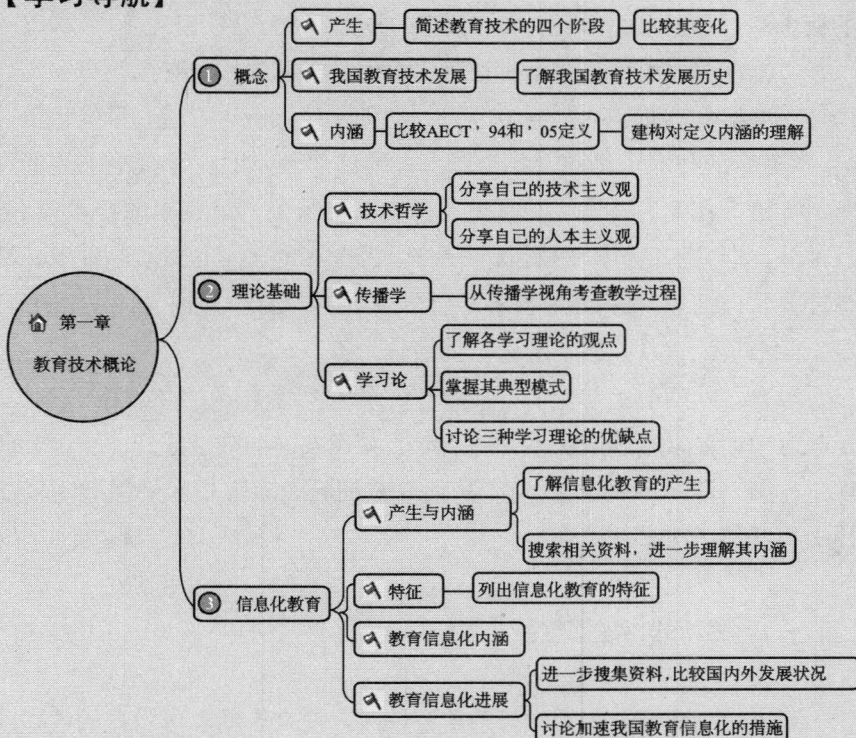

第一节　教育技术的概念

自从有人类以来，就存在了教育现象。教育是指一切有目的的对人传授知识与技能，培养良好品德的社会活动，教育使人类可以更好地认识并改造自然。人类在利用自然和改造自然过程中积累了丰富的知识与经验，包括材料、工具、系统手段和方法等，以帮助人类提高生产与劳动效率，这一系列知识与经验可以统称为技术。

广义地说，教育技术就是指人类在教育活动中所采用的一切技术手段和方法的总和。有些学者将它分为有形（物化形态）和无形（智能形态）两大类，也有的学者认为可以将教育技术区分为两种截然不同的概念："教育中的技术"和"教育的技术"。

"教育中的技术"包括一切可以提供信息的手段，它与教育和培训中使用的器具有关，如广播、电视、电影、计算机、卫星和录音机等。

"教育的技术"则包含 3 个层次：硬件部分，即在教育中采用的视听、传输等技术设备设施，在很大程度上相当于"教育中的技术"；软件部分，即人们所设计的用以与硬件系统配套的教学与管理软件等；潜件部分，即这些软件与硬件得以生产、改进和配合的理论基础，如心理学、学习理论、系统科学理论、传播理论等。

教育技术的产生与发展，使教育的形态发生了巨大的变化，它改变了教育中诸要素之间的关系，并引起了各国政府的高度重视。美国学者匹尔比姆（D. Pilbeam）认为，从世界范围看，教育技术的兴起不亚于历史上任何一次教育革命。

一、教育技术的产生

当人们越来越意识到教育的重要性时，便在不断思考教育的效率问题。17～19世纪，夸美纽斯和裴斯泰洛齐等人提出直观教学的思想，主要采用图片、实物、模型等直观教具来辅助教学。受当时科技水平的限制，当时教学直观性的层次相对较低，但这却推动了人们对教学形式的关注。

（一）视觉教育

19世纪末20世纪初，随着科学技术的长足进步，出现了许多机械的、电动的信息传播媒体，如照相、幻灯和无声电影等，它们可以向人们提供生动的视觉形象，于是产生了所谓经验的视觉教育的概念。视觉教育与直观教育在理念上是完全接轨的，区别在于所涉及的媒体种类不同。

最早正式使用视觉教育术语的是美国宾夕法尼亚州的一家出版公司，1906年，它出版了一本介绍如何拍摄照片、如何制作和利用幻灯片的书——《视觉教育》。1923年，美国教育协会建立了视觉教育分会。

视觉教育倡导者强调的是利用视觉教材作为辅助，以使学习活动更为具体化，主张在学校课程中组合运用各种视觉教材，将抽象的概念做具体化的呈现。1937年，霍邦（C. F. Hoban）等人在《课程的视觉化》一书中提出了视觉教材的分类模式和选用原则。如图1-1所示，作者提出了一个对视觉化教材进行分类的模式。

这个模式主要以教具为基准，按其所提供教材的具体—抽象程度排列成示意图：从实地见习开始，它提供的教材最具体；越向上，具体性逐渐减少而抽象性逐渐增加；相对来说，言语最抽象。霍邦还指出，在选用视觉教材时有四个方面值得考虑，即视觉教材本身的现实性、学生过去的经验范围和性质、教育目的和教室环境、学生智力的成熟程度。

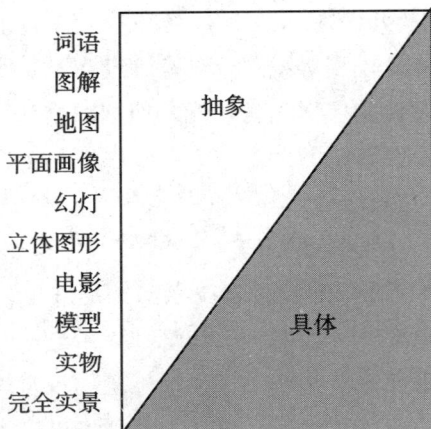

词语
图解
地图
平面画像
幻灯
立体图形
电影
模型
实物
完全实景

抽象

具体

图 1 - 1　视觉教材的分类模式

（二）视听教育

20 世纪 30 年代后半叶，无线电广播、有声电影、录音机先后在教育中获得运用，人们感到视觉教育名称已经概括不了已有的实践，并开始在文章中使用视听教育的术语。1947 年，美国教育协会的视觉教育分会改名为视听教学分会。从总体上看，视听教育的概念与视觉教育没有很大的差异，没有质的飞跃，主要是把原先的视觉辅助扩充成了视听辅助工具。然而至 20 世纪 50 年代初，有两种并行的新的理论观点开始渗入视听教育领域，那就是传播理论和早期的系统观念，它们逐渐引发了教育技术领域一次质的飞跃。

（三）视听传播

进入 20 世纪 50 年代以后，西方学校中视听设备和资料剧增，教育电视由实验阶段迈入实用阶段，程序教学和教学机器风靡一时，计算机辅助教育开始了实验研究，这些新的媒体手段的开发和推广使用，给视听教育注入了新的血液。同时，由拉斯韦尔（H. D. Lasswell）等人在20 世纪 40 年代创立的传播学开始向相关领域渗透，有人已将教学过程作为信息传播的过程加以研究。

1960 年，美国的视听教育协会组成特别委员会，研讨什么是视听教育。1963 年 2 月，该委员会提出报告，建议将视听教育的名称改为视听传播，并对此作了详细的说明。"视听传播是教育理论和实践的一个分支，它主要研究对控制学习过程的信息进行设计和使用。"① 另外，许多研讨视听教育的文章和著作，也都趋向于采用传播学作为视听教育的理论基础。

（四）教育技术

由于媒体技术的发展和理论观念的拓新，国际教育界深感原有视听教育的名称不能代表该领域的实践和研究范畴，1970 年，美国教学技术委员会开始率先使用教育技术的概念。1970 年 6 月 25 日，美国视听教育协会更名为教育传播和技术协会（Association for Educational Communication and Technology，简称 AECT）。1972 年，该协会将其实践和研究的领域正式定名为教育技术。

二、我国教育技术的发展

教育技术在我国的发展历史可以追溯到 19 世纪末 20 世纪初，但是，我国教育工作者在研究和发展教育技术的过程中，独创了一个具有中国特色的专有名词——电化教育。

电化教育在我国的发展可以分为五个阶段：萌芽阶段、形成阶段、萧条阶段、初步发展阶段、复苏与迅速发展阶段。

电化教育萌芽于 19 世纪 90 年代。当时，随着幻灯技术的引入，有人开始尝试使用幻灯来进行教学，加之当时人们在电子技术领域中的一系列重大突破，人们越来越重视科学技术与教学两大领域的互相渗透。

---

① 罗伯特·M. 加涅. 教育技术学基础［M］. 张杰夫，等，译. 北京：教育科学出版社，1992.

据有关资料的不完全统计，1920 年，上海商务印书馆创办了国光电影公司，并拍摄了一批教育题材的影片，如《盲童教育》《养真幼儿园》《女子体育》《陆军教练》《养蚕》等；1922 年，南京金陵大学开始尝试使用幻灯和电影来宣传棉花的种植；1932 年，南京成立了中国教育电影协会，20 世纪 30 年代，当时的教育部还成立了电影教育委员会与播音教育委员会。

1935 年，镇江建立了"电化教学讲映场"，1936 年，我国正式确立了电化教育的名称。20 世纪 30 年代下半叶起，受战争影响，国内本来就很匮乏的资源遭受了巨大的破坏，电化教育的设备供应渠道中断，电化教育的发展处于停滞甚至可以说是倒退状态。尽管仍有一些教育工作者在致力于电化教育的研究，但由于当时的一切财力主要被用于战争消耗，电化教育要发展真可谓举步维艰。

新中国成立后，我国政府一方面致力于修复战争留下的创伤，一方面不断加强对教育的投入，电化教育又有了长足的发展，20 世纪 50 年代到 60 年代中叶，我国的电教工作在师范院校、医学院校、外语院校与军队院校得到了较大范围与较大规模的初步发展。可是，好景不长，我国虽然十分关注教育问题，但是由于三年的自然灾害的困扰，加之随后而来的十年动乱，我国的电化教育事业一度几乎处于崩溃的边缘。

1978 年以后，我国所发生的变化可以说是亘古未有、翻天覆地的。在 1978 年的全国教育工作会议上，邓小平同志指出："要制订加快发展电视、广播等现代手段的措施，这是多快好省发展教育事业的重要途径，必须引起充分的重视"。于是，电化教育在中国得到了全面而迅速的发展。国家成立了中央电化教育馆、广播电视大学与教育电视台，逐步在学校配备了先进的视听教学设备，建立了语音室、计算机室等，并在全国范围内开展了大规模的电化教育实验研究。①

20 世纪 90 年代以后，为了便于在国际范围内广泛开展教育技术的

---

① 以上资料主要参考吴在扬主编《中国电化教育简史》，阿伦《中国电化教育（教育技术）年表》，李龙《加强史学研究　促进学科发展》等文章。

交流与合作，我国电化教育工作者进一步拓展了电化教育的研究领域与范畴，并开始逐渐以教育技术取代了电化教育。

1995 年，中国教育科研网开通，标志着中国的网络教育应用的开端，也标志着我国教育技术发展已经进入了一个新阶段。1998 年 5 月，原教育部部长陈至立提出，教育技术是教育改革的制高点①，更加推动了我国教育技术的空前发展。2000 年，教育部制定了在中小学普及信息技术教育和实施"校校通"工程的战略目标。

2004 年 12 月，我国颁布了《中小学教师教育技术能力标准（试行）》，从术语与定义、教学人员教育技术能力标准、管理人员教育技术能力标准和技术人员教育技术能力标准四部分对我国中小学教师的教育技术能力进行了规定。2005 年 4 月，教育部又全面启动了全国中小学教师教育技术能力建设计划，这对于规范教师培训工作，提高教师教育技术应用能力和教师队伍整体素质，促进教师专业发展和基础教育课程改革，加快推进教育信息化等都具有重要意义。

三、教育技术的内涵

（一）AECT'94 定义

20 世纪 70 年代以来，美国研究机构多次对教育技术的内涵进行过界定。1994 年，美国 AECT 发表了由西尔斯（Seels）与里奇（Richey）合写的专著《教学技术：领域的定义和范畴》②，该书认为："教学技术是对学习过程和学习资源进行设计、开发、使用、管理和评价的理论与实践"。我们可以用图 1 - 2 来描述 AECT'94 定义的结构。AECT'94 定义没有出现"媒体"的概念，我们将它视为影响学习资源与学习过程的重要方面。

---

① 陈至立. 应用现代教育技术，推动教育教学改革［N］. 中国教育报，1998（5）.
② 巴巴拉·西尔斯，丽塔·里奇. 教学技术：领域的定义和范畴［M］. 乌美娜，刘雍潜，等，译. 北京：中央广播电视大学出版社，1999：9.

研究任务

研究形态

研究对象

| 设计 |
| 开发 |
| 利用 |
| 管理 |
| 评价 |

理论
实践

学习资源
学习过程

媒体

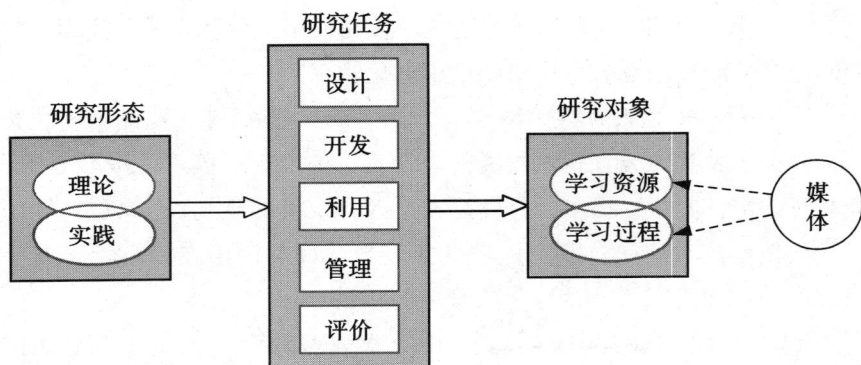

图1-2 关于教育技术的 AECT'94 定义的结构

该结构描述了教育技术作为一个学科领域的研究形态、研究对象和研究任务。可以认为，教育技术的内涵主要包含以下几个方面。

1. 教育技术实践和研究的主要对象是"学习过程"和"学习资源"

在传统的教育形式中，教师往往只注重书本知识的传授，以教学工作的完成与否作为衡量教学工作质量的标准，实际上，关系教学质量的因素是多方面的，它不仅需要考虑教师的"教"，而且需要考虑学生的"学"。

教师是教学过程的主体，他通过对教学资源的合理安排与组织来完成对教学信息的传递，其工作过程应当充分考虑学生的心理特点及其认知规律，帮助和促进学生完成对知识的建构。学习过程则主要落实在学生身上，也就是说，学生是学习过程的主体，他们在教师的指导下，通过对学习资源的运用，从而主动接受刺激、积极参与并积极思维，不断地将新的知识同化到他自己原有的认知结构中，从而完成对新的知识的建构。

2. 研究教育技术的核心是系统方法与整体化观念

在研究教育技术的核心问题上，既注重对系统方法的运用，又强调了整体化的观念。教育系统是指为了达到一定的教育目的，实现一定的教育、教学功能而形成的教育组织形式。系统方法，是指将所研究的问题放在一个系统中加以考虑，运用系统思想，按照系统特性来处理教育技术的有关问题，揭示教育技术的有关规律和特征，从而获得解决问题的最佳策略方案。

系统方法的产生和发展，揭示了客观物质世界的本质和规律，为现代教育技术的发展和研究提供了新的思路和新的方法，通过对系统的整体化研究，从而在整体上谋求和把握解决问题的方法。

对教育技术的研究，主要有五个领域，即设计、开发、使用、管理与评价。这五个领域可以看成是整个研究工作的五个构成要素，每一个要素都可以当做一个系统来研究，在研究中又必须把握五个要素之间的相互联系，强调对其整体性的研究。

3. 教育技术工作的研究包括理论和实践两个方面

现代教育技术包括现代教育思想、教育观念、教育方法、教育教学技能与技巧、教学设计等方面的内容。对教育技术工作的研究，应当注重现代教育理论与应用推广两个方面，从高科技与教育改革的结合部，研究探索现代化教育的新路，传播信息时代的教育意识与教育观念，加快教育技术对世界前沿科技成果的跟踪研究。

通过理论与实践两个方面的研究，探索和建构新型的教学模式与教学环境，建立现代化的教材体系，进而形成一整套的现代化教学理论体系，从而全面促进和指导现代教育技术的推广与应用。

4. 优化学习资源是优化学习过程的必要条件

在教育技术的定义中，突出强调了教育技术实践与研究的主要对象是学习资源与学习过程，在这两者当中，学习过程更为重要，而要优化学习过程，其必要条件是优化学习资源。

在教与学的活动中，学生能够与之发生有意义联系的有关信息、人员、教材、设备、技术与环境等共同构成了学习资源，其中，由教师控制的、用来帮助和促进学生学习的有关信息、人员、教材、设备、技术和环境等一般被称为教学资源。

从这一界定我们不难看出，就资源的基本内涵来看，学习资源与教学资源是一致的，但是两者又不完全相同。首先，两种资源的使用主体不一样，学习资源的使用主体是学习者，而教学资源的使用主体是教师；其次，两种资源的范围也不完全一样，学习资源的范围比教学资源更加广泛，换言之，凡是可以作为教学资源的，都可以被用作学习资源供学生使用，而有的学习资源却不一定会被作为教学资源来使用。

学习过程是学习者通过与信息、环境的相互作用获取知识和技能的认知过程，学习资源是学习过程中所要利用的各种信息和环境条件。新的教学理论要求学生由外部刺激的被动接受者转变为能积极进行信息处理的主动学习者，而教师要提供能帮助和促进学生学习的信息资源和学习环境。从 21 世纪社会发展和人类发展的需求出发，建造一个能支持自主学习、协作学习、创造学习、终身学习的社会教育大系统。

（二）教育技术的内涵

结合关于教育技术的定义，我们认为，教育技术的定义内涵如下。

（1）两个运用：一是运用现代教育/教学思想（包括学习理论）；二是运用教育技术媒体，特别是现代信息技术媒体。

（2）两个优化：优化学习过程；优化学习资源。

（3）五个操作：从理论和实践层面对学习资源和学习过程进行设计、开发、使用、管理和评价。

（4）一个目的：实现教育/教学效果最优化。

结合 AECT'94 定义，我们可以将教育技术的概念理解为应用现代信息技术，对学习资源和学习过程进行设计、开发、使用、管理和评价的理论与实践，包括教育技术学的理论基础、媒体与教学、教学资源的开发与应用、教学过程的理论与实践、教学设计与开发、远程教学技术、教学评价技术等内容。

（三）对教育技术的新思考

实际上，教育技术这一概念是随着媒体技术的发展和理论观念的拓新而逐渐形成的，其定义也在不断的发展。美国 AECT'94 定义起草人西尔斯在 2004—2005 年又对教育技术做出了新的思考：教育技术是通过创造、使用和管理适当的技术过程和资源，促进学习和改善绩效的研究与符合道德规范的实践。

这一思考将教育技术的研究范围由教学领域扩展到企业绩效领域，提出教育技术的实践应符合道德规范的要求，并将"创造"作为教育技术领域的三大范畴之一，强调了教育技术的创新功能，同时，该思考中将研究的对象描述为"适当的技术过程和资源"，从某种意义上说它突出了专业特色与工作重点。但是，由于受美国的社会文化背景与行业背景的影响，这一思考虽然强调了实用性和规定性特征，但对教育技术支持学习的本质的描述仍值得商榷，实践过程中，我们应该结合我国教育的实际，真正实现教育技术优化教育的功能。

第二节　教育技术学的理论基础

一、教育技术学的技术哲学基础

（一）技术主义

技术已经渗透到社会的各个方面，极大地改变了人们的生活、工作、学习方式，改变了社会的面貌。技术的飞速发展，超出了人类所能够适应的速度，给社会带来了更为复杂的改变。因此对于技术出现了许多不同的态度和思想观念。例如，有对技术极为钟爱者，便有了技术偏爱论；有些人则认为技术对人类的自由构成了威胁，于是就有了技术威胁论。技术主义是与技术决定论联系在一起的。

技术决定论认为，技术是对社会最具影响力的因素，是塑造社会的力量。某些特定技术的发展，如传播技术或媒体技术或更广泛的技术，通常是社会变革的唯一的或主要的原因。最极端的看法是，整个社会的形成被看做是由技术决定的：新的技术在每个层面上改变着社会，包括社会制度、社会中的个体以及人与人之间的交互等，人的因素和社会的调节被看做是第二位的。

传播技术领域普遍存在着技术决定论的观点，认为传播技术的改变具有重要的文化影响，例如，麦克卢汉（H. M. McLuhan）等都认为印刷媒体使得思维更有理性、更符合逻辑，善于抽象思维。他将不同媒体与特定认知结果相联系，认为传播媒体与技术和语言一样，塑造和影响着人类的感知和思维，这种观点被称为媒体决定论。

在教育技术的发展过程中，一直为人所诟病的是教育技术容易使人"机械化、程式化和定量化"。比如，注重了严密的程序操作和外部控制，使教学主体很大程度上遭受自主性失落的危险，对技术的教育作用充满狂热的激情，甚至产生技术崇拜等。其实，教育技术的作用对象归根到底取决于人，产生作用的主要条件是社会情境。因而，在开发、设计、实施、评价、组织管理教学资源和教学过程时，应当善于汲取人本主义思想的合理成分，为学生的创造性学习创设科学的、人本的教学环境，促使学生有效地学习。

（二）人本主义

人本主义强调人的价值，强调人有发展的潜能，而且有发挥潜能的内在倾向即自我实现的倾向。他们把这种观点也用在了对学习的研究上。认为教育的目的是实现人的全面发展，教育中要把学生当做完整的人来看，考虑到学习者情感上的需求，主张学习的自由。人本主义学习理论对学习本质的揭示不像行为主义和认知理论那样给予严格的定义。而是从人的自我实现和个人意义的角度加以描述。认为学习是个人自主发起的，使个人整体投入其中并产生全面变化的活动。教育技术为学生的自我完善提供了充分的条件，因此，它是人本主义学习理论的教学目标的自我实现的体现。

人本主义的代表人物罗杰斯（Rogers）就教学问题提出：①在教学目标上，强调个性与创造性的发展；②在课堂内容上，强调学生的直接经验；③在教学方法上，主张以学生为中心，放手让学生自我选择、自我发现。同时，罗杰斯还将人本主义心理学思想运用于教学研究与实验，确立了"情意教学论"和"以学生为中心的教学模式论"。罗杰斯强调教育的任务在于帮助人们满足"自我实现"这个最高的需要。在教学过程中要发展学生的个性，充分调动学生学习的内在动机，并要求创造和谐融洽的教学人际关系。现代教学已不是简单零碎地教给学生知识，而是帮助学生建立完整的学科知识结构，使学生学会自由学习。教会学生学习是现代信息化社会对教学的基本要求，是学生自我实现的前提条件。

人本主义学习理论强调人在学习中的自主地位。强调学习中的情感因素，并试图将情感和认知因素在学习中结合起来。因此，在教学中应充分考虑学习者的主体地位，调动其主动参与学习过程。他们所扮演的角色可以互相转换，学习者对问题的理解将会有新的体会。角色扮演的成功将会增加学习者的成就感和责任感，并可以激发学习者掌握知识的兴趣与积极性。计算机多媒体、Internet 网络、通讯技术在教学领域的运用，为融入人本主义教学思想创造了条件。它以多种多样的形式向学习者提供与学习内容相关的现象、观点、数据和资料，不直接或轻易地呈现结论，并留出空间让学习者参与进来活动，给学习者留下自我修改、自我思考、自我认识和自我发展的空间。由于现代教育媒体的参与，"迫使"学生主动参与学习，使学生化被动学习为主动学习，养成自主学习的习惯。

（三）技术主义与人本主义的协调

海涅克（R. Heinich）认为所谓的技术主义，其根源不在于使用了媒体。如果教师把学生看做是机器，那么不管用不用教学媒体，他们都会一样地不把学生当人对待。如果教师把学生看做是具有基本公民权利和意愿的人，那么不管用不用教学媒体，他们都把学生看做是进行学习活动的人。也就是说，是教育观念而不是媒体本身导致了把学生当做机器来对待。处于某种压力下，高度忧虑的学生容易出错，学习的效率也比较低。假设运用教学媒体进行相同序列的教学，如果能根据学生的需要使用媒体，就可能减少环境带来的压力。这样，运用媒体就能够使教学具有人本主义色彩。

与一些教育者的观点相反，海涅克认为，其实技术和人本主义可以各种方式共存或各自独立存在。图 1－3 展示了技术主义和人本主义的四种组合方式。

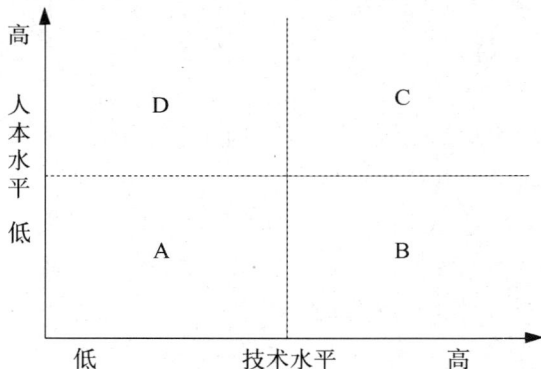

图 1－3　技术主义与人本主义之间的协调

下面是一些例子。

A. 大学里的讲座，教授和学生之间很少或根本没有交互作用——技术水平和人本水平都很低。

B. 由一系列模块组成的一门课，而每一模块又都是由作业目标、完成这些目标要用到的材料以及一种自我评价模式组成的——技术水平高，而人本水平低。

C. 与范例 B 相似，但是学生是根据自己的兴趣和请教教师之后选定研究的课题。在这一教学系统中，学生和教师之间的交互作用是定期的，比如讨论现在的学习情况和下一步应该研究什么时——技术水平高，人本水平也高。

D. 一个学习小组定期见面，讨论彼此共同的阅读作业——技术水平低，人本水平高。

这些例子都经过了很大程度的简化，仅用来展示上面所形成的概念，但是它们可以作为分析人本主义和技术主义之间的关系的基础。这些例子说明教学过程的技术水平和人本水平可以很低，同样，也可以很高。

教学技术的运用并不排斥充满人本主义色彩的教与学的环境。恰恰相反，教学媒体能够有助于提供一个学习环境，在这样一个环境中学生能够积极地参与学习过程。如果教学媒体在课堂中运用得当，而且运用时具有一定的创造性，那么被随心所欲地操纵的是机器，而不是学生。

二、教育技术学的传播学理论基础

（一）教育传播的含义

传播一词译自英语 Communication，在特定的语境中也译成交流、沟通、传通、传意等。所谓传播，是指传播者运用符号——词语、体语、数字、图片、图表等，传递思想、感情、知识、技能等信息内容，以影响受传者的行为，实现信息交流和信息共享的行为或过程。

教育传播，是指运用媒体技术，传递、共享和反馈教育信息，以实现教育/教学效果最优化。模式研究是传播学研究中最具特色的研究方法，教育传播研究也是如此。自 20 世纪 40 年代以来，传播学领域出现了许多模式。这里我们介绍两种基本的教育传播模式。

1. 香农—韦弗的单向直线模式

20 世纪 40 年代，数学家香农（C. Shannon）提出了一个关于通信过程的数学模型。此模型最初是单向直线式的，后来，他与韦弗（Weaver）合作改进了模型，添加了反馈系统。此模型后来被称为香农一韦弗模式，并在技术的应用中获得了巨大成功。如图1-4所示。

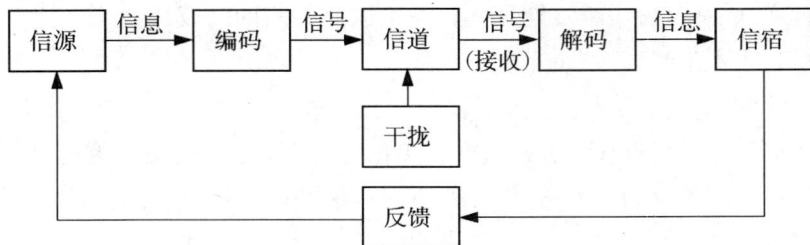

图1-4 香农一韦弗模式

2. 罗密佐斯基的双向传播模式

罗密佐斯基（A. J. Romiszowski）提出了一个比较适用于教育的双向传播模式，如图1-5所示。

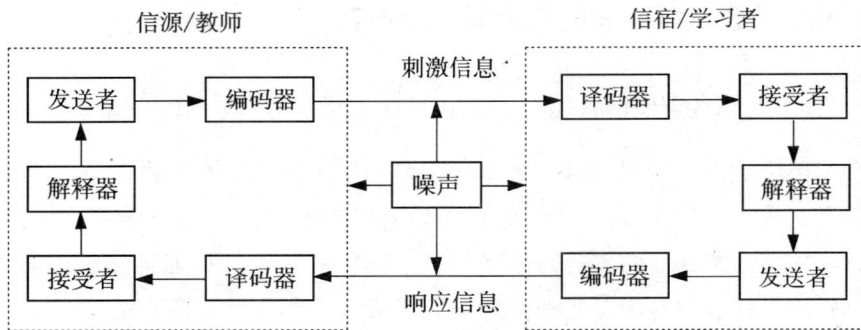

图1-5 双向传播模式

（二）教育传播系统的组成

一般教学理论将教育者、学习者、学习材料三者作为教学系统的构成要素，我们可称之为教学系统的三元模型。从现代教育传播活动的事实来看，媒体是构成教学传播系统的必然要素之一，从而产生了教育传播系统四元模型。四元模型实际上是由三元模型细化而来的，我们把学习材料看做媒体化的教学信息，把学习材料这一要素分成了"教学信息"（即内容）与作为内容载体的"媒体"两部分。这四个组元在适当的教学环境中相互作用而产生一定的教学效果。如图1-6所示。

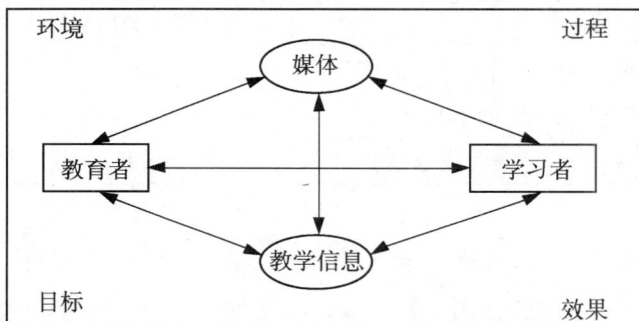

图1-6　教育传播系统的组成

（三）教育传播理论在教学中的应用

许多研究者利用传播理论的概念及有关模型中的要素来解释教学过程，并提出了许多关于教学传播过程的理论模式，为教育传播学奠定了理论基础。这主要表现在以下几个方面。

1. 说明了教学过程所涉及的要素

美国政治学家拉斯韦尔（H. Lasswell）提出了表述一般传播过程中的五个基本元素"5W"的直线性的传播模式，有人在此基础上发展成"7W"模式，其中每个"W"都代表教学过程中的一个相应要素，这些要素成为研究教学过程、解决教学问题的教学设计所关心的重要因素。如表1-1所示。

表 1-1　7W 模式

Who	谁	教师或其他信息源
Says what	说什么	教学内容
In which channel	通过什么渠道	教学媒体
To whom	对谁	教学对象即学生
With what effect	产生什么效果	教学效果
Why	为什么	教学目的
Where	在什么情况下	教学环境

2. 指出了教学过程的双向性

受传者不仅接受信息、解释信息，还对信息做出反应，说明传播是一种双向的互动过程，借着反馈机制使传播过程不断循环。教学信息的传播同样是通过师生双方的传播行为来实现的，所以教学过程的设计必须重视教与学两方面的分析和安排，并充分利用反馈信息，随时进行调整和控制，以达到预期的教学目标。

3. 确定了教学传播过程的基本阶段

教学传播过程是一个连续动态的过程。但为了研究方便起见，南国农、李运林将它分解为六个阶段，如图 1-7 所示。

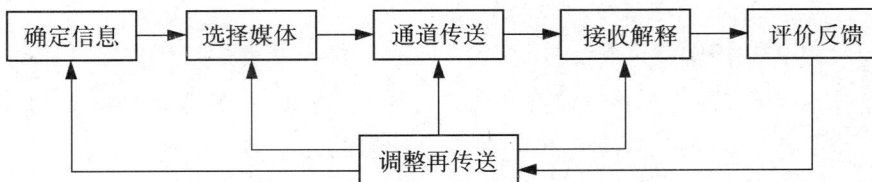

确定信息 → 选择媒体 → 通道传送 → 接收解释 → 评价反馈

调整再传送

图 1-7　教育传播过程的六阶段

三、教育技术学的学习论基础

（一）行为主义学习理论

1. 主要观点

行为主义的主要代表人物有桑代克（E. L. Thorndike）、华生（J. B. Watson）、斯金纳（B. F. Skinner）等。行为主义的基本观点是：学习是由于经验的反复练习而引起的行为的比较持久的变化，行为变化的实质是"刺激—反应"联结的形成。行为主义强调的是教学过程中的强化的作用，强化的手段和方式对行为的变化具有非常重要的意义。主张学生学习进程的步子要小；学生必须对问题随时做出积极的外显反应；学生做出外显反应时应及时加以强化。

行为主义的基本思想对计算机辅助教学的设计，特别是早期的程序教学的设计起到了一定的指导作用。行为主义理论给我们的启示是：进行计算机辅助教学时呈现知识的内容应循序渐进，给学生足够的时间进行感知；并且呈现知识的内容要有一定的逻辑顺序，重视信息的揭示过程和方式，注意强化刺激，提高学生的感知效果。

2. 典型模式

这个流派的典型学习理论（模式）代表是斯金纳的操作学习理论。斯金纳创立了操作性条件作用学说和强化理论，并把它们应用于人类学习的研究，提出了程序教学的概念，总结了如下一系列的教学原则。

（1）小步子原则。即把学习内容按其内在逻辑关系分割成许多细小的单元，分割后的小单元按一定的逻辑关系排列起来，形成程序化教材或课件。学生的学习是由浅入深、由易到难、循序渐进地进行，这种学习方式称为小步子学习原则。小步子学习原则要求对学习内容分割适当，对单元划分的大小要由具体的教学内容和教学任务来确定（不是步子分割得越小越好，否则容易使学生厌倦，也不利于学生从整体上认识事物）。

（2）积极反应原则。斯金纳认为，传统教学主要是教师传授知识，学生被动地接受知识，很少有机会对教师提出的每个问题都做出反应。要改变这种消极的学习，就要求对每一单元的学习内容，都让学生做出积极反应。使学生通过选择、填空和输入答案等方式做出反应，以保持积极的学习动机。

（3）及时强化原则。当学生做出反应后，必须使他们知道其反应是否正确。要求对学生的反应给予"及时强化"或"及时确认"，特别要注意对学生所做出的正确反应给予及时强化，以提高其操作能力。

（4）自定步调原则。在传统教学中学习的进度是一致的，这极大地限制了学生的自由发展。而为了让每个学生都能自由发展，必须由他们根据自己的特点自定学习进度和速度。学生在以适宜速度进行学习的同时，通过不停地强化得到进一步学习的内在动力。

（5）低错误率原则。在教学中应由浅入深，由已知到未知，使学生每次都尽可能做出正确反应，将学习的错误率降到最低限度，提高学习效率。

在上述原则的基础上形成了程序教学理论。图1-8显示程序教学的基本过程。

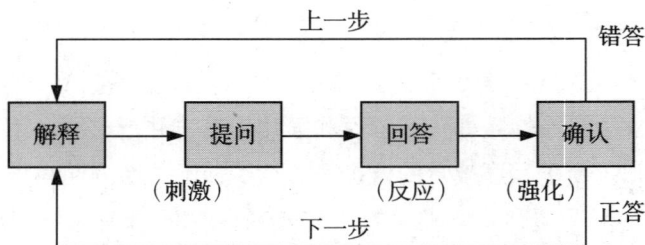

图1-8 程序教学的基本过程

斯金纳顺应时代潮流，为计算机辅助教学在教育上的运用开辟了道路。程序教学问世以来对美国、西欧、日本有较大影响，被广泛用于英语、数学、统计、地理、科学等学科的教学中。

行为主义学习理论在研究中过分强调行为。把人的思维看做由"刺激—反应"间的联结形成的。这就引起了认知主义理论学派的不满，进而导致了认知主义学习理论的发展。

（二）认知主义学习理论

1. 主要观点

认知主义的主要代表人物有奈塞尔（Neisser）、布鲁纳（J. S. Bruner），奥苏伯尔（D. P. Ausubel）等。在认知主义学习理论看来，学习个体本身作用于环境，人的大脑的活动过程可以转化为具体的信息加工过程。生活在世界上的人既然要生存，必然要与所处的环境进行信息交换；人作为认知主体，相互间也会不断交换信息。人总是以信息的追求者、传递者、甚至信息的形成者的身份出现，人们的认知过程实际上就是一个信息加工过程。

2. 典型模式

这个流派的典型学习理论（模式）代表是布鲁纳的发现学习、奥苏伯尔的接受学习。

（1）布鲁纳的发现学习。布鲁纳认为学习是认知结构的组织与重新组织。他提倡发现学习，意使学生尽量在轻松自由的气氛中，自行发现事物与情境之间的关系。所谓发现学习，即由学习者自己将所学教材组织成最后的形式。他强调归纳式的学习方法，即学习者从特殊的学习逐渐向一般的学习发展并形成符号系统；并指出既然人的认知发展从感官表征（动作）、到具体（映像）表征最后到抽象（符号）表征，那么教学的顺序亦要相同。他一再强调说明，学生要学习的不是事实材料与孤立内容的记忆，而是原理原则、培养独立探究与解决问题的能力，主张应让学生自己去发现"意义"，成为问题解决者。

布鲁纳的发现学习论在教育应用上有两大贡献：其一，发现学习理论为启发式教学法确立了理论基础；其二，布鲁纳所强调的学习情境结构理念，引起以后教材编制重视结构的实践。

（2）奥苏伯尔的接受学习。奥苏伯尔也认为学习是认知结构的组织与重新组织，强调已有的知识经验的作用，强调学习材料本身的内在逻辑结构。奥苏伯尔提倡有意义的学习理论。所谓有意义学习的实质就是，符号所代表的新知识与学习者认知结构中已有的相关知识建立起非人为的和本质性的联系，即非任意的、非字面的联系。他认为，学习变化的实质在于有内在逻辑结构的教材与学生原有的认识结构产生相互联系，新旧知识发生相互作用，新材料在学习者头脑中获得了新意义。教学就是要帮助学习者进行有意义的学习活动。

奥苏伯尔倡导演绎式的学习方法，提倡接受式学习，他认为新的学习总是建立在原先的学习基础之上，人们总是利用原先的知识来促进后继的学习，教师可以通过讲解式教学帮助学生完成学习。只要教材的组织及呈现方式适当，接受式和发现式一样可导致更多的理解和记忆。奥苏伯尔极力强调，学习者必须自己发现知识的意义，并将之纳入原有的认识结构中，加以统合、融会贯通，这才是有意义学习，才是真学习。

奥苏伯尔的意义学习论对学校教学给予了一个重要的建议：教师对学生经验能力的了解并给予清楚地讲解引导，是形成有效教学的必要条件。

（三）建构主义学习理论

1. 主要观点

严格地说，建构主义（constructivism）与行为主义和认知主义并不是按照同一维度进行划分的。行为主义和认知主义虽然在对学习的观念方面存在分歧，但在早期的研究中，它们都承认外部世界的客观性。客观主义认为世界是实在的、有结构的，而这种结构是可以被认识的，因此存在着关于客观世界的可靠知识。人们思维的目的乃是去反映客观实体及其结构，由于客体的结构是相对不变的，因此知识是相对稳定的，并且存在着判别知识真伪的客观标准。教学的作用便是将这种知识正确

无误地传递给学生，学生最终应从
所传递的知识中获得相同的理解。
教师是知识标准的掌握者，因而教
师应该处于中心地位。

　　在客观主义者看来，知识是不
依赖于人脑而独立存在的具体实体，
只有在知识完全"迁移"到人的
"大脑内部"后，并进入人的内心活
动世界时，人们才能获得对知识的
真正理解。因而客观主义的学习理
论强调"知识灌输"。比利时罗汶大
学的校园雕塑（学生一手捧书，另
一手将智慧的泉浆灌入脑壳，见图

图1-9　比利罗时罗汶大学校园雕塑

1-9）以形象而幽默的方式展示了客观主义的这一理念。

　　建构主义代表人物有皮亚杰（J. Piaget）、维果斯基（Vygotsky）、
乔纳森（Jonassen）等。建构主义是建立在观察和科学研究基础上的关
于人们如何学习的基本理论，它认为人们通过经验和反思经验来建构对
这个世界的理解和关于这个世界的知识。乔纳森对建构主义理论作如下
解释（Jonassen，1991）：建构主义认为实在（reality）无非是人们的心
中之物，是学习者自己构造了实在或至少是按照他的经验解释实在。每
一个人的世界都是由他自己的思维构造的，不存在谁比谁的世界更真实
的问题。人们的思维是工具性的，其基本作用是解释事物和事件，这些
解释构成了各人各异的知识库。在作这些解释的时候，思维对来自外界
的输入作过滤。

　　绘本大师李欧·李奥尼（Leo Lionni，1910~1999）于1970年出版
的童话 *Fish is Fish* 中描写的鱼和青蛙的故事，可以帮助我们更好地理
解这个问题。故事说的是在一个小池塘里住着鱼和青蛙，它们是一对好
朋友。它们听说外面的世界好精彩，都想出去看看。鱼由于自己不能离

开水而生活，只好让青蛙一个人走了。这天，青蛙回来了，鱼迫不及待地向它询问外面的情况。青蛙告诉鱼，外面有很多新奇有趣的东西。"比如说牛吧，"青蛙说，"这真是一种奇怪的动物，它的身体很大，头上长着两个弯弯的犄角，以吃青草为生，身上有着黑白相间的斑点，长着四条粗壮的腿，还有一个红红的大乳房。"鱼惊叫道："哇，好怪哟！"同时脑海里即刻勾画出它心目中的"牛"的形象：一个大大的鱼身子，头上长着两个犄角，嘴里吃着青草……（见图1-10）

图1-10　"鱼牛"的童话

鱼脑中的牛形象（我们姑且称之为"鱼牛"）在客观上当然是错误的，但对于鱼来说却是合理的，因为它根据从青蛙那里得到的关于牛的部分信息，从本体出发，将新信息与自己头脑中已有的知识相结合，构建出了"鱼牛"形象。这体现了建构主义的一个重要结论：理解依赖于个人经验，即由于人们对于世界的经验各不相同，人们对于世界的看法也必然会各不相同。知识是个体与外部环境交互作用的结果，人们对事物的理解与个体的先前经验有关，因而对知识正误的判断只能是相对的；知识不是通过教师传授得到，而是学习者在与情景的交互作用过程中自行建构的，因而学生应该处于中心地位，教师是学习的帮助者。因而建构主义的学习理论强调"知识建构"。

2. 典型模式

建构主义理论指导下，目前已开发出的、比较成熟的教学方法主要有以下几种。

- 支架式教学（Scaffolding Instruction）

根据欧共体"远距离教育与训练项目"（DGX ）的有关文件，支架式教学被定义为：

"支架式教学应当为学习者建构对知识的理解提供一种概念框架（Conceptual Framework）。这种框架中的概念是为发展学习者对问题的进一步理解所需要的，为此，事先要把复杂的学习任务加以分解，以便于把学习者的理解逐步引向深入。"这种教学思想是来源于苏联著名心理学家维果斯基的"最邻近发展区"理论。建构主义者从维果斯基的思想出发，借用建筑行业中使用的"脚手架"（Scaffolding）作为上述概念框架的形象化比喻，其实质是利用上述概念框架作为学习过程中的脚手架。可通过这种"支架作用"不停顿地把学生的智力从一个水平提升到另一个新的更高水平，真正做到使教学走到发展的前面。

支架式教学由以下几个环节组成。

（1）搭脚手架——围绕当前学习主题，按"最邻近发展区"的要求建立概念框架。

（2）进入情境——将学生引入一定的问题情境（概念框架中的某个节点）。

（3）独立探索——让学生独立探索。探索内容包括：确定与给定概念有关的各种属性，并将各种属性按其重要性大小顺序排列。探索开始时可以由教师先给予启发引导（例如演示或介绍理解类似概念的过程），然后由学生自己去分析；借助于教师的适时提示，学生可以沿概念框架逐步攀升。教师在引导过程中，应该尽量为学生提供独立探索的机会。

（4）协作学习——进行小组协商、讨论。讨论会使原来存在的多种意见相互矛盾、且态度纷呈的复杂局面逐渐变得明朗、一致起来。在共享集体思维成果的基础上达到对当前所学概念比较全面、正确的理解，最终完成对所学知识的意义建构。

（5）效果评价——对学习效果的评价包括学生个人的自我评价和学习小组对个人的学习评价，评价内容包括：①自主学习能力；②对小组协作学习所作出的贡献；③是否完成对所学知识的意义建构。

● **抛锚式教学（Anchored Instruction）**

这种教学要求建立在有感染力的真实事件或真实问题的基础上。确定这类真实事件或问题被形象地比喻为"抛锚"，一旦这类事件或问题被确定了，整个教学内容和教学进程也就被大致确定了（就像轮船被锚固定一样）。建构主义认为，学习者要想完成对所学知识的意义建构，即达到对该知识所反映事物的性质、规律以及该事物与其他事物之间联系的深刻理解，最好的办法是让学习者到现实世界的真实环境中去感受、去体验（即通过获取直接经验来学习），而不是仅仅聆听别人（例如教师）关于这种经验的介绍和讲解。由于抛锚式教学要以真实事例或问题为基础（作为"锚"），所以有时也被称为"实例式教学"或"基于问题的教学"。

抛锚式教学由以下几个环节组成。

（1）创设情境——使学习能在和现实情况基本一致或相类似的情境中发生。

（2）确定问题——在上述情境下，选择出与当前学习主题密切相关的真实性事件或问题作为学习的中心内容（让学生面临一个需要立即去解决的现实问题）。选出的事件或问题就是"锚"，这一环节的作用就是"抛锚"。

（3）自主学习——不是由教师直接告诉学生应当如何去解决面临的问题，而是由教师向学生提供解决该问题的有关线索（例如需要搜集哪一类资料、从何处获取有关的信息资料以及现实中专家解决类似问题的探索过程等），并要特别注意发展学生的"自主学习"能力。

（4）协作学习——讨论、交流，通过不同观点的交锋，补充、修正、加深每个学生对当前问题的理解。

（5）效果评价——由于抛锚式教学要求学生解决面临的现实问题，学习过程就是解决问题的过程，即由该过程可以直接反映出学生的学习效果。因此对这种教学效果的评价往往不需要进行独立于教学过程的专门测验，只需在学习过程中随时观察并记录学生的表现即可。

- **随机进入教学（Random Access Instruction）**

学习者可以随意通过不同途径、不同方式进入同样教学内容的学习，从而获得对同一事物或同一问题的多方面的认识与理解，这就是所谓"随机进入教学"。显然，学习者通过多次"进入"同一教学内容将能达到对该知识内容比较全面而深入的掌握。这里的每次进入都有不同的学习目的，都有不同的问题侧重点。因此多次进入的结果，是使学习者获得对事物全貌的理解与认识上的飞跃。

随机进入教学主要包括以下几个环节。

（1）呈现基本情境——向学生呈现与当前学习主题的基本内容相关的情境。

（2）随机进入学习——取决于学生"随机进入"学习所选择的内容而呈现与当前学习主题的不同侧面特性相关联的情境。在此过程中教师应注意发展学生的自主学习能力，使学生逐步学会自己学习。

（3）思维发展训练——由于随机进入学习的内容通常比较复杂，所研究的问题往往涉及许多方面，因此在这类学习中，教师还应特别注意发展学生的思维能力。

（4）小组协作学习——围绕呈现不同侧面的情境所获得的认识展开小组讨论。在讨论中，每个学生的观点在和其他学生以及教师一起建立的社会协商环境中受到考察、评论，同时每个学生也对别人的观点、看法进行思考并做出反映。

（5）学习效果评价——包括自我评价与小组评价，评价内容与支架式教学中相同。

由以上介绍可见，建构主义的教学方法尽管有多种不同的形式，但是又有其共性，即它们的教学环节中都包含有情境创设、协作学习（在协作、讨论过程中当然还包含有"对话"），并在此基础上由学习者自身最终完成对所学知识的意义建构。这是由建构主义的学习环境所决定的。建构主义的学习环境包含情境、协作、会话和意义建构四大要素。既然上述各种教学方法都是在建构主义学习环境下实施的，那就不能不受到这些要素的制约，否则将不成其为建构主义理论指导下的教学过程。

以上介绍的三种建构主义教学模式只是具有典型意义的教学模式，基于建构主义的教学模式实际上还有很多，能够对信息技术环境下的教学起指导作用的也有很多。但是万变不离其宗，建构主义教学模式的核心总是以学习者为主体，通过教学者的引导，在一定的社会环境下，通过自身的经验主动地建构知识。基于这个思想，能够派生出很多的教学模式，比如：情境教学模式、问题教学模式、案例教学模式等，这里就不一一介绍了。

行为主义、认知主义和建构主义学习理论虽然在解释学习现象时存在着观念上的差异，但它们之间不应是谁取代谁的问题，而应是如何相辅相成的问题。这就要求教育技术工作者能够对各种理论有较好的了解，并能根据不同的教学条件和目标，合理选择和综合应用。

第三节　走向信息化教育

一、信息化教育的产生与内涵

（一）信息化教育的产生

信息化教育的概念是在 20 世纪 90 年代伴随着信息高速公路的兴建而提出来的。美国克林顿政府于 1993 年 9 月正式提出建设"国家信息基础设施"（National Information Infrastructure，简称 NII），俗称"信息高速公路"的计划，其核心是发展以 Internet 为核心的综合化信息服务体系和推进信息技术在社会各领域的广泛应用，特别是把信息技术在教育中的应用作为实施面向 21 世纪教育改革的重要途径。美国的这一举动引起世界各国的积极反应，许多国家政府相继制订了推进本国教育信息化的计划。

（二）信息化教育的界定

目前，我国教育领域基本习惯了运用"教育技术"来代替"电化教育"。我们认为，电化教育、教育技术与信息化教育的基本研究对象是相似的。本书中使用"信息化教育"一词仅是表明本书将更加关注以计算机与网络等为主的现代信息技术的运用，但这并不表明作者对幻灯、投影、电视、电影等技术使用的排斥。

所谓信息化教育，是指以现代信息技术为基础的教育形态。另外一个与之相类似的名词是"教育信息化"。但这两个名词在语义上是有区别的。教育信息化是指在教育领域全面深入地运用现代信息技术来促进教育改革和教育发展的过程，其结果必然是形成一种全新的教育形态——信息化教育。也就是说，我们通常把教育信息化看做是追求信息化教育的过程。

值得指出的是，"信息化"这一概念基本上是东方语言思维的产物。在西方国家的文献中极少使用"信息化"之类的说法，而在许多东方国家，包括中国、日本、韩国、俄罗斯等，则大量使用"信息化"的概念。西方人似乎不喜欢像"信息化教育"或"教育信息化"之类高度概括的概念，而用了许多不同的名称，例如，digital learning（数字化学习），e-Learning（信息化/数字化学习），m-Learning（移动学习），u-Learning（泛在学习），e-Education（电子化教育），ICT in Education（教育中的信息与通信技术），Network-Based Education（基于网络的教育），Online Education（在线教育），Cyber Education（"赛博"教育），

Virtual Education（虚拟教育）等。我们认为，采取 e-Education 与信息化教育对应最为简便。

二、信息化教育的特征

信息化教育形态下，教学模式发生了重要变化。从技术层面和教育层面对信息化教育加以考察，可以看出信息化教育体现出了一系列新的特征。

1. 从技术层面上看

从技术层面上看，信息化教育的基本特点是数字化、网络化、智能化和多媒化。

（1）数字化：我们现在所说的信息技术，主要是指以计算机为基础的数字化技术。数字化使得教育技术系统的设备简单、性能可靠和标准统一。

（2）多媒化：以计算机为基础的多媒体技术使得信媒设备一体化、信息表征多元化、真实现象虚拟化。

（3）网络化：当今的数字化信息网络做到了"天网"（如数字卫星通讯系统，移动数字通讯系统）和"地网"（目前以因特网为主）合一。网络化的优点是资源共享、时空不限、多向互动和便于合作。

（4）智能化：人工智能将成为信息化教学系统的核心技术，智能化将使得系统能够做到教学行为人性化、人机通讯自然化、繁杂任务代理化。

2. 从教育层面上看

从教育层面上看，信息化教育具有教材多媒化、资源全球化、教学个性化、学习自主化、活动合作化、管理自动化、环境虚拟化和系统开放化八大特点。

（1）**教材多媒化**：教材多媒化就是利用多媒体，特别是超媒体技术，建立教学内容的结构化、动态化、形象化表示，不但包含文字和图形，还能呈现声音、动画、录像以及模拟的三维景象。例如，在一个关于英语词汇的儿童多媒体学习软件中，把常用的动作名词和图片汇编在一起（如图 1 – 11 所示），当你选择 chase（追逐）一词，电脑会用声音告诉你"追逐"就是在某人或某物后面 run（奔跑）的意思，如果你在两个小孩的画面上点击一下，他们就会飞快奔跑起来；如果在 run 上面点击一下，电脑又会呈现关于 run 的声音解说和动画。这种超媒体"电子书"，使活人读死书的时代一去不复返，因为多媒体教材本身就是活的书。如何把"活书"设计好？如何把"活书"学好？这是信息化时代的教师面临的新问题。

图 1 – 11　超媒体的例子

（2）**资源全球化**：利用网络，特别是 Internet，可以使全世界的教育资源连成一个信息海洋，供广大教育用户共享。网上的教育资源有许多类型，包括教育网站、电子书刊、虚拟图书馆、虚拟软件库、新闻组等。

（3）教学个性化：利用人工智能技术构建的智能导师系统能够根据学生的不同个性特点和需求进行教学和提供帮助。为了做到这一点，学生个性的测定，特别是认知方式的检测，将成为教育研究的重要研究课题。

（4）学习自主化：由于以学生为主体的教育思想日益得到认同，利用信息技术支持自主学习成为必然的发展趋向。事实上，超文本/超媒体之类的电子教材已经为自主学习提供了极其便利的条件。

（5）任务合作化：要求学生通过合作方式完成学习任务也是当前国际教育的新潮流。信息技术在支持合作学习方面可以起重要作用，其形式包括通过计算机合作（网上合作学习）；在计算机面前合作（如小组作业）；与计算机合作（计算机扮演学生同伴角色）。

（6）管理自动化：熟知的计算机管理教学（CMI）包括计算机化测试与评分、学习问题诊断、学习任务分配等功能。在网络上建立电子学档，记录学生电子作品、学习活动、学习评价信息等，可以支持教学评价的改革，实现面向学习过程的评价。

（7）环境虚拟化：教学活动可以在很大程度上脱离物理空间时间的限制，这是网络化教育的重要特征。现在已经涌现出一系列虚拟化的教育环境，包括虚拟教室、虚拟实验室、虚拟校园、虚拟学社、虚拟图书馆等，由此带来的必然是虚拟教育。利用校园网，充分开发网络的虚拟教育功能，就可以做到虚拟教育与实在教育结合，校内教育与校外教育贯通。

（8）系统开放化：它包括内容开放——通过超链接实现本地资源与远程资源无缝链接，内容空间可无限扩张；结构开放——利用构件化技术，允许随时更新教育内容的组态；功能开放——提供全面的教育服务，能够支持按需学习、适时学习、弹性学习。

三、教育信息化的内涵

(一) 教育信息化的界定

教育信息化是指在教育领域全面深入地运用现代信息技术，促进教育改革和教育现代化，使之适应信息化社会对教育发展的新要求。在 21 世纪头 10 年，我国将从三个方面推进教育信息化：一是在学校中普及和运用以多媒体计算机技术为核心的教育技术；二是推进网络的普及和应用；三是发展现代远程教育，建设并提供大量的网络资源，以此为平台构建终身学习体系。

(二) 教育信息化是教育发展的必然趋势

比尔·盖茨在《未来时速》一书中写道："……未来社会属于那些具有收集信息、选择信息、处理信息和应用信息能力的人……"[①] 信息化社会最基本的生产力要素是信息，这就使得学习者必须掌握相应的信息知识和信息能力才能生存和工作。如果教师不了解如何更加有效地运用技术，所有与教育有关的技术都将没有实际意义，教育现代化也只是一句空话。Internet 带给我们的不仅仅是计算机的联网，而是人类知识的联网，是人脑的延伸。在这样一个时代背景下，教与学的方法、目标必然会产生巨大的变化。让学生的头脑成为创造的火炉而不是装答案的容器，这是许多教育工作者苦苦追寻的目标。

信息更新的速度不断加快，很多信息来不及也不需要装进大脑中，而是装进电脑里，这就要求人们改变课程是"继承人类经验知识精华"这个基本观点，学习者必须具备知识更新能力，掌握获取知识的方法、技术和途径。信息化教学具有丰富的信息资源、非线性的信息呈现方

---

① 比尔·盖茨. 未来时速：数字神经系统与商务新思维 [M]. 北京：北京大学出版社，1999.

式、时空开放性和广泛的交互性等特点，这些特点为教师教育提供了理想的条件。

四、国内外教育信息化的发展

（一）美国

美国在教育信息化方面一直走在世界前列。美国前总统克林顿自1992 年上任后，一直十分重视发展信息技术的教育应用。他认为，为了将信息时代的威力带进我们的全部学校，要求到 2000 年使每间教室和图书馆连通国际互联网（Internet）：确保每一儿童能够用上现代多媒体计算机；给所有教师以培训，要求他们能像使用黑板那样自如地使用计算机；并且增加高质量教育内容的享用。截至 2001 年有 99% 的中小学接入 Internet，到 2005 年学生与配置计算机的比率已达到 3.8：1。2001 年 1 月，美国总统布什在题为《不让一个孩子掉队》的教育报告中再次重申，政府始终坚信信息技术应成为学校努力提高学生学业成就的有力工具，呼吁社区、私人企业、州级官员和个人一起行动起来，为实现 21 世纪美国信息技术的普及而努力实现以下目标。

（1）美国学校的所有教师都将接受到必要的培训，以帮助学生学会使用电脑和利用信息高速公路。

（2）所有的教师和学生在教室里都可以直接使用现代的多媒体电脑。

（3）每一间教室都连上信息高速公路。

（4）开发有效的软件和在线学习资源，使其成为每所学校课程整体的一个重要组成部分。

1997 年，美国联邦通讯委员会批准了一项使学校和图书馆联网与通讯享受优惠服务的计划，降价幅度为 20% ~ 90%；克林顿总统要求国会在 5 年内提供 20 亿美元的特别拨款。克林顿当局极力敦促政府各部门发挥教育资源提供者的作用；教育部支持美国教育资源信息中心

（ERIC）建立了一个容纳 900 个教案的图书馆，并利用全国性的专家网和数据库来解答教育者提出的问题；甚至许多国家级的实验室也通过互联网向中学生开放。

美国在 20 世纪末已基本实现了教育信息化硬件环境建设，但调查发现，仅有 1/4 到 1/3 的教师能在教学中熟练应用。很多职前教师仅知道如何使用计算机，如何上网，而还没有学会如何很好地使用技术创建和实施高质量的富含技术的课程来进行教学。

1999 年初，美国联邦教育部实施了一个项目：Preparing Tomorrow's Teachers to Use Technology（PT3）。主要资助教育技术应用与培训项目，包括网上教学项目，受资助者包括学院、大学和各级、各类教育机构的教师，PT3 项目实施的 6 年以来已经取得了丰富的经验和丰硕的成果，在很大程度上提高了美国整体的信息化水平。2005 年 12 月，美国宽带用户达 4900 万户，2006 年，GOOGLE 占有搜索份额的 48.5%，2007 年 6 月，美国网民达 2.11 亿，网络普及率达 68.9%，仅次于冰岛（86.3%）位居世界第二。

（二）英国

英国基础教育信息化，主要是指信息与通讯技术在基础教育中的应用，目的在于把信息与通讯技术有效地整合于基础教育领域。基础教育信息化体系主要包括三个方面的内容：基础设施建设、信息资源建设和信息与通讯技术教育，这三个方面是相互关联、相互制约的。主要目的有两个：一是培养学生信息与通讯技术能力，二是在教学中应用信息与通讯技术以提高教育质量。

基础设施建设是整个教育信息化的基础性因素，没有基础设施建设的发展，就根本谈不上整个教育的信息化。英国政府充分认识到基础设施建设在整个教育信息化体系中的重要地位，并采取了有效的措施来加强基础设施的建设。1995 年，英国政府推出题为"教育高速公路：前进之路"的行动计划，布莱尔就任英国首相以后，宣布了一个代号为

"英国网络年"的五年计划。英国政府对于整个基础教育信息化的发展是逐年提高投资。

下面是 2000 年英国教育与就业部的统计资料,其中关于教育中的信息与通讯技术相关状况如表 1－2。

表 1－2　教育中的信息与通讯技术相关状况

年　份	小　学			中　学			特殊学校		
	1998	1999	2000	1998	1999	2000	1998	1999	2000
每台计算机对应学生数	13.3	16.1	17.8	100.9	101.3	112.6	18.5	21.02	21.03
联网学校百分数	17.6	13.4	12.6	8.7	8.4	7.9	4.5	3.7	3.7
每个学校联网计算机百分数	17	62	86	83	93	98	31	60	92
有邮箱学生百分数		3	6		27	60		3	7
有邮箱教师百分数		4	9	3	12	26		4	13

自 1998 年起,英国启动了新机会基金（NOF）计划,投资对教师进行信息与通讯技术培训。面向学生的信息与通讯技术教育也是英国基础教育信息化的重要内容,主要是培养学生的信息与通讯技术能力,注重学生多种能力的培养,注重学生精神、道德、文化和社会多方面的发展。

英国前首相布莱尔在 2001—2004 年之间,又投资 10 亿英镑用于支持学校中的信息与通讯技术,并有 2.775 亿英镑用于英国的全国学习网络（NGfL）基金上。有资料统计,截止到 2003 年,英国已经做到 100% 的中小学建有校园网,99% 的校园网接入了互联网,且其中有大约四分之一的学校采用了宽带连接。到 2005 年,英国大约建设有六千多个在线学习社区,还建立了两千多个面向社区的、由学校维护并提供教育服务的网站中心。

英国政府充分认识到信息资源在基础教育信息化中的重要地位,并于 1998 年建成了全国的教育门户网站——全国学习网络（NGfL），以求连接所有的学校与教育机构。到 2002 年，英国全国学习网的网络已连接英国所有家庭、街道、社区、医院、工作单位、社会服务以及大众媒体传播体系，能满足学校教育、家庭教育、职业教育、终身教育和社会经济发展的各种需求。目前，英国的全国学习网络（NGfL）已经成为欧洲最大的教育门户网站，而且具备功能强大的搜索功能。英国政府还投入 5000 万英镑，整合英国各大学的力量，建立一所网上大学，并于 2000 年 8 月开通，专门面向教师，教师在此能简单便捷地获得相关信息与服务。2001 年，全国课程网站又有新的改进，使之不仅具有了解国家课程的功能，而且可以直接把握国家课程相应阶段的学习计划。该网站的目标是使国家课程中的每个知识点都有相应的网络资源，为教学提供具体的指导。

（三）其他国家

● 俄罗斯

俄罗斯联邦政府于 2001 年 9 月制定了信息化教育规划，要求到 2005 年在俄境内建成统一的信息化教育体系。该规划分三个阶段：2001 年俄政府将为所有乡村学校配备电脑、软件等必备的信息化教学设施，对教师进行信息技术培训；2002—2003 年编写多媒体教材，进行实验性教学；2004—2005 年为各类学校配备信息化教学设施，批量发行多媒体教材。

建设公开的远程教育体系。俄政府已责成教育部制定统一标准，通过评比选购信息化教学设备。据报道，俄总统普京指示，必须尽一切可能落实信息化教育规划。为此，俄将从教育基金中额外划拨 10 亿卢布（1 美元约合 29 卢布），以启动该规划，如有必要，俄罗斯还将向世界银行借款以推广信息化教育。

● 瑞典

瑞典于 1994 年建成了全国学校网。1998 年，瑞典政府制定了春季财政法案。该法案提出自 1999 —2001 年，瑞典政府专门拨款 1．5 亿瑞典克朗用于中小学 ICT 教育，同时瑞典政府向国会递交的《学习的工具——全国中小学信息通信技术计划》的报告获得国会通过。该计划是瑞典政府有史以来对学校教育投资最大的一次，其目的就在于通过增加政府对中小学 IT 教育的投入，促使信息通信技术在中小学取得较大发展，同时为 ICT 教育的长远发展打下一个坚实的基础。该计划列举了推动瑞典中小学 ICT 教育发展的相关措施：为教师的参与提供多媒体计算机；为所有教师和学生提供电子信箱地址；对教师进行在职培训，提高教师的相关素质；对在中小学 IT 教育的发展中作出突出贡献的教育者给予奖励等。

- **澳大利亚**

澳大利亚国家公共资源管理局已于 1995 年 4 月，决定建立"澳大利亚教育网"，并联通 Internet，该网覆盖全部高等院校，而且还覆盖全澳大利亚所有的中小学。其中，新南威尔士政府，针对目前学校的教师难以适应学生对电脑技术需求增长的情况指出，大学在师范教育中必须将电脑技能纳入教学计划。同时提出，新教师在开始执教前，必须具备最低标准的电脑使用技能。这些技能包括从软盘中调出信息、利用文字处理系统编辑文件、从国际互联网上发现信息并能使用电子邮件系统，能够利用电脑组织和展示教材、评估教学质量、培养学生的创新能力并促进相互交流。

（四） 中国

我国的教育信息化计划于 1996 年开始启动。国家教育部门拟订了一个关于 1000 所学校教育手段现代化试点项目的五年计划，到 2002 年这些学校全部建成校园网，每校平均装备电脑百余台，且大多装备有多媒体教室、电脑教学机房、电子阅览室等。在经济发达地区，还有许多学校从多种渠道获得资助，自发地提前进入教育信息化行列。

仅 21 世纪以来，中国政府和教育主管部门就已经出台了一系列旨在全面提升我国基础教育信息化的政策与措施。在新世纪实施的第八次全国新课程改革运动中，各学科普遍将教育技术纳入到课程改革的目标中。2000 年，教育部颁布了《关于中小学普及信息技术教育的通知》，同时制定了《中小学信息技术课程指导纲要（试行）》，2001 年，教育部的《基础教育课程改革纲要（试行）》中提出，要"大力推进信息技术在教学过程中的普遍应用，促进信息技术与学科课程的整合，逐步实现教学内容的呈现方式、学生的学习方式、教师的教学方式和师生互动方式的变革，充分发挥信息技术的优势，为学生的学习和发展提供丰富多彩的教育环境和有力的学习工具。"

2004 年 12 月，教育部发布了《中小学教师教育技术能力标准（试行）》，并于 2005 年发布了《教育部关于启动实施全国中小学教师教育技术能力建设计划的通知》。所有文件与政策的出台，无不显示了我国政府和教育主管部门对教育信息化工作的高度重视。并引进了一系列国际合作培训项目，如英特尔未来教育项目、教育部——微软（中国）"携手助学"项目、教育部——IBM"基础教育创新教学"项目、苹果"明日教室"项目等。同时，国家还出台了一系列支持西部农村发展的远程教育项目。

除此以外，各省市政府和教育主管部门也相应出台了一系列措施，有些省市已经组织了面向全体教师的多轮相关培训，如信息技术基础培训、信息技术与课程整合培训等。

全国各级学校抓住这一机遇，对学校的基础设施进行了大力改造，并在学校的教学硬件环境建设方面大力度投入，形成了既可以方便课堂教学，又可以帮助学生完成自主探究与合作学习的多元化的学习环境。截止到 2003 年初，全国建成校园网和局域网约 10687 个。2003 年起，我国又实施了"农村中小学现代远程教育"工程，截至 2005 年底，共建成 7.8 万余个教学光盘播放点，5.37 万余个卫星教学接收点和 7504 个计算机教室。全国中小学计算机的基本配置状况如表 1-3 所示。

表 1-3　我国中小学计算机配置情况

年份	我国中小学的计算机拥有量（人/台）			
	平均	城市	县镇	农村
2002	38.67	17.36	32.52	71.69
2003	30.67	14.89	26.26	54.30
2004	25.66	13.35	22.51	42.08
2005	21.82	11.75	19.76	34.75
2006	19.38	10.66	18.31	28.91
备注	1999 年 121 人/台；2001 年达到 51 人/台，增加 1 倍			

注：资料转引自李天顺. 我国基础教育信息化的形势与任务 [R] . 2007.

教育部网站信息显示，到 2006 年底，我国为农村中小学现代远程教育工程已投入 80 亿元，覆盖中西部地区 80% 以上的农村中小学，1亿多中小学生得以共享优质教育资源，"十一五"期间，还将会继续保持这一规模并适度向西部倾斜。

2004 年制订的《2003—2007 年教育振兴行动计划》中，我国提出了实施"教育信息化建设工程"的目标，提出：要加快教育信息化基础设施、教育信息资源建设和人才培养。即要构建教育信息化公共服务体系，建设硬件、软件共享的网络教育公共服务平台。加快中国教育和科研计算机网（CERNET）和中国教育卫星宽带传输网（CEBsat）的升级扩容工程建设，积极参与新一代互联网和网格的建设，强化资源整合，加强地区网络建设和管理，建立健全服务体系及运行机制。加强高等学校校园网建设，创建国家级教育信息化应用支撑平台。加大涵盖各级各类教育的信息资源开发，形成多层次、多功能、交互式的国家教育资源服务体系。大力加强信息技术应用型人才培养，着力改革信息化人才培养模式，扩大培养规模，提高培养质量。另外，还要全面提高现代信息技术在教育系统的应用水平，即要加强信息技术教育，普及信息技术在各级各类学校教学过程中的应用，为全面提高教学和科研水平提供技术支持。建立网络学习与其他学习形式相互沟通的体制，推动高等学校数字化校园建设，推动网络学院的发展。开展高等学校科研基地的信息化建设，研究开发学校数字化实验与虚拟实验系统，创建网上共享实验环境。建立高等学校在校生管理信息网络服务体系。

尽管各级政府和学校已经十分重视教育信息化工作的开展，但值得注意的是，目前在我国的教育信息化建设过程中，依然存在重硬件建设，轻软件开发、学生能力培养和教师培训的问题。下一阶段，我国中小学发展信息化教育应该做好以下几点。

一是以信息技术支持学习为中心，而不是以学习信息技术为中心。将信息技术贯穿于课程中，以提高各学科教育质量为目的。

二是强调教学内容与教学法的改革，鼓励采用以学生为中心的教学方法，重视学生推理与解决问题能力的培养。在加强教师电脑应用能力培养、改善教学方法、提高教学质量的同时，将重心转到学生的能力培养上来，围绕学生的能力培养，多形式地开展信息技术教育。

三是重视师资培养，使教师们懂得如何在教学中有效地使用技术，建议增加用于师资培训的教育投资。借鉴国外发展信息化教育的经验，必要的加大投入对于加快教育信息化的发展是必不可少的。

四是保障实际投资，明确将每年教育开支中的一定比例用于教育技术的推广和应用，同时可以利用多种筹资方式、多途径解决投入问题。

【实践活动】

1. Moodle 平台初体验

Moodle 是一套功能强大、方便易用的公开源代码的网络课程管理系统，这个名字的由来，源自 Modular Object-Oriented Dynamic Learning Environment 的缩写，即模块化面向对象的动态学习环境。它最初由澳大利亚教师 Martin Dougiamas 开发，2002 年后逐渐在世界各国的教育机构中得到广泛的应用。目前全球已有大量的程序员加入到 Moodle 的开发与完善工作中来。

Moodle 强调学习者之间的对话、合作、互动等社会性活动对个人及群体意义建构的作用。Moodle 为教师提供了十几种课程活动，包括专题讨论、作业、投票、测验、聊天、问卷调查，等等。教师可以通过简单的设置为课程加入这些活动模块。

我们在教材支持网站（网址是 http：//www. ieer. net）上架设了基于 Moodle 的学习支持平台，提供了大量的培训资源，并且组织了一些学习活动，如专题讨论、模拟测验等。建议在教学过程中，广大教师和学生能够充分利用这个平台，通过在线学习与课堂学习相结合的方式来提高学习的效果和质量。如果担心在学习过程中由于网络速度等原因会影响学习效率，也可以在本地服务器上安装 Moodle 平台，支持学习活动的开展。

请借助用 Moodle 搭建的课程学习支持平台中的讨论区与其他同学开展讨论，比较信息技术、教育技术与教育信息化等概念的异同，将你获得的比较结果以表格的形式提交到"作业"中。

2. 回忆我们的学习历程

以 4~6 人为一组，与小组内同学一起回忆，在你的小学、初中与高中阶段，学校的信息化设施有何变化？你觉得如何做才能提高信息化设备的使用效能？这一过程可以面对面进行，也可以借助课程学习支持平台的聊天室进行。每个小组将回忆、聊天形成的印象或认识以 Word 文档的形式提交到"作业"中。

3. 资源查找训练

教育技术学的学习过程中，经常会遇到许多新的术语。在教师的组织下，学生们在课程学习支持平台的专题讨论区中开展讨论，结合计算机网络等工具，查找这些术语的含义，以深化对术语的理解与掌握，最后将其获得的认识与理解，以 Word 文档形式发送到"作业"中，相关文档资源则发布到课程支持学习平台"资源共享区"中。

4. 理论应用训练

以 4~6 个学生为一小组，并分别指定与本章相关的某一理论，请小组同学一起寻找这种理论应用的教学实例或实例中的片断，思考在这一实例中，理论是如何用来指导实践的，各小组用头脑风暴的方式，展开讨论并提出理论应用的一些创新建议。小组的分析与讨论结果经整理后，发布到课程学习支持平台的"成果共享"中。

5. 信息资源补给

请你利用网络搜集与本章学习主题相关的内容，并将其共享到学习平台中。如果你想了解世界各国的互联网发展情况，可以访问 http://www.internetworldstats.com。

2

教学媒体工具

【学习导航】

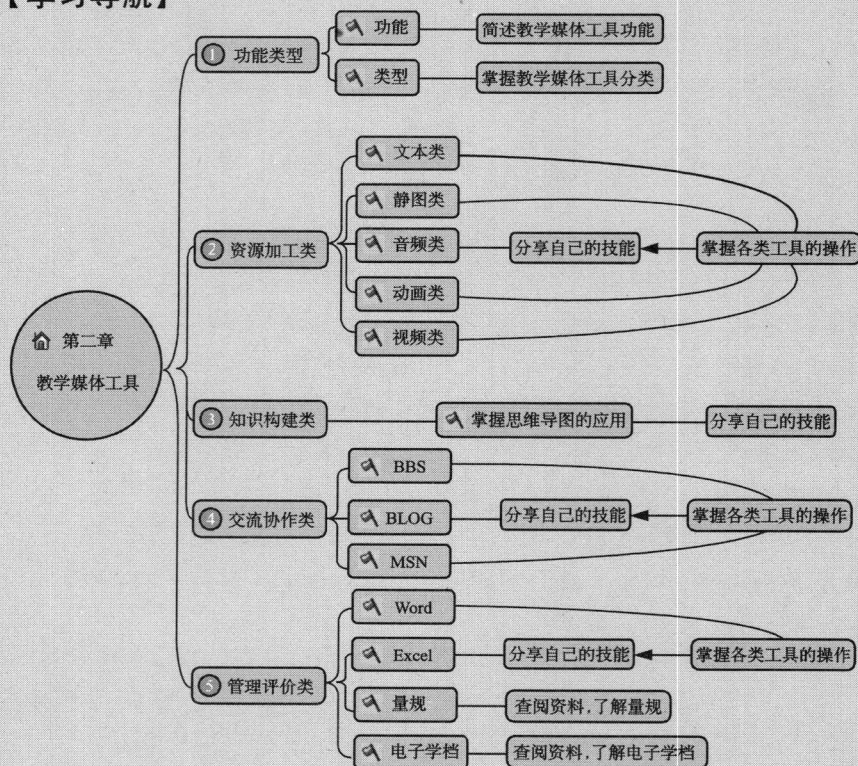

教学媒体是在服务于教育、学习的需要过程中发展起来的，是教育技术发展中的一个最活跃的因素，并构成教育技术学的重要内容。考虑到管理评价在教与学中的重要作用，我们将从教学与管理两个层面对媒体进行功能分析、分类并介绍。因此，本章主要介绍教学媒体工具的功能、类型和一些常用的资源加工工具、知识构建工具、交流协作工具、管理评价工具，帮助读者初步了解各类教学媒体对教育、学习过程的支持，以及管理、评价工具对教与学的过程的支持，丰富并加深对教育技术的理解。

第一节　教学媒体工具的类型

一、媒体的概念与本质特性

媒体在人们的生活中一直扮演重要角色。"媒体"一词取源于拉丁语"Medium"，意为"二者之间"，人们用它泛指能够承载并传递信息的任何载体或工具。更广义的解释，可将媒体看做是表达信息并实现信息从信源传递到受信者的一切技术手段。从书本、图片、报纸、杂志、广告物、电影、电视、电话、录音机、录像机到计算机、网络、通讯卫星等，它们都属于媒体范畴。

加拿大著名的传播学者马歇尔·麦克卢汉于1964年在《媒体通讯、人体的延伸》一书中曾提出了"媒体是人的延伸"的著名观点。在他看来，印刷品是人眼的延伸、无线电是人耳的延伸、电视则是人耳和眼睛的同时延伸、传声器是嘴巴的延伸、面对面地交流则是五官的延伸。这实质上表明了各种媒体对受信者的感官刺激是不同的，亦即具有其固有的特性。麦克卢汉的观点从理论上揭示了媒体的本质特性。

（一）媒体的延伸提高了人的感觉能力

人的感官受到诸多的局限，例如，人眼的视觉只能感受可见光波谱范围，这种局限实质上影响了人的认识能力。媒体的延伸作用，可以补偿这种局限，可将事物由小扩大、化快为慢、由远及近、化动为静，以提高人的感觉能力。

（二）媒体的延伸打破了感官刺激的习惯

由于媒体的延伸，促使人的感官平衡发生变动。例如，电影是通过导演创作以及剪辑将并不连贯的镜头经过编辑形成一部完整的有机组合的影片，并通过画面、光影、色彩、音响"强迫"观众的视觉、听觉器官接受这种"完整的有机组合"。当然感官是按镜头组合的顺序受到刺激作用。但是，我们知道电影需要展示同一时间发生的两条平行的情节线以及要运用倒叙、穿插等蒙太奇手法，在媒体延伸作用的影响下，感官刺激的习惯平衡被打破，不是按顺序地接受传递的信息，而是需要建立新的平衡，即复合地、立体地认识"完整的有机组合"。

（三）媒体的延伸赋予媒体功能以互补性

媒体的延伸方向不同，导致媒体与媒体之间的互补，但难以替代，即两种媒体传递的信息对人的感官刺激可以用延伸来互补。例如，书本可以用文字符号详尽地描述以供分析、研究；而活动的图像利用形象的语言提供大量的信息，但却是稍纵即逝，无以查考。这两种"延伸"即可互为补充，前者提供完整细节，后者提供形象。

二、教学媒体的功能特性

现代电教媒体之所以能在教学中发挥重要作用，是因为它们较之传统教具具有独特的功能特性。英国学者贝茨（A. Bates）认为各种教学媒体既有共性，也有各自的特性。他指出：媒体的应用是灵活的、可替代的，同样的教学目标可通过不同的媒体实现；每种媒体都有其独特的内在规律，任何媒体都有各自的优势和劣势；对任何教学目标而言，其使用效果都是最好的，这种"超级媒体"是不存在的；而且各种媒体在不同的教学环境里，对不同的学习者而言，其效果也不尽相同。因此要在教学中应用好媒体，就必须首先了解和掌握各种媒体的基本特性。

我国教育技术专家归纳出电教媒体的一系列特性，有助于我们理解媒体的教学作用。

（一）呈现力

呈现力表明媒体呈现事物信息的能力。我们知道，信息是事物运动状态与规律的表征。信息不是事物本身而是事物的表征或描述，它是用不同的符号去表征或描述的，从而决定了媒体有不同的呈现能力。呈现力由以下诸要素决定。

- 空间特征：指事物有形状、大小、距离、方位等。
- 时间特征：指事物出现的先后顺序、持续时间、出现频率、节奏快慢等。
- 运动特征：指事物的运动形式、空间位移、形状变换等。
- 颜色特征：指事物的颜色与色调属性。
- 声音特征：指事物运动时发出的音响属性。

各类媒体，呈现事物的空间、时间、运动、颜色、声音等特征的能力是不同的，这也表明了各类媒体去表征事物运动状态与规律的能力是不同的。电影与电视能够以活动的彩色图像和同步的声音去呈现事物的运动状态与规律，它能全面呈现事物的空间、时间、运动、颜色与声音特征，因此，它具有极强的信息呈现力。但由于它瞬时即逝，不利于学生细心观察与思考。幻灯、投影一类媒体，在呈现事物空间与颜色特征方面有较强的能力，而且能放映出较大清晰的彩色图像。但在呈现时间、运动特征方面就比不上电影与电视。然而正因为它是静止的图像，才能够让学生详细地、有分析地观察事物的细微部分。无线电广播与录音是借助语言、音乐与事物实际音响来呈现事物运动状态与规律，它具有声音与时间的特征，用语言描述的空间与颜色特征，是不具体的、抽象的。

（二）重现力

媒体的另一重要特性是对信息的重现能力。例如，书本可以反复阅读，录音、录像、幻灯片可以反复重放，计算机课件可按学习者需求重现内容。然而，也有些媒体不具备良好的重现特性，例如，现场的无线电广播与电视广播是瞬间即逝，难以重现。一般说来，具备重现力的媒体必须具有良好的信息录存能力。这种录存能力使得媒体的使用具有时间上的灵活性。

（三）传播力

任何媒体都具有扩散的传播性，以各种符号形态把信息传递给受信者（信宿），只是不同媒体在传播的范围上各有差异。例如，书本和杂志是一种通过出版、发行传播到各个地方的媒体，电视可以通过射频信号发射，利用卫星的转发或信息高速公路甚至可以覆盖全球，到达世界的任何地方。至于幻灯、投影、电影、录音、录像等只能在有限的教室与教学场所进行信息传送。

（四）可控性

可控性是指使用者操纵控制媒体的难易程度。幻灯、投影、录音、录像、电子计算机都比较容易操纵，并适用于个别化学习。电影放映则必须接受专门训练，才能操作使用。至于无线电和电视广播，只能按电台播出的时间去收听，使用者难以控制。

（五）参与性

参与性是指利用媒体开展教学活动时，学习者参与活动的机会。它可分为行为参与和感情参与。交互式的计算机媒体，学习者能根据本人的需要和学习程度去控制学习的内容，是一种行为与感情参与程度高的媒体。电影、电视、广播，有较强的表现力与感染力，容易引起学生情感上的反应，激发学生的兴趣、引起注意，激发学生感情参与。小组放映幻灯片时，师生能以面对面的方式呈现材料，进行学习、讨论，使学生在行为上积极参与。

由以上可见，各类媒体具有不同的教学特性，因此，在教学活动中应根据教学内容、教学对象选择合适的媒体，充分发挥媒体的长处，才能取得良好的效果。

三、新技术媒体工具的分类

以计算机和网络为基础的数字化媒体，具有很强的信息存取、加工、传递功能，具有明显的工具属性。在美国学生教育技术标准中（ISTE NETS·S，1998），按信息技术对于学习的支持作用，确定了四类技术工具：效能工具、研究工具、问题解决与决策工具、交流工具。

另外一个比较著名的媒体分类是由美国伊利诺大学的布鲁斯和莱弗因（Bruce & Levin，1997）做的，将教育技术媒体分为四类：探究媒体、沟通媒体、建构媒体和表达媒体（见表 2 - 1，略有修订）。

表 2-1　教育技术媒体的分类

媒体类型	主要功能	典型工具
探究媒体	思维认知	• 系统建模/模拟套具 • 可视化软件 • 虚拟现实环境 • 数据关系建模工具 • 过程模型工具 • 数学模型工具 • 知识表征/语义网工具 • 知识整合工具
	数据获取	• 超文本/超媒体环境 • 图书馆访问与预订 • 数字化图书馆 • 数据库 • 多媒体数据转换工具
	数据采集	• 联网远程科学仪器 • 数字化实验室（带数字传感器） • 学生观测标示器 • 音视频记录仪
	数据分析	• 探索性数据分析工具 • 统计分析工具 • 探究型环境 • 图像处理工具 • 电子报表 • 图表制作软件 • 问题解算程序

续表

媒体类型	主要功能	典型工具
传通媒体	文档准备	• 文字处理软件 • 大纲概要工具 • 作图软件 • 拼写与文法检查工具 • 符号公式工具 • 桌面印刷 • 演示绘图
	人际通讯	• 电子邮件 • 异步计算机会议 • 同步计算机会议（文字、音频、视频等） • 分布式信息服务（如 WWW） • 学生创建超文本工具 • 虚拟社群环境
	协同作业	• 协作型数据环境 • 群体决策支持系统 • 电子共笔系统 • 社会性电子表格
	教学实施	• 个别辅导系统 • 教学模拟软件 • 操练/联系系统 • 远程导学系统

续表

媒体类型	主要功能	典型工具
建构媒体	设计操控	• 系统控制（用技术影响物理世界） • 机器人 • 设备控制 • 计算机辅助设计 • 图表设计
表达媒体	内容展现	• 素描/绘画程序 • 作曲与演奏 • 音乐合成与编辑 • 交互视频与超媒体 • 动画软件 • 多媒体合成

　　以上两种分类都是以学生为中心来考虑的。实际上，在国内外教育实践中，媒体工具无论对于学生、教师、管理员来说都是十分重要的。为此，本书从实用主义角度出发，将教学媒体工具分为四大类：资源加工类、知识建构类、交流协作类、管理评价类。以下将分门别类介绍这四类教学媒体的代表性工具及其实用操作。

第二节　资源加工类媒体工具

　　信息表达元素是指媒体用以呈现信息的方式，教学媒体主要靠文本、静图、动画、音频、视频等元素传递各种信息。不同教学媒体，其表达信息的能力并不一样。电子技术的发展使得五种元素可以整合地表达相同或相关的内容。与此同时，电子技术也模糊了五种元素的界线，动画中也有静图，视频里也有文本。表达与传递信息的这些元素主要就是这五种，它们被广泛地应用于教学过程中，以组合的形式表达各种教学内容。下面对用于制作教学媒体所需的素材的一些常用软件工具进行简单介绍。

一、文本类加工工具

文本类加工工具一般是以文字、符号等为主要信息表征方式的工具，主要是用来实现文本相关内容的输入、编辑、保存、输出等功能。教学中常用的软件都多少具备文本处理的功能。教学中常用的文本类加工工具很多，如：

（1）Microsoft Word、金山 WPS。两者都是功能强大的专门文字处理软件，拥有可视化用户图形界面，能够简单快捷地编辑处理文本、表格、图形、图表和公式等，同时还具有对文字、图表的编辑和排版功能等。

（2）很多情况下，人们还会使用记事本或写字板等完成一些文本的处理，在阅读一些电子期刊时，还会使用一些专门的阅读器，常用的格式有 PDF 与 CAJ 等。

（3）Photoshop、Fireworks、Illustrator。三者都是教学中常用的图形处理软件，但它们都有制作艺术字的功能，这对专门字处理软件形成有益补充。有关 Word、Photoshop 更多功能与使用的介绍，会在本书第六章资源的设计与开发部分给予解释。

二、静图类加工工具

静图是表现多媒体视觉效果的关键因素，分成两类：矢量图形和点阵图像，后者也称位图。在制作多媒体课件、网络页面的过程中，图像软件成为处理图像素材不可缺少的工具。超级画笔、Photo Editor、Photoshop、CorelDraw、PhotoImpact、我行我素、Fireworks 等软件都可用来处理、创建效果独特的图像素材。

Photoshop，可以完成对图片包括照片的处理，如绘图、对图片进行修饰等；可以用来制作各种效果的文字，如阴影字、金属字、透明的五彩字、雕刻文字等，还可以用来制作课件中经常使用的各种各样的按钮。其他图形处理软件虽功能不如 Photoshop，但也各有优点，能够满足多数的教学需要。

有关 Photoshop 操作与使用，在本书第六章的资源的设计与开发部分，将会结合具体的实例进行详细说明。

三、音频类加工工具

在信息传播过程中，声音是一种常用的传播方式。如在生活中人们习惯于使用 MP3 等来欣赏音乐或其他声音类作品。在教学过程中，教师也常常会选择和使用一些声音文件来支持课堂教学。音频类加工工具具有对声音信息进行录制、编辑、播放的功能。Cool Edit Pro、WaveStudio、GoldWave、SoundForge 等都是教师易于使用的常用声音处理软件，每一种软件都有自己的功能、特点与使用范围。对于课件中常用的背景声音的制作处理，上述软件基本上能够完成。Cool Edit Pro 可以在短时间内完成对音频文件的导入、剪辑加工、导出的处理，有关音频编辑的详细内容，本书第六章的资源的设计与开发部分会给予介绍。

四、动画类加工工具

动画是课件中使用的重要元素，通过活灵活现的动画，可以有效地帮助学生理解课堂教学中的一些抽象问题，比如微观的分子世界、宏观的天体宇宙，将动画应用于教学，既能吸引学生的注意力，激发学习兴趣，又有助于教师讲清各种抽象的内容。

常见的动画主要包括二维动画与三维动画两种主要形式。用于制作二维动画的软件有 Flash、Animator Studio 等，用于制作三维动画的软件有 Cool 3D、3D Max 等。这样就产生了很多的动画格式，GIF、FLC、FLI、SWF、FLA 等都是常见的动画格式。Flash 引入了当今非常流行的"面向对象"的编程思想，具有制作的动画文件小、交互性强，可无损放大，带有音效和兼容性好等特点，因此在制作教学课件时应用较为广泛。有关 Flash 功能使用的介绍，在本书第六章的资源的设计与开发部分会给予描述。

五、视频类加工工具

在教学中，我们可能经常需要将视频经过编辑处理才可以在教学中使用，这要借助一些专业的编辑设备完成。软件技术的发展也为人们提供了简单可行的非线性编辑方式，使得普通人也能利用软件在计算机上进行非线性剪辑。金山影霸、iFilmEdit、绘声绘影、Premiere、Ulead Media Studio Pro 就是非常优秀的数字视频处理软件，教师使用这些软件就可以方便地对视频素材进行采集、编辑等操作。本书将以金山影霸、绘声绘影为例介绍有关视频编辑加工的操作，详细内容请参阅本书第六章的资源的设计与开发部分。

第三节　知识构建类媒体工具

学习从本质上讲是一种知识建构的过程，是学习者通过一系列的活动建构自己的知识的过程。目前的学习可分为：基础知识的学习，不涉及知识创造；技能技巧的学习，也很少产生新知识；基于项目的学习、指导性发现和学习社区中的学习。后者通过团队协作，参与者使用各种信息资源，共享知识和完成任务，知识通过协作性的社会建构来实现。

无论是个体知识建构还是社会知识的协作建构，交流与展示知识是非常重要的，因此需要提供协作工具。学习者的协作过程和协作成果也需要知识管理工具的支持。思维导图是实现知识构建的非常有用的工具。思维导图不仅能拓展科学概念，还能训练学生的思维，为学习者提供一种建构科学知识的有效手段。适宜用于建构知识的软件也越来越多。概念地图（Concept Map）、智能代理、电子学档、Blog、Wiki、Freemind 等都与建构知识形成渐趋紧密的联系。

思维导图（Freemind）最初是 20 世纪 60 年代英国人托尼·巴赞（Tony Buzan）创造的一种笔记方法。托尼·巴赞认为：传统的草拟和笔记方法有埋没关键词、不易记忆、浪费时间和不能有效地刺激大脑四大不利之处，而简洁、高效和积极的个人参与对成功的笔记有至关重要的作用。

在草拟和笔记的办法成效越来越小的情况下，需要一种可以不断增多回报的办法，这种办法就是思维导图。尽管思维导图的初始目的只是为了改进笔记方法，但它的作用和威力还是在日后的研究和应用中不断显现出来，被广泛应用于个人、家庭、教育和企业。

托尼·巴赞建议思维导图应包含以下几个基本特征：注意的焦点清晰地集中在中央图形上；主题的主干作为分支从中央图形向四周放射；分支由一个关键的图形或者写在产生联想的线条上面的关键词构成；比较不重要的话题也以分支形式表现出来，附在较高层次的分支上；各分支形成一个连接的节点结构。

托尼·巴赞认为思维导图是对发散性思维的表达，因此也是人类思维的自然功能。他认为思维导图是一种非常有用的图形技术，是打开大脑潜能的万能钥匙，可以应用于生活的各个方面，其改进后的学习能力和清晰的思维方式会改善人的行为表现。

关于思维导图的研究正在日渐深入，人们正在逐步发现思维导图的更多功能与应用。图 2－1 中是一种常见的蔬菜分类方法（见 http：//www. organicgardening. org. uk/factsheets/vegfam. php）。这个漂亮的蔬菜家族的思维导图是用 Freemind 做出来的。思维导图的制作软件很多，下面就介绍用 FreeMind 制作思维导图的过程。

茄子 ✿
辣椒 ✿
土豆 ✿
西红柿 ✿
→ 茄科 ⇐

藜科（俗称：甜菜科）⇐
甜菜 ✿
菠菜 ✿
牛皮菜 ✿

胡萝卜 ✿
芹菜 ✿
茴香 ✿
香菜 ✿
欧防风 ✿
香芹 ✿
葛缕子 ✿
莳萝 ✿
川弓 ✿
芫荽 ✿
伞形科（俗称：胡萝卜科）⇐

葫芦科 ⇐
黄瓜 ✿
小胡瓜 ✿
西葫芦 ✿
西瓜 ✿
甬瓜 ✿
冬瓜 ✿
丝瓜 ✿
苦瓜 ✿

空心菜,即蕹菜 ✿
甘薯 ✿
牵牛花 ✿
旋花科（俗称：牵牛花科）⇐

豆科 ⇐
紫花苜蓿 ✿
蚕豆 ✿
四季豆 ✿
红花菜豆 ✿
三叶草 ✿
葫芦巴 ✿
羽扇豆 ✿
豌豆 ✿
花生 ✿
大豆 ✿

蒜 ✿
大葱 ✿
韭菜 ✿
洋葱 ✿
香葱 ✿
芦笋 ✿
黄花菜 ✿
芦荟 ✿
百合 ✿
玉米 ✿
黑麦 ✿
茭白 ✿
小麦 ✿
燕麦 ✿
甘蔗 ✿
水稻 ✿
百合科（俗称：葱科）⇐
禾本科（俗称：草科）⇐

→ 蔬菜 ←

十字花科（俗称：白菜科）⇐
青花菜,即西兰菜 ✿
芽球甘蓝 ✿
卷心菜 ✿
花茎甘蓝 ✿
花椰菜,即花菜 ✿
羽衣甘蓝 ✿
大头菜 ✿
芥菜 ✿
芜菁 ✿
白萝卜 ✿
油菜 ✿
荠菜 ✿
辣根 ✿

荞麦,蓼科 ✿
马齿苋,马齿苋科 ✿
山药,薯蓣科 ✿
芋头,天南星科 ✿
苋菜,苋科 ✿
落葵,落葵科 ✿
芝麻,胡麻科 ✿
莲藕,莲科 ✿
姜,姜科 ✿
其他 ⇐

菊科 ⇐
菊苣 ✿
茼蒿 ✿
朝鲜蓟 ✿
生菜 ✿
婆罗门参 ✿
向日葵 ✿
蒲公英 ✿

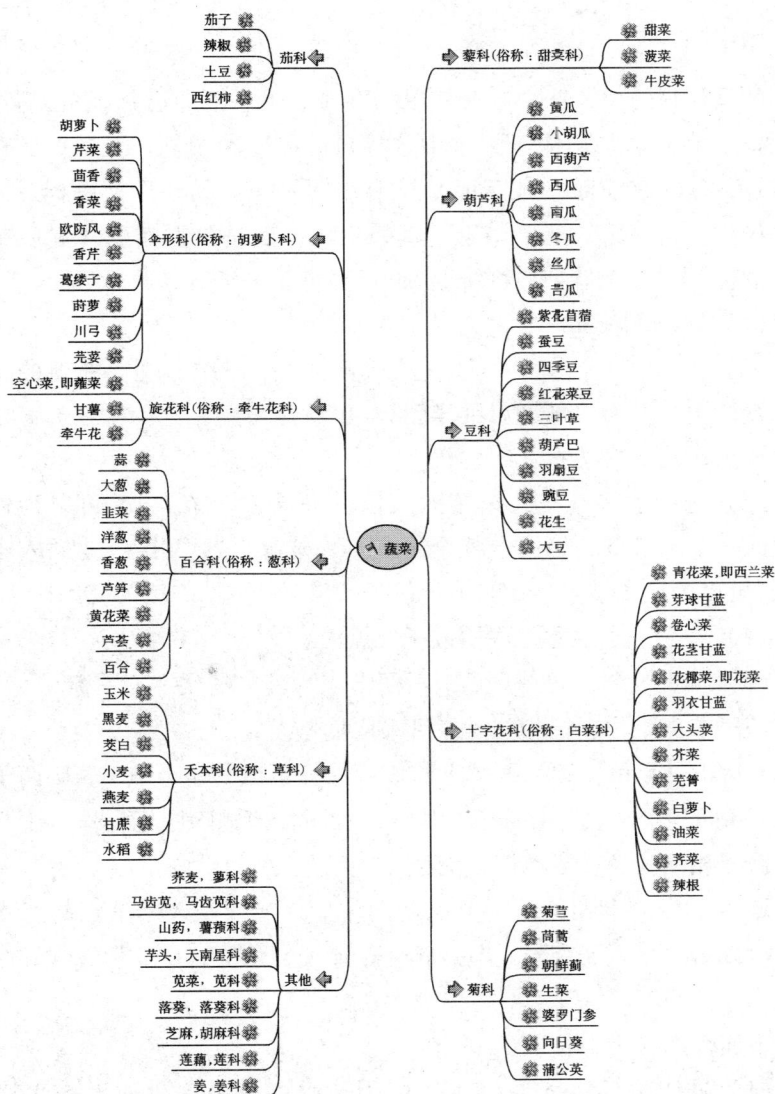

图 2-1　一种蔬菜分类方法①

———————————

① 这是一个国外网站上关于蔬菜分类的思维导图,它的分类方式可能还存在不少问题,建议读者运用思维导图工具对此图进行修订。

图中的 🔧、⬅、➡、✳ 都被称为图标。为某个节点加上图标的操作很简单：选中节点（鼠标在节点上悬停即可），右击后选择"图标"，在随后弹出的子菜单中选择自己喜爱的图标，至此，所选中的节点，其文字前面（或后面）就有小图标了。如要更换图标，做同样的操作，在弹出的菜单中不是选择图标，而是最上面的【删除最后一个图标】或【删除所有图标】。然后再重新为子节点选择图标。

（1）启动 FreeMind，进入其主界面。

（2）选择【文件】→【新建】，新建一个思维导图。新建的思维导图默认主节点为"新增思维导图"，也就是将要讨论的主题。可以单击主节点，改变其文本。

（3）选中主节点，选择【插入】→【插入子节点】，可以为根节点生成一个子节点。如选中某个子节点，选择【插入】→【插入子节点】，可以为该子节点生成其下一级子节点。

（4）在子节点文本框内输入子节点内容。

（5）如此反复，可得到所有的子节点和其中的文字与图标。

当子节点中的图标相同时，可采取批量设置的方式。选中一个子节点 A，按下【Shift】键，再单击与该 A 平行的其他子节点 B，则两子节点 A、B 间的子节点都被选中。执行增加图标或删除图标操作，则它们都将获得相同的图标或都被删除图标。

还可以为两个相关的子节点之间增加连线或修改子节点的背景颜色，可以编辑字体、字号、节点颜色、连线颜色等，从而使思维导图更美观。

下面介绍几个小技巧。

（1）连续敲【Enter】键，可以为选中的子节点生成多个平行子节点。

（2）选中某个子节点，按【Insert】键，就可为之增加下一级子节点；按 Del 键，就可以删除该子节点，同时该子节点下的所有子节点一并删除。

（3）变换子节点的位置。当鼠标悬停于子节点 A 上时（该子节点处于选中状态），在 A 上按下鼠标左键，拖动 A 到需要的地方。如到 B 子节点上，此时 B 上出现矩形阴影，释放鼠标，A 便成了 B 的一个子节点。用这样的方法，可在根节点左右调换一级子节点的位置。注意要将子节点拖至根节点上释放才行。

（4）右击某子节点，在弹出的菜单中选择【上移】或【下移】，可改变该子节点的上下位置。

一个值得注意的地方是，和其他教学软件不同，使用 FreeMind，要一个必需的 java 运行环境安装组件 JDK。因此请你安装 FreeMind 之前，先行在电脑中安装 JDK。

第四节 交流协作类媒体工具

网络在很大程度上改变了人们的生活。网络交流工具也越来越多，其功能越来越强大，通过网络进行交流已成为人们生活、工作、学习与休闲的重要组成部分。我们可以从不同的角度对网络交流工具进行细化分类。一般的，我们将网络交流工具分为异步交流工具和同步交流工具两种。表 2－2 列举了两类常用的网络交流工具。

表 2－2 网络交流工具

工具类别	同步交流工具	异步交流工具
信息传输工具	视频会议系统，语音会议系统 实时聊天系统（如 QQ、MSN） MUD/MOO 系统	电子信箱（文本、语音、视频） 电子新闻组，BBS，Weblog 异步计算机会议系统

续表

工具类别	同步交流工具	异步交流工具
信息共享工具	远程屏幕共享系统 实时群体编辑器 远程登录（Telnet）	服务器文件共享（如 FTP） 检索服务系统（如 Gopher） 万维网（World Wide Web） 异步共笔（Co-authoring）系统
协同作业工具 （群件）	带白板的视频会议系统 头脑风暴（Brainstorming）工具 群组决策支持系统	带共笔工具的异步计算机会议系统 群组课题管理系统 虚拟学习社区

一、BBS 的使用

BBS 是 Bulletin Board System 的缩写，通常被称为"电子公告牌"，是多人参与的网络论坛系统。它提供了多种栏目，如讨论区、信件区、聊天区、文件共享区等。每个讨论区都有相对集中的、固定的主题。你可以选择一个或多个讨论区，参与不同的主题进行讨论交流，发表自己的见解。在信件区，你可以收发自己的信件；在聊天区，你可以与他人休息闲聊；在文件共享区，你可以进行文件传输、和别人共享资源等。

如果你要和全国各地的学科老师进行交流，建议你去 K12（中国中小学教育教学网）。K12 是目前国内一家影响颇大，拥有相当数量注册用户的基础教育权威网站。你直接在 IE 地址栏中键入 K12 网址（http：//www.k12.com.cn），然后在其主页内点击教育论坛，即可进入 BBS。如图 2-2 所示。

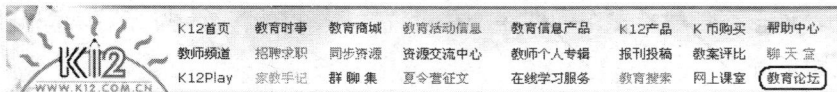

图 2-2　中国中小学教育教学网主页

进入 K12 论坛，可以进入自己喜欢的分论坛，如职业教育、教育教学、班主任、家长等分论坛，可以根据标题直接点击进入即可。学科论坛分为语文、数学、英语、物理等分论坛，各学科教师都可以找到自己关心的话题分属的学科论坛。

当然，此时你只能浏览别人的讨论，自己不能发言，因为你还没有注册或登录，不具备论坛提供的很多权限。你想和别人交流，应该首先注册。之后，在 K12 主页的 论坛 后点击 登录 ，就进入了 K12 论坛。此时，你可以做如下的所有操作：（1）浏览文章；（2）回复文章；（3）发新帖等。

二、BLOG 的使用

博客就是 BLOG，是 Weblog 的简称。BLOG 实际上就是一个网页，由经常更新的简短帖子构成，这些张贴的文章按照年份和日期倒序排列。BLOG 的内容有很大的不同，从对其他网站的链接、评论，有关公司、个人构想的新闻，到日记、照片、诗歌、散文，甚至科幻小说的发表或张贴都有。有的 BLOG 只是个人记录所见、所闻、所想，有的则是许多人基于某个特定主题或共同领域的集体创作。

除了一些专业做博客的网站如"博客动力"（http：//www. blog-driver. com）、"中国博客网"（http：//www. blogcn. com）等不断地提升产品性能外，如今很多大型网站都纷纷推出自己的博客产品。新浪博客、搜狐博客、网易博客等都是建立自己博客家园的好地方。

几乎所有的博客网站都沿用类似的操作完成博客从建立到使用的全过程。（1）注册。（2）登录。完成登录就意味着你拥有以下所有权限：

发表日志；管理日志；管理评论；设置音乐、模板；修改个人信息；建立圈子等。

三、MSN 的使用

网上的各种同步交流工具也为教学带来了很大的便利。如果你想与学生、家长、同事等进行联系，可以通过网络免费及时地进行同步交流。下面我们就来看一下同步交流工具 MSN 的使用。

MSN Messenger 是一种快速消息传递程序，可以在用户的朋友联机时通知用户或者查看是否有认识的人正联机在线。对于已经联机的用户，可以实时发送和接收图文信息，可以进行语音交谈、拨打电话、发送文件、召开多人联机会议，以及收到新邮件的通知等功能。

MSN Messenger 的使用比较简单。首先查看你的机器是否安装了该软件，如果没有，可以到 MSN 主页（http：//www. hotmail. com）下载，然后按照提示步骤进行安装；接着在 MSN 主页中进行注册，设置好登录名和密码；启动 MSN，登录成功后就可以使用了。

（一）添加联系人

如果要与学生、家长及同事进行交流，首先需要将他们添加到联系人列表上来。直接点击菜单【添加联系人】，选择添加联系人的方式。在"添加联系人"对话框中，填入对方联系人的 Messenger 登录名，对方就会出现在你的联系人栏内。如果此时对方在线，你就可以与他进行交流了。

如果你的联系人比较多，可以对其进行分组。这时直接点击【联系人】→【管理组】→【创建新组】，就可以分别创建名为朋友、同事、学生、学生家长等小组，然后将联系人分别加入其中，这样在与他们联系的时候，就不会混淆了。如图 2 - 3 所示。

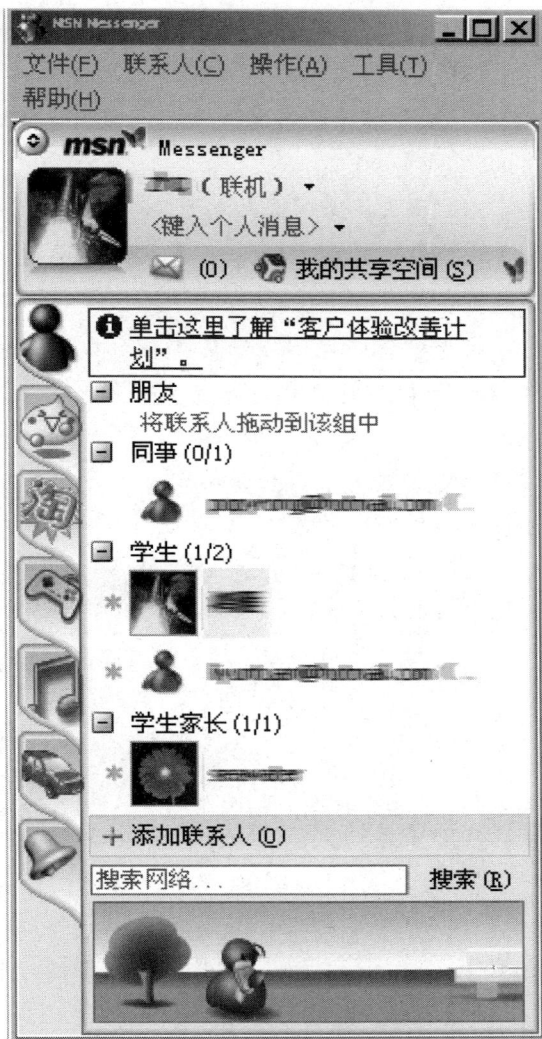

图 2-3 对联系人进行分组

当然，你还可以对添加好联系人进行其他的管理，如查看档案文件、设置属性等。

（二）信息的传递与交流

MSN Messenger 在信息的传递与交流方面，功能非常强大。具体体现在如下几个方面。

图文聊天：右击联系人头像，选择发送即时消息，就可以在弹出的聊天窗口中交谈了。当然，利用 MSN 进行聊天，并不只限于两个人进行，可以邀请其他好友加入到正在进行的话题中来。

传递文件：在聊天窗口中点击发送文件，就可以传递文件或照片了。不过，在使用 MSN 接收并打开对方传递过来的文件前，一定要先启动病毒防火墙。

语音对话：只要交谈双方的计算机配置了麦克风、声卡和接收器（如耳机），就可以进行语音对话了。

发送电子邮件：右击联系人头像，选择发送其他内容下的发送电子邮件，就可以给联系人写信。

拨打电话：在 MSN Messenger 中提供了 PC to Phone 的拨打电话功能。右击联系人头像，选择音频/视频下的开始音频对话，就可以开启拨叫电话功能。

由于 MSN Messenger 的许多功能与通讯 QQ 类似，操作也比较简单，这里不再介绍其配置的过程、方法与技巧。

第五节　管理评价类媒体工具

信息化教学与传统形式的教学有显著不同，表现在管理与评价学习过程与结果上，就是要对学生成长的各个阶段，每个阶段的不同时期，每个时期的不同活动制定切实可行的评价标准，用以判断学生是否达到或正在达到最终目标价值判断的子目标。传统的教学评价对此已无法完全胜任。需要采用适应信息化教学需要的，体现以学生为中心的、面向过程、面向资源的新型评价方式。这从客观上要求借助一些合适的管理评价工具。本节着重介绍四个用于进行终结性评价和过程性评价的媒体工具。

一、Word 制作试卷

如果以了解学生认知目标达成情况为评价的目的，测验是比较常用的手段，试卷则是实现这种手段的主要工具。利用专门的工具软件如"试卷王"等编写试卷，可以增强试卷的形式，减小教师的工作难度，为教师创造更大的发挥空间。

通过网络下载安装"试卷王"的演示版或正版的试卷王等试卷生成器。软件安装后会在桌面生成快捷图标，双击运行它，这时首先看到的是一个安全警告提示框（见图 2-4）。

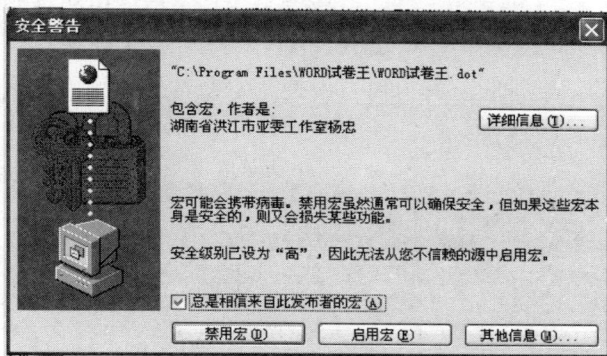

图 2-4 安全警告对话框   图 2-5 新增加的工具

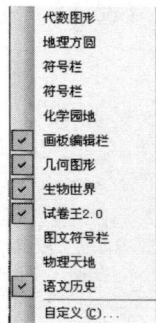

选中"总是相信来自此发布者的宏"复选框并单击【启用宏】，这样就自动在【视图】菜单的【工具栏】中增加了如图 2-5 所示的工具内容。

随后也可以看到在工具栏中增加了【画板编辑栏】和【试卷王 2.0】工具条（见图 2-6），其中包含了插入各类图形符号和设置各类版面格式的实用功能。

图 2-6 试卷王 2.0 与画板编辑栏

为便于教师制作各类试卷，"Word 试卷王"中提供了许多可直接调用的图形。在【画板编辑栏】中可以选择图形符号所属的学科，在工作区窗口底部将打开相应的图形工具条（见图 2-7）。如果对插入图形的大小及线条粗细不满意，可以用【试卷王 2.0】工具条上的功能按钮进行调节，也可以将已有的几个图形组合成新的图形，或将图形分解后进行修改。同时"试卷王"工具条使用【画板编辑栏】上的［顺］、［逆］按钮，还可调整图形的旋转角度，从而对图形进行变形操作。并且在"试卷王"的图文符号栏里预置有大量的常用符号可供选用。为适合试卷的特殊要求，在【试卷王 2.0】工具条上还有工具按钮如【新题】【选择】【标注】等能迅速生成试题专用格式，特别是【制卷】按钮的下拉菜单有更多的试卷排版工具可供方便使用，使常规方法需数十步才能完成的内容一步可以搞定。

图 2-7 各学科图形工具条

二、Excel 统计、管理成绩

Excel 是一个功能强大的电子表格软件，其自身提供的公式、函数功能能够满足教学管理的大多数需要。由于 Excel 与 Word 同为 Office 套件，在使用上有相似之处，两者间的数据共享尤为方便。这里介绍几个教学中常用的成绩统计操作，Excel 中更多的教学管理功能开发请参照适当的 Excel 教程。

（一）成绩统计

成绩统计主要是求学生的总分和各科的平均分。选择 C7 单元格，在编辑区填入"＝AVERAGE（C2：C6）"，意思是求单元格 C2 到 C6 的平均值。在 F2 中填入"＝SUM（C2：E2）"，意思是求 C2 到 E2 的总和。再次利用自动填充功能填充公式，就求出了各科的平均分和每名学生的总分。

当数据有变化时，利用公式和函数计算的结果也会自动更新。

平均分的小数位数可能有多位，需要自定义格式来规范显示。首先选中需要自定义小数位数的单元格，选择菜单栏中【格式】→【单元格】，在【数字】选项卡中，选定【分类】列表框中的【数值】，设置【小数位数】为"1"，将 C7～E7 的单元格格式设置为小数点后保留一位数字的形式。

（二）对成绩进行名次计算

如果需要对学生的单科成绩进行排名，利用函数 RANK（）即可。这个函数的作用就是把某数在一组数中的排位计算出来。用法是在要填名次的地方输入这样的内容：

＝RANK（起始行号，相关列号）

例如，对学生的总分进行排名。例中第一个学生的总分在第 2 行，在 F 列，见图 2－8。选定要填名次的单元格 G2，然后从键盘输入以下内容：

＝RANK（F2，F：F）

注：这里的 2 指行号，F 是单元格所在的列号，单元格中显示该生名次为 4。其他学生的名次可以通过自动填充函数的方法实现。

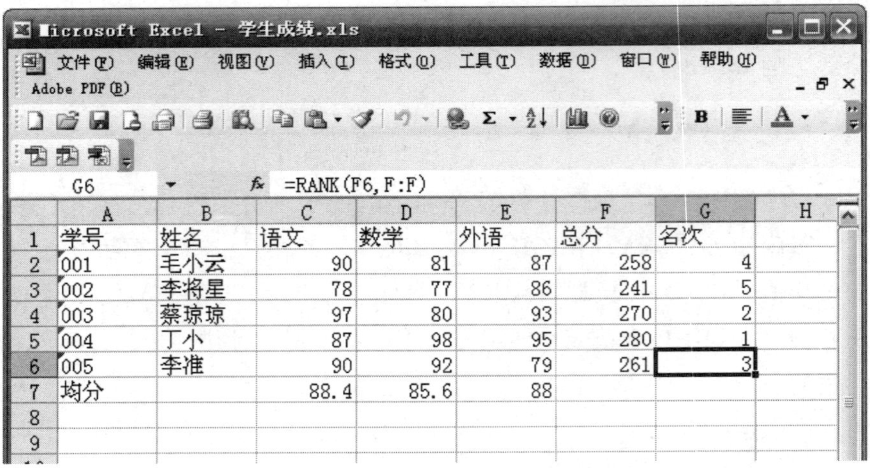

	A	B	C	D	E	F	G	H
1	学号	姓名	语文	数学	外语	总分	名次	
2	001	毛小云	90	81	87	258	4	
3	002	李将星	78	77	86	241	5	
4	003	蔡琼琼	97	80	93	270	2	
5	004	丁小	87	98	95	280	1	
6	005	李淮	90	92	79	261	3	
7	均分		88.4	85.6	88			
8								
9								

图 2-8　学生成绩名次统计工作簿

（三）按照总分排序

为了方便观察按照总分顺序排列的学生名单，我们可以按照总分排序。

选中“总分”这一列，选择菜单栏下【数据】→【排序】命令。选择“总分”关键字，按照递增的顺序进行排序，学生名单就按照总分从低到高顺序排列。

（四）选择并标记一些分数

将 90 及以上的分数与 60 以下的分数用不同的颜色进行标记，以方便使用成绩工作簿的人迅速从中掌握关键信息。

选中要标记的区域，即图 2-8 中单元格 C2 到 E6。执行菜单命令【格式】→【条件格式…】，在随后出现的对话框中，设定“单元格数值”，“大于或等于”，“90”，单击下一行的【格式…】按钮，将“字体”标签中的“颜色”设为绿色。完成颜色设定后，回到条件格式对话框。单击【添加】按钮，则可用同样的操作完成对 60 以下的分数进行颜色设定，将之设为红色。

在应用中，电子学档等工具也常用作管理工具，它是按照一定目的收集的、反映学生学习过程以及最终成果的一整套材料。电子学档的使用在客观上有助于促进个人的发展，学生也能在自我评价中逐渐变得更加积极。电子可包括数字化形式的各种学习材料，如作业、日志、调查报告、教师的评语等。

为了便于评价标准的统一，人们还常常运用量规作为评价工具。量规是一种结构化的定量评价标准，常表现为一个二维表格，它往往是从与评价目标相关的多个方面详细规定评级指标，具有操作性好、准确性高的特点。在运用作业分析和学习契约等评价方法的同时，应用量规可以有效降低评价的主观随意性。量规的使用，可以教师评价学生，也可以让学生自评或同伴互评。如果事先公布量规，还可以对学生学习起到导向作用。

关于电子学档和量规的应用，我们会在第八章评价部分进行详细介绍。

【实践活动】

1. 硬件操作练习

熟悉各类媒体硬件间的连接，并能够熟练其操作使用。大家可通过网络查找有关硬件使用的步骤、注意事项、操作的要点、与硬件有关的包括性能、价格、优缺点以及与操作有关的一些课件或动画等，发布在"资源共享"中。

2. 资源分析训练

利用网络下载 2～4 个教学软件及其对应作品，掌握软件的使用，分析其对应作品服务于教学、学习时的优缺点。将形成的 Word \ PowerPoint 文档发送到"作业"中。

3. 信息资源补给

请你利用网络搜集与本章学习主题相关的内容，并将其共享到学习平台中。

3

学习过程设计

【学习导航】

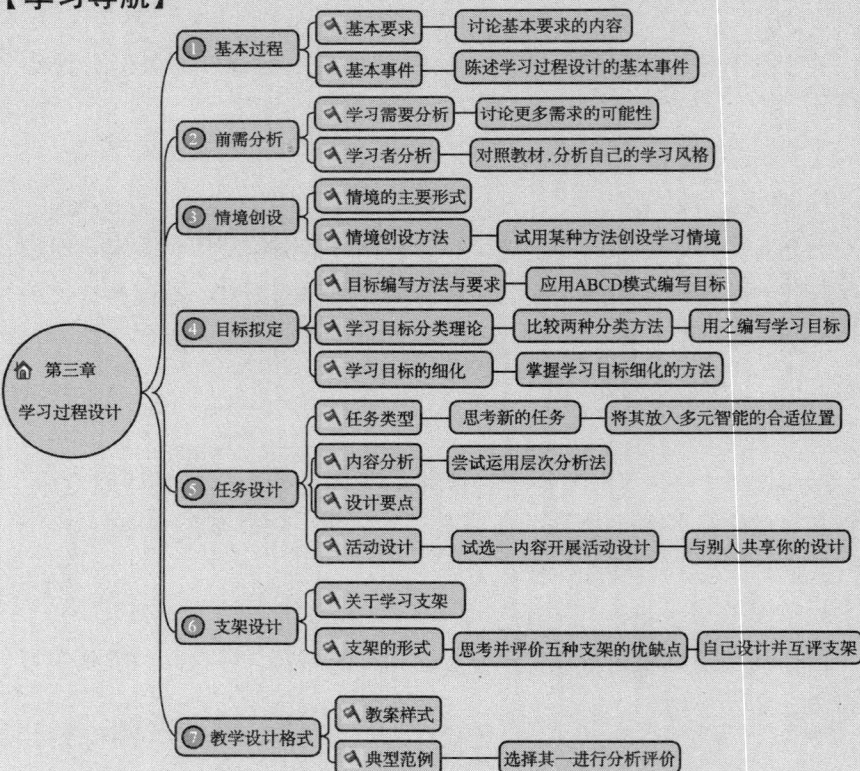

教育技术的发展，引起了教育领域的范式转换，与教育领域相关的研究与学科建设、教师的知识与技能培训、学校的物理与技术环境建设等方面都渐渐开始产生影响与变化。在新的教育技术理论与技术的影响下，如何设计出符合学生需要的学习活动与过程，将成为教育工作者必须面对的问题。本章将会从教师的教与学生的学两个角度，分析如何形成真正的以学生为中心、关注学习过程的设计理念与方法。

第一节　学习的基本过程

一、学习过程设计的基本要求

在走向信息化教育的进程中，大家都在关注如何以学生为中心，关注学生能力的培养，关注学习过程。与原有的学习过程相比，在信息化环境下，研究学生的学习过程更加强调对学习者心理特征的分析，主张从学生的实际情况与认知风格等方面入手，关注学生的学习需求。

现代教学设计过程，是对学生的学与教师的教进行系统规划的过程。教学活动是教师和学生的双边活动，教师的教本身就是为了学生的学，虽然在实践领域中这两者的主体不同，但最终都应当作用于学生。换言之，现代教学设计的实质就是学习过程设计，对学与教的过程进行设计的最终目的是为了优化学生的学习。

学习过程设计，设计的主体依然是教师，但应用的主体却同时包括了教师和学生，教师是在教的过程中影响和帮助学生完成学的任务，如果教师不能尊重学生的学习特点与学习规律，则很难保证其所设计的过程能够符合学生的认知需求，因此，在学习过程的设计过程中，需要考虑以下几个方面：

（一）创设合适情境，强调学习效用

随着时代的发展，人们对学习的研究从"纯粹的动物实验"转为

"真实的课堂教学"，并日益关注"教育情境中的实际应用"。什么是情境呢？心理学认为，情境是对人有直接刺激作用、有一定生物学意义和社会学意义的具体环境。教育中的情境，并非一定要完全真实的物理情境，但它应当能够使学生经历与实际世界中类似的认知挑战。传统的教学基本上是"去情境"的，即将知识从具体情境中抽象出来，成为概括性的知识，这种教学在一定程度上反映具体情境的"本质"，但由于其缺乏对情境的具体化描述，使得学习结果难以自然地迁移到真实情境中。布朗（J. S. Pown）等人提出的"情境性学习"（Situated Learning）认为在非概念水平上，活动和感知比概括化具有更为重要的认识论上的优越性，因此学习更要强调在真实情境中进行。

（二）利用问题驱动，强调学习体验

学习过程不仅是一个增长知识的过程，更是一个应用知识的过程，通过学习过程的规范和约束，可以使学习者系统化地理解知识之间的关系。但是，由于对所学知识应用价值的不确定，学习者有时会难以将学习精力集中于学习过程中。问题驱动，将会为学习者提供明确的学习任务，并能够通过基于现实问题的解决，帮助学生理解与完成任务，使学习活动与本真的（authentic）任务或问题挂钩，从而保障学习活动有明确的目的。要想让学生拥有学习过程的主动权，教师就不能再独裁学习过程或规约学生的思维，而应该让他们在面对任务或问题时进行思维的碰撞，自如应对思维挑战。只有在具体的体验中，学生才能明白为什么要学，如何做到学以致用，从而减小学校与社会之间存在的距离，提高教育的有效性。

（三）丰富学习资源，促进自主探究

现代学习过程倡导学生拥有学习过程的主动权，鼓励学生自主探究学习。但这并不意味着学生的任何自主学习活动都是有效的，在缺乏指导的学习中，学生可能会因受挫而失去深入探究的兴趣，也可能因错误

线索的引导而偏离预期的方向。例如，在网络化的学习中，学生非常容易迷航，身处信息的海洋，却在"忍受知识的饥渴"。

学习过程设计，需要考虑学习资源的构建，通过提供丰富的学习资源为学习者的自主探究形成支持。学习资源的支持形式是多方面的，既可以是相关的学习素材，也可以是关于学习的经验、示范与常见问题的解答等。提供学习资源不能简单理解成为学习者提供问题的现成答案，而是要帮助学习者学会在学习探究过程中发现类似问题的解决方法，并逐渐能够将所学方法迁移到自己的学习中，培养学生独立或合作学习与解决问题的能力。

（四）关注全程评价，重视学习效果

长期以来，教育工作者十分重视评价的作用，但更多关注的是评价的反馈调节功能、诊断指导功能、强化激励功能和教学提高功能。但是，在实践领域中，如何利用评价来促进学习者的学习，即以评价促进目标的实现，很难得到有效体现。

评价活动的起点应该源自学习活动开始之前，学习过程中的每一个环节都应当得到关注，学习活动完成后的评价对于把握完整的学习效果更是意义重大。评价的实施者既可以是教师与学习伙伴，也可以是学习者自身，评价过程中，各个环节都需要考虑，所有的评价活动都将应当有助于学生在学习过程中调节努力的方向，自觉地与评价标准看齐，从而达到预期的学习目标。

大量的研究证明，学习的效果与反复练习有很大关联，人类的知识是通过积累得到的。这些结果本身也许是合理的，但却给学生带来了巨大的压力，繁重的学习负担让人不得不去思考一些新的问题：练习到什么程度以后，学习就已经发生？减轻学习压力的有效方式是什么？于是，关于思维的讨论日益增多，人们也逐渐形成一种共识：培养学生的高级思维能力也许比知识更加重要。学习过程设计，并不是强调要给学生提供无数相似的学习问题情境，而是要为学生提供更多的思维空间，

让学生在提问、思考、讨论与辩驳中获得成长。

信息社会中，学习内容的更新速度往往落后于社会知识的更新，学习过程设计，要帮助学生在学习过程中从多种渠道获得不同的资源，网上信息、专家建议、师生交流、学生作品等都是促进个人成长的源泉所在，教师要注意资料的积累与更新，并能即时关注学生的背景经验与变化，设计出既符合教师教的规律，又符合学生学的规律的学习活动。

二、学习过程设计的基本事件

（一）学生学习的关键要素

在充分研究国外教育研究者关于建构主义教学设计要素的基础上，结合对近百个案例的研究结果与实践观感，我们归纳出学生学习的六个关键要素，分别是前需知识、情境、合作、资源、即时支持、反思。

● 前需知识：学生的主动学习需要建立在一定的知识（包括技能）基础上，这些重要的知识（包括技能）即为前需知识。

● 情境：对学生的学习有直接刺激作用的具体环境，包含着特定主题的学习原因、目的与过程。

● 合作：学生的学习活动通常是在一定的实践共同体中进行，与他人的合作对学习有重要的促进作用。

● 资源：有意义的学习需要建立在他人实践与研究的基础上，并且要有合适的实践与研究场所，这些都需要充足的资源支持。

● 即时支持：在学习过程中，学生经常会需要恰当及时的、有问题针对性的帮助，这里我们称之为即时支持。

● 反思：学生通过他人评价以及自我评价明晰一些重要问题，包括自己为什么要学习这些内容？学到了什么？学得如何？为什么会有这样的学习结果？接下来还应该学习什么内容？等等。通过对这些问题的思考学生可以进一步深化学习。

（二）加涅的"教学事件"

"教学事件"（Instructional Events）这一概念是加涅（R. M. Gagné）在《教学设计原理》中提出的。加涅认为，学习的内部过程可以分为九个方面：警觉、期待、恢复工作记忆、选择知觉、语义编码、接受与反应、强化、暗示提取以及概括。学生的内部过程与外部条件是相互依存、不可分割的统一体。因而，教学就是为适应学习者的九个内部学习过程所安排的九个外部事件：引起注意、告知目标、激起回忆、呈现刺激、引导学习、诱发行为、提供反馈、评估行为以及促进迁移。这些外部教学事件与内部学习过程之间的关系如表 3-1 所示。

表 3-1　内部学习过程与支持它们的外部教学事件

外部教学事件	事件的内容	内部学习过程
引起注意	呈现促动信息（标题和先行思考题）	警觉
告知目标	告诉学生在学习本课后能做什么	期待
激起回忆	复习以前课程内容或提供起点测试	恢复工作记忆
呈现刺激	取决于教学目标类型： ——对于言语信息，呈现新信息 ——对于定义概念，呈现定义 ——对于规则使用，介绍对象间的相互关系 ——对于问题解决，呈现涉及应用规则的代表性问题	选择知觉

续表

外部教学事件	事件的内容	内部学习过程
引导学习	因教学目标的类型而异： ——对于言语信息，显示助记符或关联对象，或将新信息加框 ——对于定义概念，提供概念的正例和反例 ——对于规则使用，逐步地演示规则应用步骤 ——对于问题解决，让学生尝试规则的各种可能用法	语义编码
诱发行为	呈现精心设计的问题（必须与目标相符），让学生应答	接受与反应
提供反馈	反馈可包含不同类型的信息： —— 确认学生反应的正误 —— 强化信息（赞扬） ——处罚信息（批评） ——说明信息（讲清学生对或错的原因） 反馈信息的使用可因学习类型和学习对象而异	强化
评估行为	向学生提供一个小型测试，并按一定的标准判断其是否达到了"掌握"程度	暗示提取
促进迁移	向学生提供操练与练习，或变化题型，或要求学生产生不同的解法	概括

（三）学习过程设计的基本事件

结合前面的分析，并结合长期以来的研究实践，在充分分析了大量一线教学案例的基础上，我们把学习过程设计中的基本事件归纳为八大方面，如图 3-1 所示。

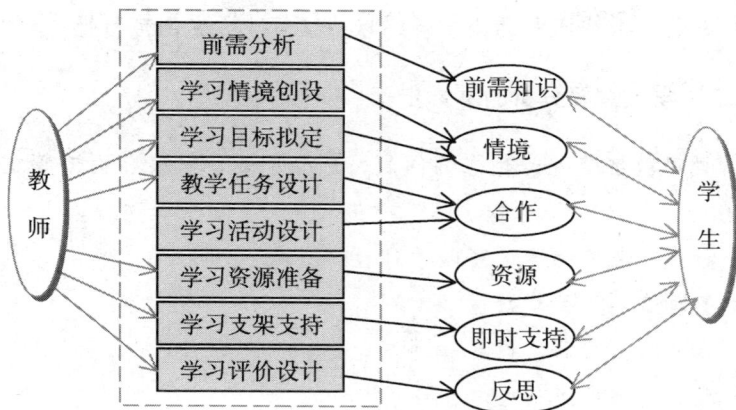

图3-1　学习过程设计的基本事件

本章的内容也主要围绕这些基本事件展开，其中学习资源准备和学习评价设计将分别在第六章和第八章中进行详细阐述，本章不做介绍。

第二节　教学设计的前需分析

一、学习需要分析

（一）学习需要分析的目的

学习需要是指学习者目前的学习状态和水平与所期望达到的学习状态和水平之间的差距。学习需要分析就是要找出这种差距，是教学过程设计的关键环节。

分析学习需要的主要目的是：

- 发现教学过程中可能存在的问题。
- 分析产生问题的主要原因，进一步鉴别问题的性质和来源。
- 寻求解决问题的方法和途径，设计解决方案。

● 分析现有资源及约束条件，以论证解决方案的可行性。

（二）学习需要分析的基本步骤

● 针对教学中可能存在的问题，选择问卷、量表、面谈等信息收集方法。

● 分发、收集问卷，获取学习者的信息。

● 整理资料，处理数据。

● 撰写分析报告，设计解决方案。

● 验证方案的可行性。

（三）学习需要分析的方法

学习需要分析是一项比较复杂的任务，因为可能涉及许多方面，有对学生认知、技能、态度方面的内部学习需求，也有社会对教育提出的外部需求。通常的做法是采取调查表方式（见表3-2）。

表3-2　学习需要调查表

分析项目 调查维度	现状	目标	差距	原因分析

二、学习者分析

（一）学习风格分析

学习风格是指对学习者感知不同刺激、并对不同刺激做出反应这两个方面产生影响的所有心理特性。学习风格包括学习者在信息接受加工方面的不同方式、对学习环境和条件的不同需求、在认知方面的差异、生理类型的差异，等等。关于学习风格的类型及其表现特征，比较流行的有以下几种说法。

1. 冲动型与沉思型

冲动型学习者倾向于通过积极地做一些事——通过讨论或解释给别人听来掌握信息；而沉思型学习者更喜欢首先安静地思考问题。

2. 感悟型与直觉型

感悟型学习者喜欢学习事实，而直觉型学习者倾向于发现某种可能性和事物间的关系。感悟型的不喜欢复杂情况和突发情况，而直觉型的则喜欢革新不喜欢重复。感悟型的比直觉型的更痛恨测试一些在课堂里没有明确讲解过的内容。感悟型的对细节很有耐心，很擅长记忆事实和做一些现成的工作。直觉型的更擅长于掌握新概念，比感悟型的更能理解抽象的数学公式。感悟型的比直觉型的更实际和仔细，而直觉型的又比感悟型的工作得更快更具有创新性。感悟型的不喜欢与现实生活没有明显联系的课程；直觉型的不喜欢那些包括许多需要记忆和进行常规计算的课程。

3. 视觉型与言语型

视觉型学习者很擅长记住他们所看到的东西，如图片、图表、流程图、图像、影片和演示中的内容，言语型学习者更擅长从文字和口头的解释中获取信息。当通过视觉和听觉同时呈现信息时，每个人都能获得更多的信息。

4. 序列型与综合型

序列型学习者习惯按线性步骤理解问题，每一步都合乎逻辑地紧跟前一步。综合型学习者习惯大步学习，吸收没有任何联系的随意的材料，然后突然获得它。序列型学习者倾向于按部就班地寻找答案；综合型学习者或许能更快地解决复杂问题或者一旦他们抓住了主要部分就用新奇的方式将它们组合起来，但他们却很难解释清楚他们是如何工作的。

5. 场依存型与场独立型

场依存型的学习者在认知活动中，一般不主动对外界信息进行加工，倾向于以外在参照作为信息加工依据，因此他们的知觉易受错综复杂的背景的影响；场独立型的学习者在认知活动中倾向于更多利用内在参照作为信息加工的依据，通常总是把要观察的刺激同背景区分开来，因此他们的知觉一般不会因背景的变化而改变。

（二）起点能力分析

在教学开始之前，学习者某一方面学习的现状——原有的知识与技能、认识与态度，称为起点能力（Entry Competencies），是学习者学习新知识和新技能的先决条件。通过一定的教学活动，学习者获得了知识与技能、提高了认识、改变了态度。这种通过教学以后所形成的能力和培养的态度，称为终点能力。图 3-2 表示学习者的起点能力、终点能力与教学活动的关系。

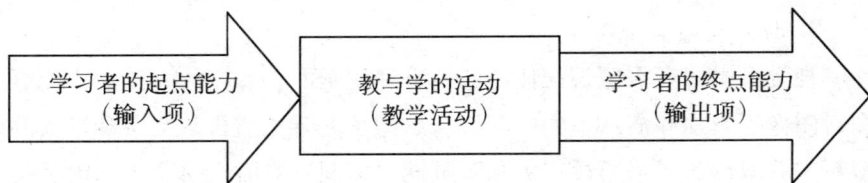

学习者的起点能力（输入项）→ 教与学的活动（教学活动）→ 学习者的终点能力（输出项）

图 3-2　教学系统的转换功能

了解学生的起点能力，是为了方便地确定教学目标，并规定学习者应达到怎样的终点能力，同时，还可以确定教学内容的重点和难点。

第三节　学习情境创设

这里谈的情境，又指教学情境或学习情境，是学生参与学习的具体的现实环境。知识具有情境性，而且是被应用的文化、背景及活动的部分产物。知识是在情境中通过活动而产生的。一个优化的、充满情感和理智的教学情境，是激励学生主动参与学习的一种保证。教学情境的创设是指创设有利于学生对所学内容的主题意义进行理解的情境，是教学设计中的一个重要环节。情境创设将有助于反映新旧知识的联系，有助于促进学习者进行思维联想，有助于学习者对知识进行重组与改造，有助于帮助学习者对知识进行意义建构。

一、情境的主要形式

（一）根据学生感受分

根据刺激物对学生感官或思维活动所形成的不同感受，情境大致可分为两组：现实情境与虚拟情境，描述性情境与意象性情境。

1. 现实情境与虚拟情境

现实情境主要是指以实实在在的物体原型或真实事情为主的情境。教师在课堂上所展示的动物标本、地球仪、量角器、开国大典中的原声录音等都是现实情境。它们可以使学生凭借自己的视听感官直接感知，并从中产生对学习更深层次内容的追求。

虚拟情境主要是指将一些由于成本高、难度大，或者真实世界难以观察到的微观世界的内容以仿真的方式展示给学生的一类情境。在进行复杂的操作训练、生态系统的分析、危险环境的作业等方面的训练学习时，都可以考虑采用虚拟的方式模拟真实环境，让学生在反复练习中获得对复杂现象的认知，从而达到掌握学习内容的目的。

2. 描述性情境与意象性情境

描述性情境是指借助于语言的描述所创设的情境。在教学实践中，通过恰当的语言描绘，如语言的意义、声调、形象、感情色彩等并结合其他直观手段，将学生带入特定的情境中，可以激起学生的情绪与情感方面的变化，从而为学习活动的开展提供支持。

意象性情境是指借助于描述，并启发学生发挥自由想象力从而形成的情境。意象性情境可以把学生带入想象的空间，在想象中升华情感，并进而激起其参与学习活动的激情。

（二）根据表现形式分

根据情境的不同表现形式，可以将情境分为问题、故事、叙事、生活与示范等多种形式。

问题情境的创设是将学习内容转化为问题的形式，激发学生解决问题的热情，目的在于将学生引入一种与问题有关的情境。

故事情境的创设是通过引入与学习内容相关的、具有生动情节和丰富内涵的故事，从而吸引学生的注意。故事的导入，有时会激发学生对故事的前因后果产生浓厚兴趣，并进而唤醒学生的潜在记忆，激发学生的学习动机。

叙事情境是指就某些现象和事实进行陈述，并引导学生思考和分析包含于这些现象或事实中的科学道理，激发学生的学习需求。

生活情境与前面所说的现实情境与虚拟情境相似，都强调结合学生的实际生活，通过模拟真实的生活场景，激发学生解决现实问题的动机，从而自然地融入学习过程中。

示范情境一般是通过教师或学生的演示，培养学生观察与思考的习惯，在这一过程中，学生会对演示过程中产生的现象及要领等产生好奇，并生成新的求知动机。

当然，上述分类方式只是相对的，在具体的运用中，我们可以根据教学需要将多种方式结合起来，从而达到运用情境激发学习动机与推动新知生成的目的。

二、情境创设的方法

（一）设置悬念

"学起于思，思源于疑"，"疑"最容易引起学生的探究和思考。因此，教师要注意精心设置悬念，增加学生的心智活动的机会，使每节课都有一个良好的开端。"悬念"是指课堂教学中，教师针对学生的求知欲强、好奇心切等特点，创设具有科学性、新颖性，能够激发学生的学习兴趣，引起学生探索活动的各种疑问。在课堂上创设悬念，将学生引入新的思维境界，从而引发学生对问题的深层次思考与探究。

【应用示例】葛老师是一位数学老师，在教授"求代数式的值"这一内容时，设置了这样的情境：教师对学生说："今天咱们进行一次特别的比赛——教师和学生比赛。请同学们说出任意一个数，然后将这个数乘以 5 加上 19，再把结果乘以 2 减去 38。我们来看一看究竟是同学们算得快，还是老师算得快。同学们可以使用计算器，我只需要 1 秒钟就能告诉你答案。谁先来试一下？"刚接触代数式的学生都会感到万分惊异，认为这是一件很难的事情。当他们的一个个问题都被解决时，他们又感到十分的震惊，认为老师是多么的了不起。而当教师将代数式 $(5a+19)\times2-38$ 化简得到 $10a$ 时，学生发出阵阵的感叹，原来奥秘就在于此，同时也认识到把代数式化简后求值是多么的重要。

（案例引自江苏高邮市赞化学校 葛红江老师的《创设情境　激发兴趣——例谈新课程背景下初中数学教学中的情境设计》一文。）

（二）凭借生活

知识源于生活，并最终服务于生活，在奇妙无穷的生活现象中均能找到知识的原型。借助日常生活实例，从学生已有的生活经验出发，将丰富多彩的现实生活与教学内容相联系，找准教学内容与学生生活实际的切合点，为学生营造一个熟悉的、富有情趣的生活场景，让课堂焕发出生命的活力。

【应用示例】陈老师在教授"小数的性质"时，预先把讲台装饰成一个简易的商店，在讲台上放置了一些带有价位标签的商品。上课时，陈老师一边指着讲台，一边说："同学们，我们今天打算到商店里去购物，请同学们告诉我这些商品的价格。"学生争先恐后地报着，"婴儿奶粉，26.50元""洗发液，40.15元""男士西服套装，358.00元""透明皂，2.70元""牙膏，7.80元"。随后在学生们积极地响应中，教师进一步引导学生思考，"请同学们想一想，商品的标价为什么都是两位小数？像26.50元、7.80元、2.70元、358.00元这些标价，如果把它们小数部分的'0'都去掉，商品的价格有没有发生变化呢？这些数中哪些'0'可以去掉，而商品的价格没有改变？"这样，凭借日常生活创设问题情境，唤起学生亲近数学的热情，使学生感受到学习数学的乐趣。

[案例引自福建福清市岑兜中心小学陈华忠老师的《小学数学"问题——自主探究解决"教学的探讨》系列论文（略有修改），http://www.chinaschool.org/kcgg/jiaofa/060801_22.htm。]

（三）组织游戏

游戏活动是创设情境，激发学生主动参与学习的一种良好形式。由于学生具有好奇、好动、好胜的心理，教学时组织学生开展游戏活动，使抽象的知识在生动活泼的课堂活动中为学生所接受，达到寓教于乐的目的。

【应用示例】在进行"找规律"教学时，李老师设计了如下游戏：老师邀请学生一起来做游戏，先请同学们仔细观察教师的动作，教师拍手一次，拍肩两次，重复做三次，然后问："谁知道接下去该怎么拍，为什么？"学生高兴极了，纷纷拍了起来，渐渐地，学生已经感悟到了老师的动作是有规律的。紧接着请同学们与老师一起边拍边说。接着老师说："在我们日常生活中，也有很多像这样按照一定顺序、有规律的排列。今天就让我们一起来找规律。"从而导入新课的学习。

（案例引自包头市东河区康复路小学李琴老师的《情境"五创"》一文。）

（四）故事导入

根据学生的年龄特点和生活经历，创设富有情趣和寓意的故事情境，以故事的形式作为教学的切入点，不仅能够调动学生的积极性，吸引学生的注意力，激发学生的学习兴趣，还能发挥学生的想象力，培养学生探索问题的能力。

【应用示例】一位信息技术课教师在讲授《彩色世界》一课时，创设了这样的童话故事情境：小猪淘淘去嘟嘟国学习。一不小心掉进了一个神秘的地方——没有颜色的世界。原来是小动物们不爱护环境，太阳公公把颜色收走了。太阳公公说："只要小动物们爱护环境、保护环境，给嘟嘟国涂上丰富的色彩，就能找回颜色了，今天可是最后期限了。""别急，我能帮助你们。"小猪说，"可是这么多工具，该用哪个涂色呢？同学们帮帮我吧！"

（案例转引自 http：//www.zxjsw.com/teach/xxzh/200609/5446.html。）

（五）运用现代教学媒体

运用现代教学媒体，为学生提供丰富的感性材料，将抽象的教学内容用形象逼真、色彩艳丽、栩栩如生的动画、卡通、视频等展现在学生面前，变抽象为具体、变无声为有声，使学生融入形象逼真的情境中，激活了学生的思维，提高了学生思维的敏捷性和广阔性，促进学生主动探索、发现新知识的欲望。

【应用示例】课文《十里长街送总理》抒发的是作者对周总理的痛

悼缅怀之情，由于时空原因，学生较难产生情感共鸣。为了让学生感受课文蕴涵的真情，教师可把纪录片《十里长街送总理》的教学课件运用到教学之中。哀乐声中，天安门前，总理的灵车缓缓开过……并伴有沉痛的话外音：1976 年 1 月 8 日 9 时 57 分，中华人民共和国开国总理周恩来长眠了。半个世纪以来，他为了中华民族的腾飞，呕心沥血……此情此景，催人泪下，课堂里充满肃穆的气氛，这就为本课的教学奠定了情感基调。

（案例引自吉林省图们市第四小学史婷芳老师的《小学语文教学中情境的创设》一文。）

以上所列举的是一些常见的情境创设的方法，在实践过程中，我们还可以根据具体的教学目标与教学内容，综合运用以上多种方法，共同创设出符合学生认知特征的，有助于提升学习效果的丰富情境。

第四节   学习目标拟定

一、目标编写的方法与要求

（一）编写目标的基本要求

以研究行为目标著名的美国学者马杰在他的《程序教学目标的编写》这本经典著作中提出，一个学习目标应该包括行为、条件、标准三个基本要素。有的教育研究者认为有必要在这三个要素的基础上，加上对教学对象的描述。为了便于记忆，我们把编写学习目标的基本要求简称 ABCD 模式：

- A—Audience，明确教学对象。
- B—Behaviour，即行为，说明通过学习后，学习者应能做什么。
- C—Condition，即条件，说明上述行为在什么条件下产生。

- D—Degree，规定评定上述行为的标度。

（二）具体编写方法

1. 对象与行为的表述

如前所述，在学习目标的表述中，首先应明确教学对象，例如，"小学一年级学生""参加在职培训的教育技术人员"等。接下来，要说明这些学习者通过一定的学习以后，应获得怎样的能力，这是关于行为的表述，是一定学习目标中最基本的成分。行为的表述应具有可观察的特点，所以应避免使用诸如"知道""理解""掌握""欣赏"等含义较广的动词来描述行为。

描述行为的基本方法是使用一个动宾结构的短语，行为动词说明学习的类型，宾语则说明学习的内容。例如：

- "给计算机辅助教学（CAI）下定义"。
- "说出通用计算机系统的基本软、硬件组成，描述计算机的工作原理"。
- "用实例说明 CAI 系统的功能特点"。
- "描述 CAI 系统的软件结构"等。

一般来说，宾语部分的内容与学科或培训课程的具体内容有关，教师或教学设计人员都能很好地掌握。而学习目标中的行为描述应具有可观察、可测量的特点，这也是编写教学目标的难点。

2. 条件的表述

条件是指学习者表现行为时所处的环境等因素。换言之，它说明了在以后评定学习者的学习结果时，该在哪种情况下评定。如要求学习者"能跑完 10000 米"，条件则指在"何种气候下，在什么道路上"等环境因素。条件的表述常与诸如："能不能查阅词典，有没有工具，有没有时间限制"等问题有关。条件包括下列因素。

- 环境因素（空间、光线、温度、气候、室内、室外、安静和噪音等）。
- 人的因素（单独进行、小组集体进行、在教师指导下进行等）。
- 设备因素（工具、设备、图纸、说明书、计算器等）。
- 信息因素（资料、教科书、笔记、图表、辞典等）。
- 时间因素（速度、时间限制等）。
- 问题明确性的因素（提供什么刺激来引起行为的产生）。

3. 标准的表述

标准是指作为学习结果的行为的可接受的最低衡量依据。对行为标准做出具体描述，使得学习目标具有可测定的特点。标准的表述一般与"好到什么程度？""精确度如何？""完整性如何？""在多少时间内？""质量要求如何？"等问题有关系。下面是若干表述方式。

- 次序（例如，将水的净化过程的 6 个步骤按正确次序排列）。
- 正确率（例如，检查线路故障，排除故障正确率达 80%）。
- 精确度（例如，测量血压，误差在 5mm/Hg 以内）。
- 时间限制（例如，在 1 分钟以内准备好必需的消防器材）。
- 达到标准规定的要求。

下面一些行为目标的实例中包含了条件和标准两个要素。

"借助医院的平面图，能找到所有灭火器安放处和紧急消防出口处，准确率达 100%。"

"根据所布置的阅读材料，能比较两种古代文化差异，至少列举每一种文化的五个特征。"

"根据描述某树一般生长率的图表，能预言 5 年生长期树木的外部尺寸，准确率达 15%。"

"在 8 分钟内，能装好，调好零位，并操作万用表。"

二、学习目标分类理论

（一）布卢姆的目标分类理论

目标分类理论是 20 世纪 50 年代美国心理学家布卢姆等人提出的。这个理论体系将教学活动所要实现的整体目标分为认知、情感、心因运动技能三大领域，并从实现各个领域的最终目标出发，确定了一系列目标序列。

自 20 世纪 90 年代初当代著名的课程理论与教育研究专家安德森（Anderson，L. W.）以及曾与布卢姆合作研制教育目标分类的克拉斯沃（Krathwohl，D. R.）对认知目标进行了修订，并在 2001 年出版了《面向学习、教学和评价的分类学——布卢姆教育目标分类学的修订》一书，表 3 - 3 是对布卢姆认知目标分类进行修订的二维框架。

表 3 - 3　布卢姆认知目标分类修订的二维框架

知识维度	事实性知识	术语性知识（knowledge of terminology）
		特定细节与基础性知识（knowledge of specific details and elements）
	概念性知识	分类与范畴性知识（knowledge of classification and categories）
		原理与归纳性知识（knowledge of principles and generalizations）
		理论、模式与结构知识（knowledge of theories, models and structures）

续表

知识维度	程序性知识	特定主题技能与算法知识（knowledge of subject-specific skills and algorithms）
		特定主题技巧与方法知识（knowledge of subject-specific techniques and methods）
		确定何时运用适当程序的标准化知识（knowledge of criteria for determining when to use appropriate procedures）
	元认知知识	策略性知识（strategic knowledge）
		关于认知任务的知识，包括适当的情境性与条件性知识（knowledge about cognitive task，including appropriate contextual and conditional knowledge）
		自知性知识（self-knowledge）
认知过程维度	记忆	识别（recognizing）
		回忆（recalling）
	理解	阐释（interpreting）
		示例（exemplifying）
		分类（classifying）
		总结（summarizing）
		推断（inferring）
		比较（comparing）
		说明（explaining）
	应用	执行（executing）
		实施（implementing）
	分析	区分（differentiating）
		组织（organizing）
		归属（attributing）

续表

认知过程维度	评　价	检查（checking）
		评定（critiquing）
	创　建	生成（generating）
		计划（planning）
		制作（producing）

（二）加涅的学习结果分类理论

加涅在《学习的条件》一书中，对学习结果进行了分类，提出了五种学习结果：言语信息、智慧技能、认知策略、动作技能和态度。

1. 言语信息

言语信息作为一种学习结果，是指学习者通过学习以后，能记忆诸如事物的名称、符号、地点、时间、定义、对事物的描述等具体的事实，能够在需要时将这些事实陈述出来。他们所陈述的信息一般是命题或某种表述，是被言语化了的，所以称"言语信息"。

2. 智慧技能

智慧技能是运用符号办事的能力，是回答怎么办的知识，它对学生能力的要求主要是理解和运用概念与规则的能力，进行逻辑分析的能力。智力技能又分为辨别、概念、规则、高级规则四类，由简单到复杂构成一个层级关系。

3. 认知策略

所谓认知策略是学习者借以调节他们自己的注意、感知、记忆和思维等内部心理过程的技能。智力技能是运用符号处理问题的能力，即处理外部世界的能力，而认知策略是自我控制与调节的能力，即处理内部世界的能力。学习者通过认知策略指挥他自己对环境中刺激物的一定特点予以注意，对学习的事物进行选择和编码，对学习所得进行检索。

4. 动作技能

动作技能是一种习得能力，表现在学习者的身体运动速度、精确度、力量和连续性上。动作技能的学习往往与认知学习交织在一起，学生在学习某个动作技能时，必须知道或掌握动作技能组成的程序及相应的规则，以便随着练习的继续，动作的水平有所提高。

5. 态度

态度是习得的、影响个人对特定对象做出行为选择的有组织的内部准备状态。同智慧技能、动作技能相比，态度与个人行为的关系不那么直接，态度并不决定特定的行为，它以行为的倾向或准备状态对行为产生间接影响。

三、学习目标的细化

（一）学习目标细化实例

学习目标的细化是将课程总目标分解为微观学习目标的过程。首先，对学习单元中各知识点进行梳理，围绕各知识点制定相应的学习目标，从而形成单元知识目录表。然后，参照目标分类理论，从知识与技能、过程与方法和情感、态度与价值观三个维度来描述目标。

这里以高中地理课程中的《世界的气候》一节为例，简要说明细化目标的方法。

1. 填写单元知识目录表

细化目标，首先必须了解课程的基本内容，并明晰学习该内容需要学生达成的基本变化。如依据"世界的气候"这一节的主要内容，可以形成本单元的知识目录表，如表 3 - 4 所示。

表 3 - 4　"世界的气候"单元知识目录表

单元知识点	学习目标
1. 气候的基本概念	• 能够区别"天气"和"气候"两个概念,并在生活中正确使用这两个术语。 • 识别不同的气候特征,掌握描述气候特点的方法。
2. 气候的主要要素:气温和降水	• 初步学会阅读世界年平均气温分布图,说出世界气温的分布规律。 • 初步学会阅读世界年平均降水量分布图,说出世界降水分布的差异。 • 使用气温、降水资料,绘制气温曲线和降水量柱状图,并读图说出气温与降水的变化规律。 • 了解气温和降水与气候的关系。
3. 主要气候类型及分布	• 在世界气候分布图上说出主要气候类型的分布地区。 • 通过不同地区气候差异的学习,培养学生的地域观念。
4. 影响气候的主要因素	• 举例分析纬度位置、海陆分布、地形等对气候的影响。
5. 气候与人类活动	• 举出日常生活中的实例,说明气候对生产和生活的影响。 • 用实例说明人类活动对大气环境的负面影响。 • 通过分析气候异常变化对人类活动的影响,培养灾害意识。 • 培养保护大气环境的意识。

2. 学习目标的三维设计

目前,我国在新一轮课程改革中十分强调三维目标的作用,参照布卢姆的目标分类理论,可以将上述学习目标分成知识与技能、过程与方法和情感、态度与价值观三个维度,表 3 - 5 是按照上述气候学习内容设计的三维学习目标。

表3-5 "世界的气候"三维学习目标例表

目标维度	学习目标
知识与技能	1. 气候 ● 区别"天气"和"气候",能在生活中正确使用这两个术语。 ● 识别不同的气候类型,掌握描述气候特点的方法。 2. 气候的要素:气温和降水 ● 初步学会阅读世界年平均气温分布图,说出世界气温的分布规律。 ● 初步学会阅读世界年平均降水量分布图,说出世界降水分布的差异。 3. 气候与人类活动 ● 举出日常生活中的实例,说明气候对生产和生活的影响。 ● 用实例说明人类活动对大气环境的负面影响。
过程与方法	1. 气候的要素:气温和降水 ● 使用气温、降水资料,绘制气温曲线和降水量柱状图,并读图说出气温与降水的变化规律。 2. 主要气候类型及分布 ● 在世界气候分布图上说出主要气候类型的分布地区。 3. 影响气候的主要要素 ● 举例分析纬度位置、海陆分布、地形等对气候的影响。
情感、态度与价值观	1. 气候 ● 培养保护大气环境的意识。 2. 主要气候类型及分布 ● 通过不同地区气候差异的学习,培养学生的地域观念。 3. 气候与人类活动 ● 通过分析气候异常变化对人类活动的影响,培养灾害意识。

（二）学习目标层次分析

依据目标分类理论，我们发现学习目标本身存在着层次差异。这与学习者在同一学习环境中接受教育所表现出来的能力差异基本上是相吻合的。为了进一步明确学生的能力水平，我们需要对学习目标进行层次分析。

1. 学习行为术语表

参照布卢姆的目标分类理论，在进行学习目标描述时需要使用一些行为术语，表 3－6 依然是按照布卢姆的认知领域目标的分类设计的一系列体现学习目标层次水平的行为术语。

表 3－6   认知学习行为术语表（按照布卢姆的分类）

学习目标层次	特　　征	可参考选用的动词
识记	对信息的回忆	为……下定义、列举、说出（写出）……的名称、复述、排列、背诵、辨认、回忆、选择、描述、标明、指明
理解	用自己的语言解释信息	分类、叙述、解释、鉴别、选择、转换、区别、估计、引申、归纳、举例说明、猜测、摘要、改写
应用	将知识运用到新的情境中	运用、计算、示范、改变、阐述、解释、说明、修改、订计划、制订……方案、解答
分析	将知识分解，找出各部分之间的联系	分析、分类、比较、对照、图示、区别、检查、指出、评析
综合	将知识各部分重新组合，形成一个新的整体	编写、写作、创造、设计、提出、组织、计划、综合、归纳、总结

续表

学习目标层次	特　征	可参考选用的动词
评价	根据一定标准进行判断	鉴别、比较、评定、判断、总结、证明、说出……价值

　　（注：行为术语基本以动词形式呈现，表格中列举的这些动词可以作为描述目标的基本参照，但应用时不应当受限于此。考虑到我国教师的应用习惯，本部分的例子主要使用布卢姆的原分类术语，安德森的修改稿（2001 年）去掉了综合层次，在评价后增加了创建层次，关于创建层次的行为动词，更应该考虑应用性与创造性，如编制、制作、规划、改编等，读者可参照表 3 - 6 中的动词示例并结合表 3 - 3 自行尝试设计。）

　　2. 双向细目表

　　双向细目表是一种将学习目标的具体内容与目标需要达到的层次之间进行关联的目标描述方式。一般来讲，表的纵向列出的是要考查的知识点和学习目标，即"学习目标栏"，而横向列出的各项为"目标层次栏"，以反映学习结果的层次。

　　有时候，也会使用相同的行为动词来表达不同的目标层次，如表 3 - 7 所示（表 3 - 7 是初中化学的部分知识点和认知学习目标）。如在"分子式的写法"中，"写出"这一行为动词就分属于识记和领会两个不同的范畴。

表 3 - 7　化学学科双向细目表示例

认知目标层次　　　　　　　　　　　知识点和学习目标	识记	领会	运用	分析	综合	评价
1. 分子式的写法 （1）写出诸如氧气、铁、磷等单质的分子式；诸如二氧化碳、硫化锌、水等两种元素组成的化合物的分子式	√					
（2）根据某一单质是双原子气体、是惰性气体还是其他的金属、非金属单质，写出其分子式		√				

知识点和学习目标　　　　认知目标层次	识记	领会	运用	分析	综合	评价
（3）根据某两种元素化合物的名称，写出其分子式		√				
2. 分子式的意义 （1）写出分子式的定义	√					
（2）解释分子式左边及右下角数字的意义		√				
3. 由分子式计算分子量 根据任一物质的分子式，计算其分子量			√			
4. 由分子式计算元素质量比 （1）根据任一物质的分子式，计算其各元素的质量比			√			
（2）判断两物质中指定元素含量的高低				√		
5. 由分子式计算元素百分含量 （1）根据任一物质的分子式，计算其指定元素的百分含量			√			
（2）计算从两种指定物质中取得一定比例的元素时，两物质的质量比					√	

（注：考虑到布卢姆认知领域目标的广泛应用性，本部分仍以其目标描述方式举例，读者还可以参考表 3 - 3，增加创建层次，并进行双向细目表设计训练。）

第五节　学习任务设计

　　教师在从事教学设计的过程中，往往只是从宏观的角度来明确自己的教学任务，把教学任务简单地理解为"用了多少课时把哪些章节内容讲完"。而实际上，教师设计学习活动应该指向学习者的学习，因而应当考虑学习任务的设计，学习内容不仅要与学习目标相关联，而且要与学习者相关联，从而为学习者完成学习目标架构起一座理想的桥梁。

一、学习任务的类型

如何界定学习任务？不同的学者会有不同的观念，WebQuest 的创建人伯尼·道奇博士（Bernie Dodge）曾经提出过 WebQuest 模式的 12 种任务分类，加德纳从多元智能的角度提出了人的智能至少包括八个方面，其他还有许多学者都对学习任务等提出了很多看法。

结合多元智能观，也可以从人类智能的角度来划分学习任务。加德纳所描述的人的八种主要智能包括[①]：

（1）语言智能：指用语言文字表达、思考以及欣赏语言文字意义的能力。

（2）数理逻辑智能：指数学运算、科学推理与分析的能力。

（3）视觉空间智能：指运用空间思维、图像思维的能力。

（4）体动觉智能：指运用身体操纵物体和调整自身身体的能力。

（5）音乐智能：指对音乐符号、旋律、节奏、音色及音质等敏感的能力。

（6）人际智能：指善解人意、善于交往的能力。

（7）内省智能：指能正确感知自我、认识自我的能力以及计划和引导自己人生的能力。

（8）自然观察者智能：指能细致观察自然界中的各种动植物形态及生态系统，并能进行辨别与分类的能力（Campbell，Dickinson，1999）。

如果赋予每种智能特定的任务，则可以发现一个具体的学习过程中都可能包括多种不同的任务（如表 3 - 8）。

---

① 霍华德·加德纳等人后来又提出多元智能可能还包括"存在智能"与"精神智能"，甚至还存在"道德智能"等，这类研究目前尚未得到广泛认可，这里暂不介绍，关于多元智能的更多内容，请参看第四章。

表 3 – 8　基于多元智能的任务分类（闫寒冰，2005）

智能分类	任务安排	
语言智能	陈述任务、编辑任务、采访任务、说服任务、创造性作品任务	陈述任务
数理逻辑智能	分析任务、科学任务	
视觉空间智能	设计任务、创造性作品任务	
肢体动觉智能	表演任务	
音乐智能	创造性作品任务、表演任务	
人际智能	策划组织任务、采访任务、说服任务、神入任务	
内省智能	自省任务	
自然观察者智能	观察任务、科学任务	

（说明：多元智能本身并不一定是相互孤立的，所以在任务设计时也不应该简单划分，但为了便于理解，我们将其分开来进行介绍，实践过程中建议还是要综合应用。）

下面我们就结合具体的案例，对一些常见任务进行介绍。

1. 陈述任务

"陈述"是语言智能最根本的要求，仅仅是要求学生将获得的信息表述出来，以表明他们已经获知了这些内容。作为其他智能外化的有效途径，陈述任务是最基本，也是最不具有挑战性的任务。学生可以口头陈述，也可以通过作品（电子或非电子的形式）将获得的信息展示出来。一般来讲，这类任务或者应用于认知水平较低的小学生，或者与其他类型的任务结合起来增强学生对某个主题的理解。

【应用示例】对于昆虫而言，既有人类的益友，也有一些对人的健康有害，请列举几种益虫和害虫，并说明如何防避害虫。有些对人类有益的昆虫正遭受着物种灭亡的命运，如何挽救它们？请将你的探索结果整理成书面报告形式。

2. 编辑任务

同样的内容，不同的组织顺序，就可能会产生不同的效果。编辑任务是让学生将不同渠道获取的信息整合到一起，并以自己的语言，以某种形式（如游记、推荐信、景点手册、说明书、专栏等）表现出来。学生在整理资料的过程中不仅仅要学会收集、罗列信息，还要学会对这些信息进行符合目的的转换与整理。

【应用示例】假如在一次旅途中，你意外地进入了一个世外桃源，这里还保留着唐朝的一切，请写一篇游记，介绍你在唐朝的生活与见闻，包括唐朝的食品、衣着、住房、交通、职业、农业等方面。另外，你还需要在你的游记中插入一些反映唐朝人生活的实景图片。

3. 采访任务

采访任务对学生的言语智能与人际智能都有较高的挑战。完成一次高质量的模拟采访任务，学生或学生小组需要事先收集采访对象的信息，准备采访主题，安排采访，有时还需要根据采访对象的反馈提一些跟随问题。最后，还要根据新闻报告的格式和措辞将这些信息组织成一篇新闻稿。在这样的任务中，学生的语言组织能力、人际交流能力、觉察体验他人情感的能力都会得到提高锻炼。

【应用示例】你将和你的小组一起采访被评为"市级十佳少年"的一位同学，以及他的学友和班主任，从采访中了解他是如何安排学习和娱乐的，并为校报撰写一篇介绍该同学的新闻稿。

4. 说服任务

说服任务同样对学生的言语智能与人际智能有着较高的挑战。当学生试图说服他人时，他必须精心准备材料，使得自己的语言、作品等具有说服力，同时还要体察对方的立场与观点，并使用简洁、准确、富有激情和美感的语言表达自己的意见，回应提问等。

【应用示例】 某房地产开发商计划在风景区修建花园式别墅，请你给当地的旅游与建设等管理部门写一封信，呼吁他们制止房地产商的行为。

5. 分析任务

分析任务主要帮助学生达成对逻辑结构关系的理解与推理，形成思维表达能力。在分析任务中，学生将紧密关注一件或多件事物，发现这些事物之间的相似及不同之处。通过对事物间各种关系的敏感体察，寻找不同变量的起因与结果之间的关系，猜测或解释所有的这些相同与区别都意味着什么。分析任务往往是展开数学计算活动的有力抓手。

【应用示例】 我们可能都不希望有被"宰"的经历，但却不一定躲得过这样的命运。如果承包者给你一份家庭维修报价单，你怎么知道这份报价单有没有"宰"你呢？现在，给你关于房间的面积、材料和劳动力的成本数，请你辨别一下承包人有没有"宰"你。

6. 科学任务

科学任务有益于培养学生逻辑/数理智能以及自然观察者智能。在这类任务中，学生们通常会通过科学实验的手段来测量和对比，然后根据现象推断原因，最后还可能会用标准格式的科学报告描述现象、验证假设或解释结果。科学任务使学生有机会参与类似科学家研究的学习活动，虽然学生们获得的成果绝大多数只能是在自己或周围同学现有的基础上有所创新，还不大可能达到科学发现水平，但学生们在这个过程中会理解科学研究是如何进行的，逐步形成认真、严谨、尊重事实、勇于探索和创新的科学态度。

【应用示例】 有人提出，利用松针可以防止霉变，组织学生以小组为单位，通过科学实验，比较并发现松针的防霉变特性，撰写实验报告，要求学生给予确凿的证据。

7. 设计任务

设计任务往往是要求学生根据要求创造出一个产品（作品）或方案，学生既要考虑现实的约束条件，同时又有充分发挥自己的创造力。它既可以培养学生的视觉/空间智能，也有助于培养学生的数理逻辑智能。

【应用示例】为一个公司设计一个花园，花园里要有以下各种形状：圆形、方形或三角形来展现公司的 LOGO。作品的形式应该是一份有标识的花园素描和一份清单，列出各种所需的植物及其数量和颜色。

8. 创造性作品任务

与设计任务相比，创造性作品任务所受的现实约束较少，通常是要求学生以故事、诗歌、短剧、绘画、游戏或歌曲的形式重新创造某个主题。对结果的要求很开放，更加关注创新性和自我表现，当然还要考虑所选择形式的特质，如音乐的韵律，绘画的色彩等。

【应用示例】今天你的心情是愉悦还是略带忧郁？色彩可能是你心情的最佳表露者。试用色彩画图为你一天的心情作个日记，并在每个色彩图的旁边加上一小段文字来描述你当时的心境。

9. 表演任务

从事表演艺术的人通常肢体动作技能比较强。表演任务为学生提供了用身体表达思想、情感的机会，学生在表演过程中，会对所表演的内容有更加深刻的理解。

【应用示例】体育游戏是同学们喜爱的体育活动之一。学校体育教研组决定发挥全校学生的聪明才智和创造力，创编一些新的体育游戏。请运用一种或几种动作技能，创编一套体育游戏，并邀请小伙伴一起表演。

10. 策划组织任务

策划组织任务对学生的各方面智能都有所要求，但对人际智能有着更高的挑战。学生在这样的任务中，将逐渐学会既从全局着眼，又要考虑细节的工作态度；他们还必须学会交流合作、提出建议和达成共识的技巧；在任务的执行过程中，还有很多需要学生自己动手操作的活动；作为活动的组织者，他们还要站在参与者的角度考虑活动的安排是否适宜，所以说，这是一种考察和培养学生综合素质的任务。

【应用示例】学校决定组织一次家长茶话会，请你和小伙伴们一起设计制作邀请函、日程表、欢迎标语、签到表等，并为活动设计一套所需准备材料的需求计划与采购计划，通过分工落实到每一个责任人。

11. 神入任务

神入，也称移情，即通过换位思考，学会认同与接受别人的观点并逐步完整认识世界的能力。神入任务可以给学生们一种想象别人是如何看待和感觉问题的训练，在这种任务中，学生将被引导从那些本来看起来古怪的、令人迷惑的观点和行为中找到合理的、明智的、有意义的东西，从而培养努力理解其他观点、其他人群、其他民族的倾向，但对这类任务的分寸把握与评价有一定难度。

【应用示例】我们每个人对自己的行为都有合理的解释，即使是那些被标榜为"恶人"的人也不例外。在本活动中，你将扮演一个儿童故事中的"恶人"，为自己的行为辩护。选择一个大家熟悉的儿童故事，从为"恶人"辩护的立场出发重新编写这则故事。

12. 自省任务

自省任务着重培养的是学生认识、洞察和反省自身的能力，使他们能够较好地意识和评价自己的动机、情绪与个性，并且有意识地运用这些信息去调适自己的生活。这种任务在设计时往往需要借助与自我密切相关的对象来引导学生的反思，如理想的朋友、未来的工作等，通过这些对象的折射，使学生对自己的喜好与偏见、强势与弱势有更深的理解。

【应用示例】假若你有机会可以打电话"订购朋友"。想一想你想要的朋友应该具备哪些素质。在你"订购朋友"之前，先描述一下你想要的朋友的至少三种特征，每个特征都举个例子来说明，还要说明你为什么想要这样的朋友。

13. 观察任务

观察任务为自然观察者智能的发展提供了有效的支持，学生通过有针对性的定期观察与记录，可以增强对自然界各种事物特征的敏感度，获得发现问题能力和实证研究的体验，学生还会增强对自然界的亲近感与尊重感，在情感上体验和接受人与自然和谐相处的观点。

【应用示例】你了解植物的生长过程吗？本活动要求你自己学会种植黄豆，并每天记录它的生长过程。在种豆的过程中，掌握植物一周内的平均生长率、种子的平均重量、直线的度量等数学概念。制作一份介绍你种豆经历的演示文稿，并向同学展示。

以上我们选择性地介绍了常见的几种学习任务。当然，在实际教学中，有时需要将多种学习任务综合起来，从而培养学生的多方面的智能。

二、学习内容的分析

学习内容规定了在教学活动中教师应该教什么与学生应该学什么，因此学习内容本身应当与学习目标相一致。

（一）内容与目标的关联

学习内容是由学习目标决定的，但是，学习目标并没有限制内容的自由度。在设计学习过程时，需要以目标为导向，同时又要适当延伸并拓展，从而保证内容与目标之间的关联。

1. 内容的指向性

学习内容应具有指向性，由目标来引领学习内容。这主要体现在如下几点。

- 目标决定学习内容的选编，即根据目标的要求，选择所需的学习内容。
- 目标决定学习内容的分量，即依据制定的目标，确定所选内容各部分的比重。
- 目标决定学习内容的加工，即根据目标要求，强化学习内容的功能和特点。

2. 内容的延展性

学习内容具有延展性，在目标的引领下，又体现了以下目标的张力。

- 学习内容是丰富多彩的，不能局限于书本，学生可以从多种渠道获得他们所希望获得的知识。
- 学习内容是动态的，伴随着学习者学习风格的差异、起点能力的不同，也应该体现不同的层次要求。
- 学习内容是活动化的，学生不仅能够通过活动来学习知识，还可以将所获得的知识应用于课堂之外的社会环境中。

（二）学习内容分析

学习内容分析是对学习目标规定的终点能力、对学习者起点能力转化为终点能力所需的从属知识、技能及其上下左右关系进行详细剖析的过程。所谓从属知识、技能，其本身未必重要，但却是学习更高层次的知识和技能的基础，是达到学习目标的先决条件。

学习内容分析的目的有以下两点。

● 确定学习内容的范围与深度，解决"教什么"和"学什么"的问题。

● 揭示学习内容中各项知识与技能的相互关系，为学习内容的组织、教与学的顺序的安排提供依据，解决"如何教"和"如何学"的问题。

1. 内容分析的方法

内容分析方法很多，人们根据分析的要求或方式的不同，将其归纳为好多方面，如归类分析法、层级分析法、图示分析法、信息加工分析法、逻辑分析法等。应用中，也有人结合加涅的学习结果分类方法，确定了几种不同的内容分析方法，见表 3－9。

表 3－9　与学习结果相对应的分析方法

学习结果类型	分析方法
言语信息	细化分析
智力技能	层次分析
动作技能	过程分析
态度	列表分析
认知策略	专家分析

2. 学习内容分析实例

（1）言语信息类：细化分析

细化分析主要是通过将总体分解为部分，并进一步细化分析的结果。可以借助于树型图表示法，将其描述成为一个多层结构的图表。图 3－3 是关于计算机教学内容分析的实例。

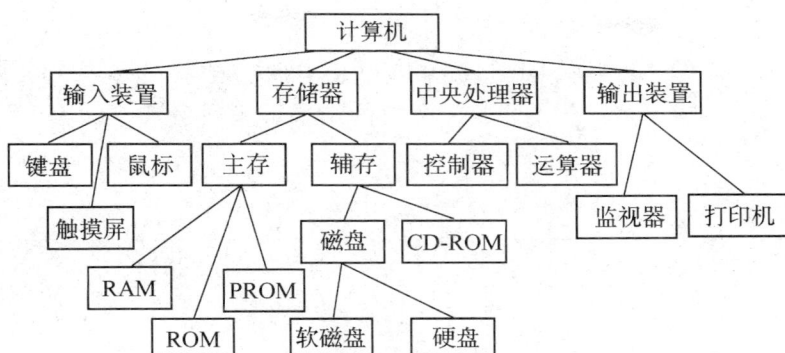

图 3 - 3 信息细化分析实例图

（2）智力技能类：层次分析

智力技能类知识通常呈问题求解形式，可以借助层次分析方法，分析的结果可用层次图来表示（见图 3 - 4）。图的顶层为原问题，下面是解决此问题所需的技能，越往下变得越具体。

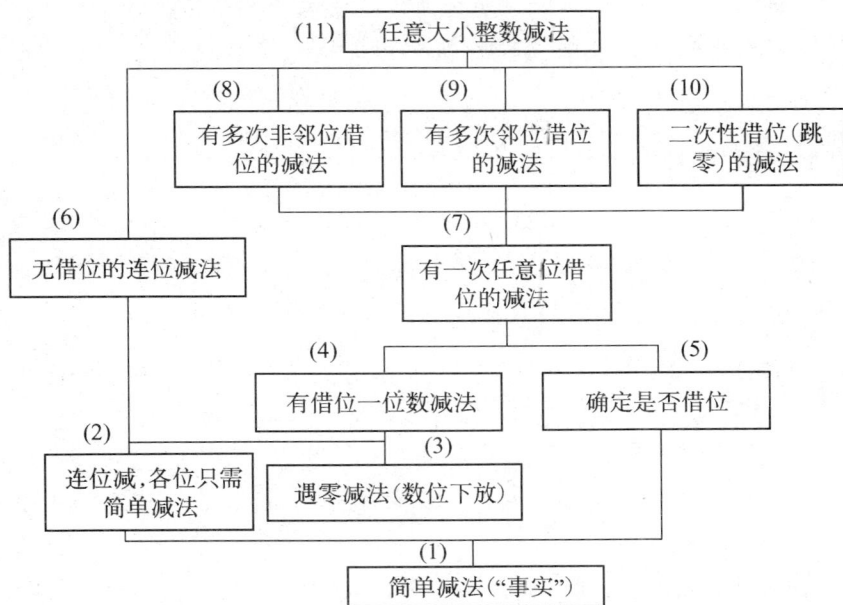

图 3 - 4 层次分析实例图

（3）态度类：目标分析

对态度的分析可以采用目标分析方法，即将一些比较笼统的目标进行分解，变成多个具体的目标。分析的结果可用列表来表示（表3－10）。

表3－10 态度目标分析实例

模糊目标	可能的行为指标
评价优良顾客关系	<ul><li>能否说出顾客的名字</li><li>回答问题</li><li>允诺合理的回答时间</li><li>在时间期内校正问题</li><li>将变化通知给顾客</li><li>与顾客进行核对</li></ul>
喜欢或支持 ABC 公司的产品	<ul><li>描述 ABC 产品特征</li><li>将 ABC 产品与其他竞争产品比较</li><li>列出 ABC 产品的优良之处</li><li>ABC 产品是否满足顾客的需要</li><li>指出 ABC 产品在特定情形下的重要特征</li></ul>

（4）动作技能类：过程分析

对于动作技能类知识，可以进行过程分析，即将动作技能分解成一系列具体操作，编成一个线性操作程序（见图3－5）。

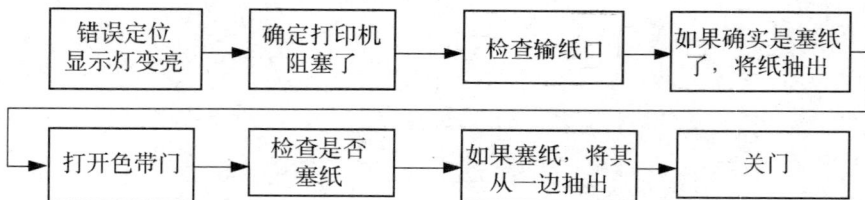

图3－5 过程分析实例图

对于其他的一些分析方法，这里暂时不做介绍，在实际应用过程中，我们还需要根据研究内容的不同和目标的不同，进行综合应用，以便于更好地理解学习内容。

三、学习任务的设计要点

好的任务应该是既有效又真实的。所谓有效，指通过该任务的完成，学生能够学到或用到需要掌握的知识与技能，并能够促进高级思维能力的发展。所谓真实，是指该任务提供了现实世界中真实的绩效挑战。具体来讲，主要包括以下几点。

（一）再现真实世界中的各种挑战

任务的设计需要通过本真情境来检验和培养学生的知识与能力。这里所说的本真情境，并非是与真实世界一样的物理情境，而是要再现真实世界中的各种挑战。由于真实世界中的任务往往都是劣构的（ill-structured），因而学生必须要主动激活自身的知识和技能库，灵活地动用所学知识才能够完成任务。

一个成功的任务设计，学生是不可能通过回忆事实或套用公式就能够很好地完成和解决的。真实的任务不是要学生去背诵、复述所获得的信息，而是要他们去探索，通过思考和综合分析去"做"题目。因而，即便是最不具有挑战性的陈述性任务，也要防止学生仅凭模仿与复制等方式完成。可以要求学生用某种形式（如演示文稿）或某种措辞（如以某种角色的语气）转换他们所获得的信息，以求达到真正的理解。

（二）任务的实施往往涉及角色扮演

"角色扮演"可以激发学生的学习兴趣，一直以来被作为"寓教于乐"的有效方法，在语文、英语课的"表演任务"中应用最为常见。事实上，在完成任务的过程中，"角色扮演"所起到的作用远远不止"寓教于乐"。真实情境有着不同于传统教学情境的特殊限制、特定目的和特定观众。在学习过程中，同样要让学生体验到这种真实性，因而常常要学生在完成任务的过程中扮演一些角色。

表3-11列出了学生在各种任务中可能扮演的角色，从这些角色又可演绎出任务的特定观众、特殊限制，等等。也可以说，任务设计通过学生扮演的特定角色增强了情境的真实性。

表3-11　学生在各种任务中可能扮演的角色

任　务	可能扮演的角色
陈述任务	导游、新闻广播员、目击者、教师……
编辑任务	编辑、网页制作者……
采访任务	传记作者、记者、社会研究者……
说服任务	警官、律师、法官、文学评论家、候选人、演说家、推销员、政治家……
创造性作品任务	画家、作家、作曲家、剧作家、诗人、摄影师、卡通人物、发明家、雕刻家……
分析任务	数学家、科学家、逻辑学家、工程测量人员、营养学家、猜谜参加者、侦探……
科学任务	科学家、研究员、宇航员、发明家……
设计任务	工程师、建筑师、产品设计师、广告设计师……
表演任务	作曲家、演奏家、演员、教练、运动员、歌手……
策划组织任务	主席、制片人、班主任……
神入任务	社会科学家、历史学家、教师……
自省任务	求职者、选择专业的学生、征友者……
观察任务	侦探、厨师、博物馆馆长、动物园看守人、植物学家、园丁、兽医、绿色和平组织成员……

（三）任务需要开发一个有形的产品

真实世界中的任务解决路径从来就不是唯一的，往往从不同的角度入手就会有不同的解决方案。学生在完成任务的过程中扩展和加深了自己针对某一主题的知识技能与理解，从而使完成任务的路径充满了创造性与个性特征。如果这种创造性和个性特征不通过一个有形的产品（如演示文稿、新闻稿）或绩效（如演讲、表演）外化出来，个人的知识与能力获得便缺少了一个必要的深化环节，其他学生便缺少了一个共享学习的机会，教师也就缺少了衡量学习成果的途径。

在《追求理解的教学设计》一书中，作者提出了 GRASPS 绩效任务设计框架，所谓 GRASPS，是目标（Goal）、角色（Role）、观众（Audience）、情境（Situation）、产品或绩效（Product & Performance）、标准（Standard）几个英文单词的开头字母。

- 目标：即任务的目标、最终目的。
- 角色：学生在这个任务中所扮演的真实世界中的角色。
- 观众：指的是任务目标的观众。
- 情境：这里指的就是给学生创设的真实情境。
- 产品或绩效：学生在任务完成时应该完成的有形产品或绩效。
- 标准：衡量成功的标准。

在实际操作中，这些设计要点或者设计要素是非常有操作意义的。回顾这些要点或要素，会帮助教师发现自己在任务设计中的漏洞，以便及时补救。

在当前教育改革下，在某一个主题下开展不同学科的研究性学习是比较常见的。我们发现，如果能够将任务设计的要点整合于面向主题的任务设计，往往能够起到事半功倍的效果。例如，学校计划组织全校性运动会，则对应于"运动会"这一主题，不同的学科教师可以设计出以下不同的研究性学习任务。

- 语文：为了让全校的师生们了解此次运动会，积极参与此次运动会，学生们将组成宣传报道小组，小组成员之间分工协作，围绕运动会的组织、开展等方面内容，对运动会的相关组织者进行采访，并分别运用校电台、校园电视台、校园网、校报、黑板报、专刊等形式宣传报道此次运动会，在学校内形成人人知道运动会的氛围。

- 数学：校运动会就要于近日开幕了，同学们被聘为校运动会的记分员。每两个记分员合作负责某个比赛项目的记分工作。为此，学生小组在运动会比赛项目开始前应当设计好记录成绩用的各种数据记录表格，并从学校运动委员会处查找历届比赛的数据资料。比赛结束后能够及时生成相关数据报表。要求数据报表清晰、准确，并能产生与历届比赛相应的对比数据。

- 物理：运动会就要开展了，每个班级都想取得好成绩。学生们作为运动物理的研究专家，需要对若干体育运动项目的物理学原理进行研究和分析，为运动员训练和取得较好的体育成绩提供相应的指导，并通过学校的橱窗宣传所建议的训练方案。

- 体育与健康：根据运动会的不同项目竞赛规则，组成不同的裁判小组，每个小组成员认真研读各运动会比赛项目的竞赛规则，并根据比赛要求进行任务分工，确保裁判工作在公开公正的原则下正常开展工作。

- 艺术：学校的运动会召开在即，同学们被聘为运动会筹备小组的美工设计师。他们需要为运动会设计合适而具有象征意义的会徽、醒目而美观的宣传海报、风格统一并且意义明确的标语牌等，最后还要将运动会期间的一个个瞬间留在照片上，准备一期以"运动"为主题的摄影展。

- 综合实践活动：学校运动会期间，同学们是校运会组委会的成员，需要研究确定本届运动会的基本比赛项目和基本日程，并对运动会过程中各个工作小组的工作进行整体规划，选择适当的人员完成相关工作，设计好相关工作手册与规章制度，确保运动会能够按步有序地进行。

四、学习活动设计

在设计学习任务的过程中，可以考虑设计相应的学习活动。学习活动设计强调以"活动"为逻辑起点和中心范畴来研究和解释人的心理发生发展过程，将人类认识的起点和心理发展的过程放在活动上，把心理发展看成是人与外界环境的交互作用，人的主体活动是人发展的基础。有意识的学习和活动完全是相互作用和相互依靠的。活动不能在没有意识的情况下发生，意识也不能发生在活动情境之外。进行学习活动设计需要考虑以下方面：（1）将活动看作学习主体与学习环境交互作用的过程；（2）学习活动可以包括多种类型和层次；（3）活动设计应当以人的认知发展过程为主要观察点；（4）学习活动的设计必须考虑可操作性。

活动是由动机和目的相联结的有意识的过程，它包含一连串的行动，并且每个行动又包括一连串的操作，是行动和操作构成的完整体系。

一项成功活动的开展，源于其卓越的设计。教师在开展课堂教学活动之前，需要根据学习任务的不同为自己的活动绘制精确的蓝图。学习活动设计并没有唯一确定的方法，它需要根据学习任务的具体要求进行不同规划，为便于学习者理解，我们可以在活动设计时参考表 3 - 12 所提供的活动设计模板。

表 3 – 12　学习活动设计模板

活动主题	

学科领域（在□内打√ 表示主属学科，打×表示相关学科）

□思想品德	□语文	□数学	□体育
□音乐	□美术	□外语	□物理
□化学	□生物	□历史	□地理
□信息技术	□劳动与技术	□社区服务	□社会实践

□其他（请列出）：

适用年级	
所需时间	

设计理念（阐述活动的目的及意义）

活动目标（描述该活动所要达到的主要目标）

知识与技能：

过程与方法：

情感、态度与价值观：

活动组织形式（描述如何组织活动，并陈述理由）

活动所需的材料和资源（在此列出学习过程中所需的各种支持资源）

信息化资源	
常规资源	
教学支撑环境	

人力资源	
其　　他	
活动风险预测	1. 人为因素（例如学生能力的检测：学生是否具备活动所要求的基本技能） 2. 非人为因素（例如天气等因素）
活动任务分工	
活动规则 或 学习契约	规则1： 规则2： 规则3： ……
活动步骤	步骤1： 步骤2： 步骤3： ……

续表

活动策略	策略 1： 策略 2： 策略 3： ……
活动评述	

第六节　学习支架设计

在学习过程中，作为学生学习的监控者、指导者、促进者和帮助者，教师需要对学生的主体活动进行观察。必要时，介入学习过程并提供学习支架；没必要时，则及时"隐退"，为学习者提供主动和自主解决问题的机会，引导学生进入理解与能力发展的新领域。

一、关于学习支架

"支架"（Scaffold）原是建筑行业的术语，又译作"脚手架"，是建筑楼房时施予的暂时性支持，当楼房建好后，这种支持就撤掉了。根据这个建筑隐喻，伍德（Wood，Bruner，Ross，1976）等人最先借用了这个术语来描述同行、成人或有成就的人在另外一个人的学习过程中所施予的有效支持。普利斯里（Pressly，Hogan，Wharton-McDonald，Mistretta，Ettenberger，1996）等人为"支架"所下的定义是：根据学生的需要为他们提供帮助，并在他们能力增长时撤去帮助。

苏联著名心理学家维果斯基的"最近发展区"理论，为教师如何以助学者的身份参与学习提供了指导，也对"学习支架"提出意义明晰的需求说明。维果斯基将学生的实际发展水平与潜在发展水平相交叠的区域称为"最近发展区"。这个发展区存在于学生已知与未知，能够胜任和不能胜任之间，是学生需要"支架"才能够完成任务的区域。

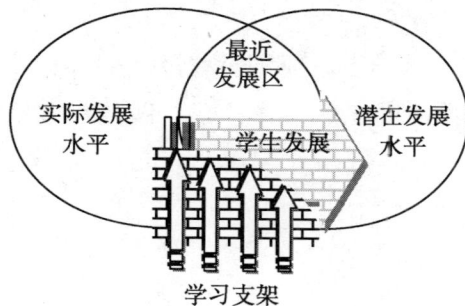

图3-6　学习支架帮助学生穿越邻近发展区

　　总的来讲，学习支架的作用就在于帮助学生顺利穿越"最近发展区"，以获得更进一步的发展。通过支架（教师或有能力的同伴）的帮助，管理学习的任务逐渐由教师转移给学生自己（学习过程被内化），最后撤去支架。如图3-6所示。

　　学习支架的作用有以下几点。

　　● 学习支架可以使得学习者所体验的学习情境保留了复杂性和真实性的形态，离开学习支架，一味强调真实情境，则学习必将因过于现实而导致低效率。

　　● 学习支架让学生经历了一些更为有经验的学习者（如教师）所经历的思维过程，有助于学生形成对知识的体悟与理解。学生借助于学习支架的支持，可以获得独立完成任务的技能。

　　● 学习支架有助于帮助学生认识到潜在的发展空间，并能够帮助他们在独立完成任务的过程中获得成功，提高学生的自我解决问题的能力。

● 学习支架能对学生日后的独立学习起到潜移默化的引导作用，让他们懂得如何根据需要去寻找或构建支架来支持自己的学习。

二、学习支架的形式

学习支架的形式多种多样，根据学习任务的不同，可以形成不同的支架形式。从支架的目的来看，学习支架可以分为接收支架、转换支架和输出支架。

● 接收支架：用来帮助学生整理、筛选、组织和记录信息，引导学生关注重要的东西，提高学生收集与发现信息的效率。接收支架是教师（或更有经验的参与者）在学生的知识"组合化"过程中所提供的支持。

● 转换支架：帮助学生转换所获得的信息，使所学的知识更为清晰、易于理解，或使劣构的信息结构化。转换支架是教师（或更有经验的参与者）在学生的知识"内化"和"社会化"的过程中所提供的支持。

● 输出支架：帮助学生将学到的、理解到的、创建的东西转化为可见的事物，如电子文档、演示文稿等。这些支架能够帮助学生在创作或制作他们的学习产品时，遵循特定的规定或格式。输出支架是教师（或更有经验的参与者）在学生的知识"外化"过程中所提供的支持。

从支架的表现形式来看，学习支架可以分为范例、问题、建议、指南、图表等。除了这些可设计的支架外，支架还有更为随机的表现形式，如解释、对话、合作等。

（一）范例

范例是符合学习要求的学习成果（或阶段性成果），往往包含了特定主题学习中最重要的探究步骤或最典型的成果形式。如教师要求学生通过制作某种电子文档（多媒体演示文稿、网站、新闻稿等）来完成学习任务时，可以事先展示过去学生的作品范例，也可以自己从学生的视角出发制作范例来展示，好的范例在技术和主题上都会对学生的学习起到引导作用，可以避免拖沓冗长或含糊不清的解释，帮助学生较为便捷地达到学习目标。

作为范例的支架并不一定总是电子文档等有形的实体，还可以是教师操作的技巧和过程。教师在展示这种非实体的范例时，可以边操作边用语言指示说明，对重要的方面和步骤进行强调。

（二）问题

问题是学习过程中最为常见的支架，当教师可以预期学生可能遇到的困难时，设计适当的问题支架是必要的。作为支架的问题可以帮助学生拓展思路，形成学习与研究的起点，有经验的教师会在学生的学习过程中巧妙自然地提供此类支架。在特定主题的学习中，问题式支架也要考虑结构性与系统性，并较多地关注细节与可操作性。

【应用示例】如要求学生比较全国各主要城市的安全性时，教师可以设计的问题是：各个主要城市的犯罪比例是多少？在过去的几年间是如何变化的？

如要求学生检验所收集资源的可靠性时，可以设计的问题：这个资源的最后更新日期是什么时候？是哪个部门或个人创建的此资源？创见者是否带有某种偏见？

（三）建议

当设问语句改成陈述语句时，"问题"支架就成为"建议"支架。与"问题"支架的启发性相比，"建议"支架的表现方式更为直接。

【应用示例】如学生在比较全国各主要城市的安全性时，采用"主要城市"＋"安全性"进行搜索，没有取得预期的效果。教师建议可以通过关键字"犯罪比例"＋"司法部"＋"主要城市"进行更具针对性的搜索。

如学生在检验所收集资源的可靠性时，教师建议将"资源的最后更新日期""创建人"作为重要的检验指标。

（四）向导

向导（亦可称为指南）是问题、建议等片段性支架根据某个主题的汇总和集合，关注整体性较强的绩效。如观察向导可以避免学生错过关键细节；采访向导可以帮助学生收集特定信息；陈述向导可以帮助学生组织思维，等等。

【应用示例】表 3－13 是一个网站内容向导，它可以为学生策划网站内容，准备必要资源，考虑润色效果提供有益的启示。

表 3－13　网站内容向导

网站内容向导

➤网站题目：＿＿＿＿＿＿＿＿＿＿＿＿＿＿＿＿＿＿＿＿＿＿

➤网站需要介绍某一学习理论：＿＿＿＿＿＿＿＿＿＿＿＿＿＿＿

　◇准备介绍的学习理论：＿＿＿＿＿＿＿＿＿＿＿＿＿＿＿＿

　◇为了详细介绍该学习理论，可考虑以下方面（借助复选框进行选择）：

　　□ 创始人及其生平　　　□ 该理论的代表人物

　　□ 学习理论概述　　　　□ 该理论的发展情况

　　□ 该理论的教学应用原则　□ 该理论的教学应用范例

　　□ 相关的网站链接及说明　□ 参考文献

　　□ 其他：＿＿＿＿＿＿＿＿＿＿＿＿＿＿＿＿＿＿

　　□ 其他：＿＿＿＿＿＿＿＿＿＿＿＿＿＿＿＿＿＿

　　□ 其他：＿＿＿＿＿＿＿＿＿＿＿＿＿＿＿＿＿＿

　◇准备占用的页面数：＿＿＿＿＿＿＿＿＿＿＿＿＿＿＿＿

◇要在 Internet 上查找的主题及素材：_____

◇要用到的其他资源（如：教科书、百科全书、其他印刷资料）：

_____

➤为了达到网站的要求，网站还可包括以下内容（请利用复选框帮助选择）：

☐ 照片、图片、动画　　　☐ 图表和表格

☐ 调查或反馈表单　　　　☐ 版主自我介绍

☐ 其他：_____　　☐ 其他：_____

◇此部分准备占用的页面数：_____

（五）图表

图表用可视化的方式对信息进行描述，尤其适合支持学生的高级思维活动，如解释、分析、综合、评价等。图表的形式丰富多样，在皮尔斯博士（Pierce J. Howard）的《知识工作者的可视化工具——批判性思考的助手》[①] 一书中总结了 48 种图表（书中称为组织信息的可视化方法）形式，包括概念地图、维恩图、归纳塔、组织图、时间线、流程图、棱锥图、射线图、目标图、循环图、比较矩阵等。本章主要介绍学习支架中最常见的 5 种图表。

1. 概念地图

作用：概念地图在前面的章节中已多次提及，它适合于展示概念、要素、实例之间的相互关系，便于学生自由而有效地产生新的想法或者问题解决方案。

[①] Pierce J. Howard. Visual Tools for Knowledge Workers: Aids for Critical Thinking [M]. Charlotte: CentACS, 1999.

2. 维恩图

作用：便于学生整理、分析、归类几件事物之间的相似性和差异性。

【应用示例】如在研究性学习中，学生确定了"从超市发展看城市经济的变迁"的主题，教师可以借助自己的研究经验，为学生提供下面维恩图（图3－7），提示学生可以从物品质量、物品价格、购物环境、货物品种、服务态度等方面比较零售店、小超市与大型超市的异同，从中寻找超市发展的外在与内在动因。

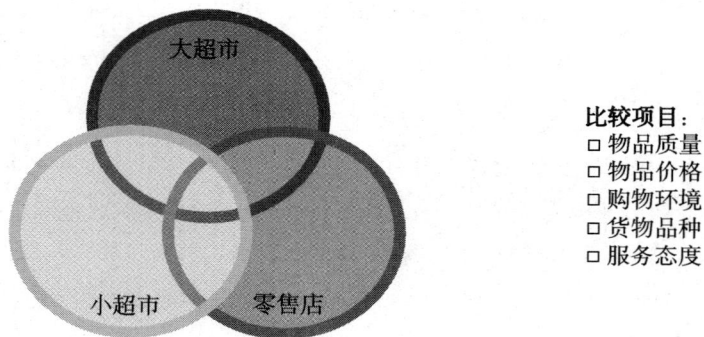

比较项目：
□ 物品质量
□ 物品价格
□ 购物环境
□ 货物品种
□ 服务态度

图3－7　维恩图支架举例

3. 时间线

作用：当某个序列包含着重要的、随着时间发展的事件时，时间线可以帮助学生感受这种序列。

【应用示例】在"飞行器发烧友"单元里，教师提供了一个不完整的时间线（图3－8），要求学生随着资料的收集整理不断完善这个时间线，借此帮助学生理清飞行器的发展历程，为学生的深入研究提供脉络框架。

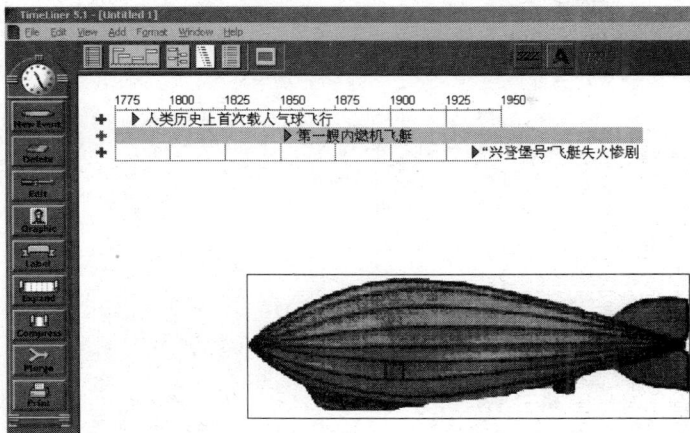

图 3 - 8　时间线支架举例

4. 流程图

作用：流程图帮助学生了解问题解决的关键步骤、前提条件及因果关系等要素。

【应用示例】学生在访问专家网站时，教师提供如图 3 - 9 的一个简单的流程图，帮助学生提高资源的访问效率。

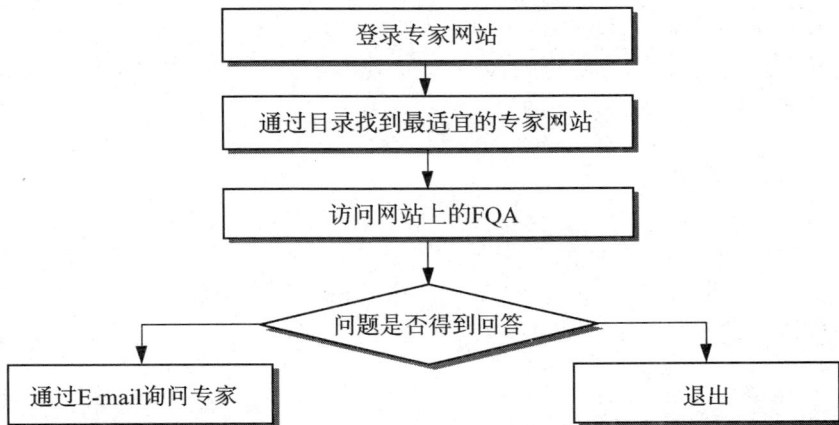

图 3 - 9　访问专家网站简单流程图

第七节　教学设计格式

一、教案的样式

（一）文本式

1. 课堂教案

一份完整的课堂教案应该包括如下主要内容：课程名称、年级、教师姓名、设计时间、课时主题、本课内容概要、教学目的（意图）、学习目标、教学材料、教学过程、学生活动、评价办法、本课所用参考资料等。

如果所教的课程是选修课，学生来自不同年级与系所，知识背景差异很大，就需要增加对学生前需知识的要求。

2. 文字稿本

文字稿本是为了制作录像教材和多媒体课件而设计的，它一方面要包含详细的教学内容，另一方面要提供一些提示，告诉媒体制作人员如何达到应有的效果。它的内容应该包括：课程的具体内容、媒体的使用、格式要求、交互控制要求、特殊效果要求及其他。

（二）表格式

利用表格来描述教学计划具有简洁明了的优点。我们介绍两种不同的形式：一是活动驱动式，按照教学事件的顺序来组织教学过程；二是内容驱动式，按照知识点来组织教学过程。

1. 活动驱动式

罗密佐斯基（Romiszoski，1986）参照加涅的教学事件理论，设计出一种 4 列表式的教学计划，见表 3 – 14。因为一个教学过程由一系列教学事件构成，每一事件包含教师提供的内容信息、学生的反应（行为）和教师提供的反馈信息，所以表格主要有 3 列，再加上计划的时间，总共 4 列。

表 3 – 14　活动驱动式教学计划表

说明：			
课程计划：			
学习目标：			
所需要的设备与资源：			
教学活动事件	学习者活动	反馈活动	时间（分钟）
1.			
2.			
……			

2. 内容驱动式

国内的教学设计者喜欢使用内容驱动的表式。这种表式以知识点为先导，综合了学习目标与教学媒体，体现了对于内容——目标——媒体三元关系的综合思考。但其格式过于精简，一般用作媒体选择方案。有些设计表把情感以及动作技能的目标也包括进来，见表 3 – 15。

表 3-15　内容驱动式教学计划表

课名												
章节												
知识点	教学目标（认知领域）						教学媒体					
	识记	理解	应用	分析	综合	评价	黑板	投影	录音	录像	电视	CAI

（三）流程图式

流程图也是表示教学过程的好方法，具有简洁明了的特点。与表格式的情况一样，流程图也只能作为教案的一部分。作为一个完整的教案来说，还需要一些文字说明。表 3-16 列出了流程图中常见图形及其符号说明。

表 3-16　常见图形及其符号说明

图　　形	符号说明
（圆角矩形）	活动的开始或结束
（矩形）	教师行为，包括教学活动的组织、内容的归纳与总结等
（平行四边形）	学生的活动
（胶囊形）	教师使用媒体进行的教学活动
（菱形）	教师对教学过程的逻辑判断

续表

图　　形	符号说明
	学生利用网络
	网络应用
⟶	连接线

二、典型教学范例

（一）文本式教案样例

主题：水污染的危害

学习目标：

（1）知识与技能：陈述有关水污染的相关常识，制定预防水污染的措施。

（2）过程与方法：参与水污染状况调查，利用多种信息渠道探讨水污染防治措施。

（3）情感、态度与价值观：懂得环境保护的重要性，形成协作、合作、分享等人格品质。

学习内容设计：

（1）水污染是如何产生的；

（2）水污染对自然界和人类社会的主要危害；

（3）如何避免水污染的危害；

（4）怎样防止水资源受到污染。

学习者分析：初三年级学生，初步形成自我意识、自我教育与自我评价能力，富有激情，开始重视社会道德规范，在决定的过程中更多地依赖于经验，逻辑思维能力相对欠缺。

教学重点：水污染的危害

教学难点：如何避免水污染

教学课时：两课时

教学方法：教师讲解＋实地考察＋自主探究＋小组研讨

资源选择：图书资源、网络、现场一手资料

教学过程：

教学过程包括三个部分：

第一部分：资料搜集

（1）老师给学生提供一些资源，并将学生分组，由学生通过书本、杂志、网络等各种途径来搜集有关"水污染的危害"的资料，初步了解有哪些水污染，各自形成的原因是什么。

（2）资源提供：

书本资源：各类教科书、教辅资料、报纸杂志等。

网络资源：http：//www. lshb. com. cn/indext. html

　　　　　　http：//www. cws. net. cn/savewater/water14. html

第二部分：社会实践

学生以小组为单位，选择合适的社区实地考察水污染的情况。每组在考察过程中需要填写一份关于水资源污染的表格，并撰写一份调查报告，用演示文稿汇报小组调查结果。

水污染源	污染原因（是怎么造成污染的）	污染程度	污染危害

第三部分：课堂教学

（1）各小组汇报考察情况。

（2）结合考察的情况讲述水污染的危害及形成原因。

（3）师生探讨如何避免身边的水资源受到污染。

（4）评价：对小组研究成果进行小组自评、小组互评和教师评价。

（5）小结：通过本课题的研究，培养学生良好的生活习惯，避免水污染。

（二）表格式教案样例

表3-17是公司培训方面的一个小型课程教学设计案例。

表3-17　教学设计案例

说　　明
这是企业培训的一个教学过程设计案例，其特点体现为： • 包含了详细完整的教学过程； • 围绕教学活动多次循环，体现了课程的组织序列； • 有多个不同的目标（输出和过程）； • 主要策略是实验性； • 涉及小组学习活动。 读者可以将这个计划与其他教师主导的、媒体的、计算机辅助的、评说性的方法进行比较

课程计划
本课标题：解决工业中的人际关系问题 目标人群：XYZ 组织中的领班和管理者 训练人数：10~15　　　　　时间：8~10 小时
学习目标： 1. 假使在工业设施中有典型的人际关系问题，受训者应该能：（a）分析问题，找出原因。（b）应用所学人际关系管理原则找到合适解决方法。由一个熟练者用"正确和实际可行"的标准来评价

2. 从属"过程"目标：如果问题由群体解决，组织群英会，在过程中保持技巧规则并对其控制，在合理时间内找到解决办法（按不同人数和其中可行办法数量而定）

所需要的设备与资源：

　　最少应对 6 个例子进行学习。例子应该有难度，但也应该能提供一些可能的解决办法。适合贴卡片的大黑板或墙壁。适合群体观看的书写材料，如图表或贴画

教学者活动	学习者活动	反馈活动	时间（分钟）
开场事件 1. 动机 讲述所罗门与两个妇女争论一个小孩归属的故事或讲一些运用创新方法解决人类问题的图例。使小组分析在 XYZ 组织中的人类关系情境	参与故事讲述并描绘出公司中的相似事件	观察受训者在活动中的参与，找出不愿解决人际关系的迹象和动机。在进行主要课程活动前端正学习者态度	5～15（取决于学习者态度）
2. 简单介绍 介绍会议目标和规则。并在展示练习中解释如何运用技巧	列出一个头脑风暴所能够提供益处的表单	消除任何关于技巧目标或方法的可能迷惑	5
3. 前需知识 通过问题与回答会议，回忆好的人际关系管理原则（在早期课程中应该已经教授过）	回答问题，显示对所涉及原则的足够控制	评价。如果必要，通过合适的修正练习来加强早期学习	取决于需要。如果无需改正，5 分钟足够

主体事件	提出产生问题的所有可能答案。包括异常和不可能的	控制会议，阻止任何过早的批评。鼓励害羞者提问	大约15
4.1 主意的产生 一个典型的人类关系例子作为首要练习的基础。询问所有的有关其产生原因的建议，并显示在墙壁上			
4.2 主意的组织 请受训者对原因分类，加强或取消所列的项目。找到最好的原因	受训者议论或批评早期对问题提出的看法，只要他们是具有建设性的	控制任何不良倾向，澄清非建设性的批评	5～15
5.1 产生—阶段2 询问所有的有关其解决办法的建议，并显示在墙壁或黑板上	受训者在规定时间内应尽可能提出多而不同的建议	与4.1相同，控制与鼓励	10～15
5.2 组织—阶段2 请受训者对解决办法分类，加强或消除所列可能解决办法的项目。找出最有可能的解决办法	参看4.2	参看4.2	5～10
5.3 主意评价 引导受训者评价可选择的解决办法。并选出一个执行的解决办法	受训者讨论以前的每个解决办法。他们应该对最可行的办法达成共识	评价讨论过程和受训者执行的批评评价。评价选择的解决办法	15～20

续表

6. 更多的练习 重复步骤 4 和步骤 5，用其他的 5 个人类关系例子，在每个例子中，任命不同的受训者，或由两或三个人组织的一个小组，来组织协作会议	每个受训者都有领导会议的机会，加强对人类关系问题的额外练习	由任命的受训者执行列在步骤 4 与 5 中的反馈活动。教学者观察整个的会议，以便在必要时重新指导	每次会议大约 1 小时（总计 5 小时）
7. 结束事件 对解决办法开始一个简短的讨论：对其进行理论上的提问，并对可行性提问，对所选的问题分析，对会议和实际练习的价值进行提问	受训者应通过争论与短评来证明他们已经具有解决问题的足够策略。他们应该描述如何在 XYZ 中执行解决办法	评价受训者的策略和纲要。决定是否需要更多的训练来将其运用到工作情境中。如果有必要，扩展/或重新计划会议	大约15
8. 学习迁移 与上面的简会相似，安排规则的小组活动。在训练后，分析现实中的决定并解决工作中的问题	受训者应对群体描绘他们是如何作决策的。小组对决策分析并预测最终结果	如 7 中一样。教学者评价受训者头脑中的结构和策略，以便提供有用的建议	无需评价时间

（三）流程图式教案样例

图 3 – 10 显示了一堂英语课的教学流程，此图较好地刻画了教师—学生—媒体之间的交互关系。读者还可以结合表 3 – 16 中提供的相应图形与符号说明，将其改造一个包含这些图形符号的教学结构流程图。

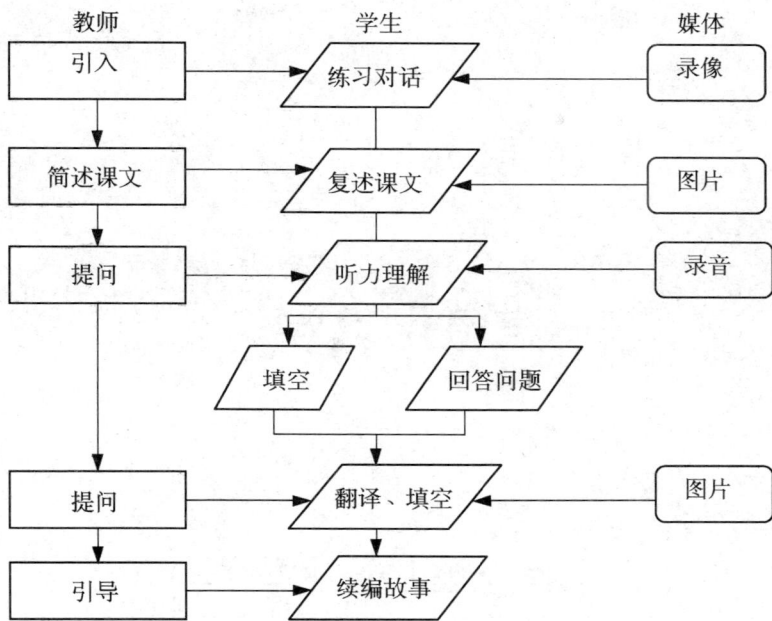

教师	学生	媒体
引入	练习对话	录像
简述课文	复述课文	图片
提问	听力理解	录音
	填空　回答问题	
提问	翻译、填空	图片
引导	续编故事	

图 3 - 10　一堂英语课的教学流程（由上海仙霞中学刘丽萍提供）

【实践活动】

1. 课堂教学录像分析

分析一个课堂教学录像资料，看这个教学过程可分为哪些阶段，试用加涅的教学事件来描述各阶段的教学活动。这一过程可在课程学习支持平台的"小组讨论区"中进行。

2. 教学活动设计

在理解和掌握本章内容的基础上，结合自身的学科专业，针对某一单元课程，为其设计教学活动，形成具有学科特色的教学活动模板。将设计好的成果上传至"作业"中。

3. 信息资源补给

请你利用网络搜集与本章学习主题相关的内容，并将其共享到学习平台中。

4

信息化教学

【学习导航】

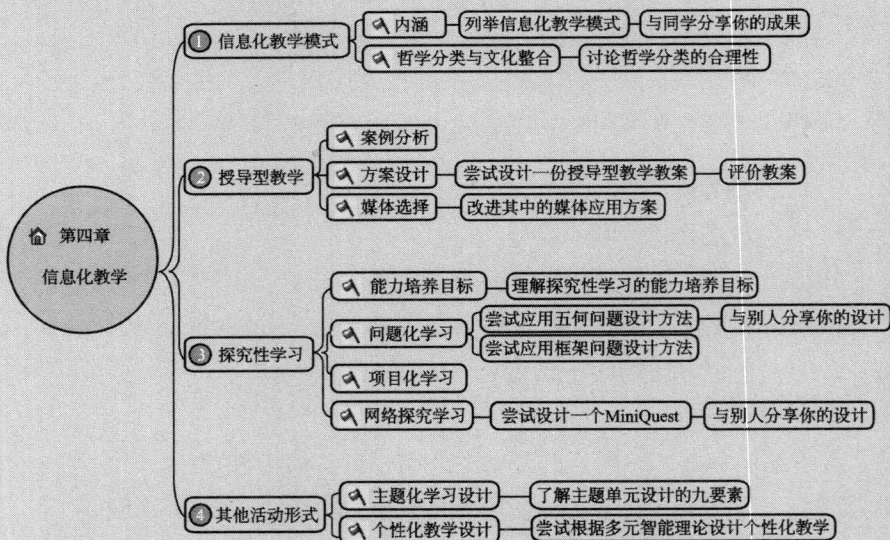

第四章
信息化教学

① 信息化教学模式
- 内涵 — 列举信息化教学模式 — 与同学分享你的成果
- 哲学分类与文化整合 — 讨论哲学分类的合理性

② 授导型教学
- 案例分析
- 方案设计 — 尝试设计一份授导型教学教案 — 评价教案
- 媒体选择 — 改进其中的媒体应用方案

③ 探究性学习
- 能力培养目标 — 理解探究性学习的能力培养目标
- 问题化学习 — 尝试应用五何问题设计方法 — 与别人分享你的设计
  - 尝试应用框架问题设计方法
- 项目化学习
- 网络探究学习 — 尝试设计一个MiniQuest — 与别人分享你的设计

④ 其他活动形式
- 主题化学习设计 — 了解主题单元设计的九要素
- 个性化教学设计 — 尝试根据多元智能理论设计个性化教学

在理解了学习过程的基本设计方法以后，我们还需要思考如何在教学过程中巧妙地运用信息技术支持教学实践活动。

第一节　信息化教学模式概述

一、信息化教学模式的内涵

对模式（Model）的解释，不同的研究者，从不同的视角出发，提出了不同的看法。我国学者查有梁先生从科学方法论的层次提出，模式是一种重要的科学操作与科学思维方法。它是为解决特定问题，在一定的抽象、简化、假设条件下，再现原型客体的某种本质特性。它是作为中介，从而更好地认识和改造原型、建构新型客体的一种科学方法。从实践出发，经概括、归纳、综合，可以提出各种模式，模式一经被证实，即有可能形成理论；也可以从理论出发，经类比、演绎、分析，提出各种模式，从而促进实践发展。模式是客观实物的相似模拟，如实物模型，是真实世界的抽象描写，如数学模式，是思想观念的形象显示，如图像模式和语义模式等（查有梁，1994）。尽管许多学者对模式的理解不尽相同，但基本一致的看法是，模式既不等同于理论，也不等同于实践，它是沟通理论与实践之间的中介与桥梁，介于理论与实践之间，与理论和实践密切相关。

教学模式一词最初是由美国学者乔伊斯（B. Joyce）和韦尔（M. Weil）等人提出的，一般认为，教学模式是指在一定的教育思想、教学理论、学习理论指导下的教学活动进程的稳定结构形式。我国学者李如密教授认为，所谓教学模式，是指在一定教育思想指导下和丰富的教学经验基础上，为完成特定的教学目标和内容而围绕某一主题形成的、稳定且简明的教学结构理论框架及其具体可操作的实践活动方式（李如密，1996）。

实用教育技术

信息化教学模式是教学模式在信息化时代条件下的新发展，当信息技术被广泛应用于教育领域之后，人们越来越关注信息技术与课程的整合。信息化教学模式则是指技术有效支持课程教学过程所形成的教学活动结构和教学方式范型。

本书第一版中曾经介绍了一些典型的信息化教学模式，包括个别授导、操练与练习、教学游戏、智能导师、微型世界、虚拟实验室、情境化学习、基于资源的学习、计算机支持合作学习、虚拟教室、电子绩效支持系统等。并且对这些模式进行了分类，总结了各自的特点。如表4-1所示。

表4-1　信息化教学模式的教育特征

类　　型	典型模式	特　　点
个别授导类	个别指导，操练与练习、学习监测、智能导学	计算机作为教师，内容特定，高度结构化
情境模拟类	教学模拟、游戏、微型世界、虚拟实验室	计算机产生模拟的情境，可操纵，可建构
信息调查类	案例学习、探究性学习、基于资源的学习	计算机提供信息资源与检索工具，低度结构性
课堂授导类	电子讲稿、情境演示、课堂作业、小组讨论、课堂信息处理	计算机作为教具及助教，信息播送、收集与处理
远程授导类	虚拟教室，包括实时授递、异步学习、作业传送、小组讨论等	网络作为传播工具，一定程度的信息与学习工具集成
合作学习类	计算机支持合作学习、协同实验室、虚拟学伴、虚拟学社	计算机与网络作为虚拟社会，一定程度的情境、信息、学习工具的集成
学具辅助类	效能工具、认知工具、通讯工具、解题计算工具	计算机作为学习辅助工具，有多种用法
综合学习类	集成学习环境，电子绩效支持系统，集成教育系统	授递、情境、信息资源、工具之综合

伴随着教育信息化过程的不断深入和发展，越来越多的学者又提出了更多的信息化教学模式，例如，问题化教学模式、主题化学习模式、WebQuest 教学模式、基于多元智能的教学模式等。随着实践的日益广泛性，类似的新型模式必然会越来越多。本章在后面会对这些内容进行适当介绍，这里暂时不做描述。

二、信息化教学模式的哲学分类与文化整合

笔者从教育哲学的角度来研究信息化教学模式，提出了一个信息化教学模式分类框架，并且认为不同的信息化教学模式的差别本质上是一种文化差别。此分类框架也可作研究教育模式的一般框架。

在此分类框架中，将价值观与认识论看做考察教育文化差别的两个基本变量，每个变量分别有两个不同的取值：价值观（个体主义，集体主义），认识论（客观主义，建构主义）。如果将它们自由组合，可以得到四大类不同的教育文化：（1）个体主义—客观主义；（2）个体主义—建构主义；（3）集体主义—客观主义；（4）集体主义—建构主义（祝智庭，1996）。

为了避免将变量的二值化理解成分类的对立，可以将每一变量看做为一个连续体，在两端之间还可以有许多不同的值分布。借用平面几何的方法，我们将个体主义——集体主义、客观主义——建构主义作为描述各种不同教育文化差别的两个维度，于是我们得到如图 4-1 所示的关于教育文化的二维分类模型（祝智庭，1996）。对于一种具体的教育文化来说，它可以处在这个平面的某一位置上。这个分类模型还有助于刻画教育文化的变迁问题。例如，美国的教育文化传统基本上是属于Ⅰ区的，现正在向Ⅱ区迁移。日本的教育文化是非常典型的Ⅲ区文化，我国的教育文化就其本质来说也是偏向于Ⅲ区文化的。

在教学过程中，由于课堂的教学内容、教学目标、教学方法、技术或工具、师生双方在教学中的地位等因素的变化，教学模式也会发生相

（Ⅰ）　　　　　个体主义　　　　　　　（Ⅱ）

辅助测验　　模拟与游戏　　微型世界

个别授导　智能导师　虚拟实验室　探究学习　问题导向学习

操练与练习　案例研习　基于项目的学习

客观主义　课程拓展学习　集成化教育系统　支架式学习　抛锚式学习　认知学徒　随机进入学习　建构主义

情境演示

课堂讲授　课堂讨论　协同实验室　虚拟学社

（Ⅲ）　课堂信息处理　虚拟教室　计算机支持合作学习　（Ⅳ）

集体主义

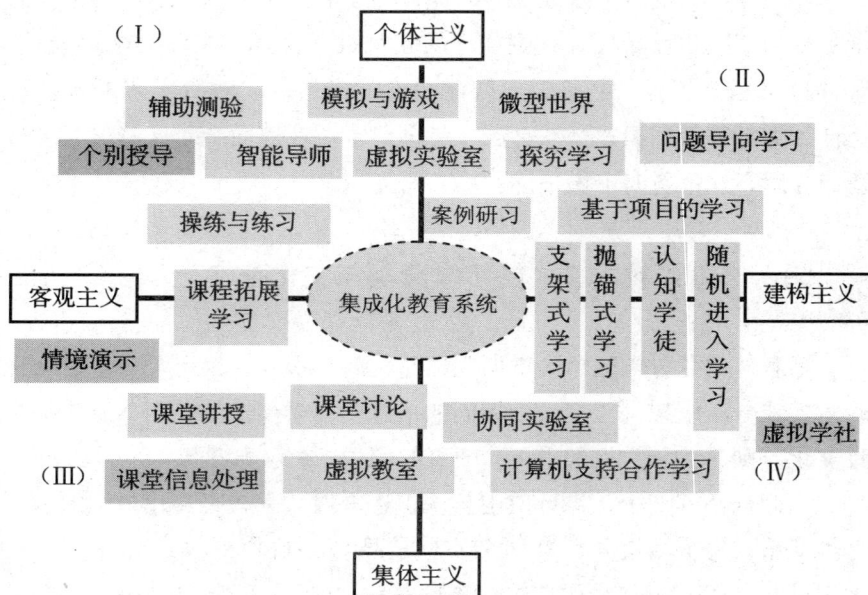

图 4 - 1　教学模式的文化分类

应的变化。但是，长期以来，在实践过程中，教师往往会忽视这些影响因素，采用简单化的课堂处理方法，并以讲授法为主要教学手段。讲授法主要借助教师口头语言来呈现知识，阐明、分析其联系，操作简单、应用广泛。讲授教学之所以盛行不衰，除历史原因外，还在于讲授为主的知识传授方法具有高效率和经济性的特点。

信息技术出现以后，课堂的教学形式开始发生一系列的变化，人们已经发现，单一讲授教学方法的不足日益明显，在新课程改革力量的推动下，教育领域内外更是呼唤要强调对学生进行自主研究与合作学习的能力培养。

综观教育领域内的诸多教学模式，为了便于分析和归类，我们在这里对所有的教学模式做一些简单的分类，我们把所有的教学活动概括为两种主要类型，即"授导型教学"与"探究性学习"。所谓授导型教学，主要是指在课堂教学中，通过讲解、演示、操练及练习、自主学习、小组讨论、合作学习、问题化学习等方法的综合运用所形成的教学形式，学生的学习过程主要是在教师的引导下进行的。探究性学习则是学生在教师的指导下，从自然、社会和生活中选择和确定专题进行研究，并在研究过程中主动地获取知识、应用知识，以解决问题的学习活动；是师生共同探索新知的学习过程，是师生围绕着解决问题共同完成研究内容的确定、方法的选择以及为解决问题相互合作和交流的过程。

本章将分别以授导型教学与探究性学习两种主要类型为例，选择性介绍在不同的类型中通常采用的主要方法，并结合适当的活动过程，帮助大家一起来理解信息化环境下的教学方式的变化。对于有条件的学校，还可以组织学习主题化学习活动设计与基于多元智能的学习方式。

第二节　信息化环境下的授导型教学

在学习过程中，人们越来越强调知识的自我建构。但是，建构知识的基础来源于何处？我们认为，建构知识的基本条件是学习者首先需要具有相应的先期知识，而这些先期知识中，很大一部分都是通过授导型教学过程获得的。

信息化环境下，人们的学习方式正在发生着重要变化，在介绍本部分的内容之前，我们一起思考以下几个问题。

* 在我们过去的学习经历中，教师一般是如何组织他们的教学过程的？

* 在教师组织的教学过程中，需要做出哪些行为帮助学生更好地理解和接受所学课程的内容？

* 在你的学习过程中，你得到了哪些方面的变化或成长？

* 你认为你今天的哪些能力是来自于学校教师的引导？

一、授导型教学案例分析

目前，我国基础教育领域正处于变革的关键时期，一线教育工作者不断探索并完善着自己的教学方法与教学过程，并在尝试运用信息技术支持课程的教学改革与实践，从多方面培养学生的基本知识与技能。这里提供了一则小学美术课的教学案例："鸟的纹样"，请你先通读此案例，理解一下在案例中所涉及的几个主要环节。

【案例】"鸟的纹样"

（一）教学目标

知识与技能目标：掌握图案画的基础知识，懂得如何装饰与变化鸟的形象。

过程与方法目标：能够借助绘画或手工制作的方法表现鸟的图案。

情感、态度与价值观目标：感受现实中鸟类外形的差异、装饰后的图案美，体验创造的乐趣。

（二）重难点分析

教学重点：要求学生能够用图形知识绘制鸟的图案，并能够利用简单的几何图形拼贴与创作鸟的图案。

教学难点：帮助学生从鸟的外形变化中概括鸟的特征，能够运用图案准确表现鸟的外形，能够对鸟的图案进行装饰。

（三）教学内容分析

本课是在"鸟与家禽"的基础上的一堂图案课。课程选择生活中的鸟为主题，帮助学生在观察中学会抓住鸟的主要特征，并能够通过简单的图案将其表现出来。同时，要能够通过简化与添加、夸张与变形、装饰等表现手法对鸟的形象进行记录与改变，既能够绘制或拼贴出美丽的鸟的图案，又不能失去鸟的基本特征，在美中保持鸟的特点。

在概括鸟的形状的时候，要引导学生观察和处理特点：如鹈鹕的嘴巴更大、更宽，绘制时要适当突出它的作用，对于眼睛有特点的鸟，在装饰时应突出眼睛，如可以让眼睛更大，或添加美丽的花纹；整体勾勒鸟的轮廓时，将其变形并尽量适合某种或某些几何形状等。

本课程的学习，将帮助学生学会进一步巩固绘画的基本知识与技能，能够从鸟的形象描绘中学会观察和记录一般事物的方法，懂得如何抓住事物的外形特征。

（四）教学对象分析

"鸟的纹样"是三年级第二学期的美术课程中的内容，是"鸟"这一单元的第二课。在本课程学习前，学生已经学习了图案的基本构成，了解了纹样、对比与均衡等方面的基本知识，学完后还将会进一步和现实生活中的大量装饰图案结合起来，这一阶段，学生已经能够进行基本图案的绘制，并能够简单描述生活中的一系列美的现象，所以在教学过程中主要强调对学生进行简单的观察与概括能力的培养，并能够借助于适当的几何图形表现自己的想法。

（五）主要媒体与活动设计

本课是造型表现课，要求学生通过多看、多想、多比，创造出充满童趣、神态各异、与众不同、特征明显的鸟的图案。

辨声游戏：让学生通过聆听不同的动物叫声，区分动物的名称。

拼图游戏：引导学生运用三角形、长方形、正方形、椭圆、圆等几何图形表现鸟的外形。

图片观察：利用网络收集一些学生不容易见到的鸟的图片。在丰富学生知识面的同时，引导学生运用恰当的几何图形或特殊表现手法描述鸟的外形。

动画展示：借助动画帮助学生理解如何运用几何图形拼贴鸟，并运用点、线、面装饰鸟。

（六）主要教学过程

1. 游戏活动

（1）播放动物叫声的录音，让学生判断是什么动物？

（2）提供可以拼成猫头鹰的几何图形，让学生拼拼看，并判断是什么鸟?

（3）运用几何图形概括猫头鹰的外形。

2. 观察与比较

观察几幅鸟的图片，引导学生把握其外形特点，并呈现一些事先设计好的鸟的图案，要求学生将其与真实的鸟对应起来，并能够比较它们之间的异同。引导学生认识简化与添加、夸张与变形、装饰等图案表现方法。

3. 示范与分析

向学生呈现多种鸟的图案，引导学生发现其中的主要表现手法，学会运用几何图形分析鸟的基本结构，学习运用几何图形绘制鸟的形状。并示范借助于几何图形，进行简单的剪贴，组成一只鸟。引导学生观察和思考几何图形之间色彩的搭配，能够运用点、线、面等对鸟的图案进行装饰。

4. 练习与展示

要求学生以几何图形为基本图形，运用绘画工具或剪贴的方法来绘制鸟的图案，并巧妙运用点、线、面进行补充与修饰。完成作品后，让全班学生分小组展示，并比比谁的作品最好，然后将每组的最好作品在全班进行展示，并让学生进行点评。教师在学生展示完成后进行适当的归纳。

在上述案例中，包括了教学目标、教学重点与难点分析、教学内容分析、教学对象分析、主要媒体与教学活动的设计、教学的主要过程描述等方面。教学案例中，教师通过设计游戏项目、并借助于一些现代化教学媒体、帮助学生理解教学目标所规定的要求。

在这一教学教程中，学习的主题与目标都是教学纲要所规定的，教师通过活动的组织，要求学生达成的目标是统一的，学生的学习结果和技能的变化与教师的教学过程安排有很大关联，虽然在学习过程中学生也可以自己去表达所观察的不同结果，但这种观察是在教师的安排下进行的。教师的讲解、示范与引导是学生学习成功的重要外部条件，学生的积极思维与主动思考是学习成功的重要内部条件。

二、授导型教学方案的设计

如果要求你来为你的未来教学工作进行规划，请你结合自己所学习的专业，确定一个合适的主题，并思考如何参照上述方式，设计一节能够体现信息技术支持本主题学习的授导型教学设计方案。在设计过程中，为了尽量与我国基础教育的新课程相统一，大家可以运用网络等工具先对自己所在学科的相关课程标准进行初步研读。

为了便于你完成教案的设计，你可以参照在第三章中我们已经为你提供的一些案例样例，你还可以参考使用下列模板。

【模板 4-1】授导型教学设计模板（表格式）

授导型教学设计模板

学科_____授课年级_____学校_____教师姓名_____

主题 或章节名称	本部分主要描述你的教学内容的标题	计划学时	实际规划 教学时间
教学内容分析	教学的主要内容及内容间的关系		
教学对象分析	学生的年级、已经具有的知识基础与能力等		
教学目标	课程标准：可以通过网络等查找相关学科的课程标准		
	知识与技能：体现学习过程中学生能力变化的目标		
	过程与方法：体现引起学生能力变化的基本过程或策略等		
	情感、态度与价值观：体现课程引起的学生情绪状态与态度等的变化		

续表

教学重点及解决措施	描述本部分内容中需要学生重点掌握的知识与技能内容，并简单分析如何完成重点部分的教学
教学难点及解决措施	描述本部分内容中要求学生掌握的知识与技能内容中比较难以接受的内容，并简单分析如何解决难点内容的教学

信息技术应用分析			
知识点	学习水平	媒体内容与形式	使用方式
具体学习内容	可以用描述目标的行为动词表示	使用的媒体类型与呈现形式	描述如何呈现内容

教学过程（可续页）					
教学环节	教学内容	所用时间	教师活动	学生活动	设计意图

【模板 4-2】授导型教学设计模板（文本式）

标题：主要描述本次教学内容的题目

一、学科领域

介绍本教案所适用范围的学科领域。如果在教案中涉及多个学科，建议不要超过 4 门。

二、适用年级

介绍本教案所适用的学生年级，建议不要跨度过大。

三、教学/学习内容概述

在此处对学习内容进行简要的概述，如果涉及角色扮演等，还应该在此处设置情境。

四、学习目标/学习成果

先要写上一两句话，概述一下学生通过此次学习将会获得或学到什么。然后清晰明了地描述学习者行为的最终结果可以是：

- 学到了一系列知识；
- 解答了一系列问题；
- 培养了高级思维能力和信息处理能力；
- 总结了所创建的事物的特征；
- 阐明了自己的立场并进行了说明；
- 进行了具有创意的工作；
- ……

五、学习过程

介绍学习者完成任务应遵循的步骤。这一部分是教案的关键所在。一定要使这些步骤简明清晰。你还可以在此处为学生提供一些建议，以帮助他们组织所收集的信息或发展高级思维能力。"建议"可以采用由复选框组成的问卷形式，其中的问题旨在分析信息和提醒对要考虑的事物的注意。如果有必要，可以在此考虑对不同层次学生的个别化教学问题。

（1）第一步

（2）第二步

（3）……

六、所需材料及资源

利用这一部分介绍学习者可以用于完成任务的材料或参考网址（建议在每个网址后写上一句话，简要介绍通过该网址可以获得的信息）。

七、评价方法或工具

设计评价的标准、自我评价表或其他评价工具，以便学生可以知道将如何评价他们。

实用教育技术

在授导型教学方案的设计过程中，教师的设计活动需要考虑到学生间的差异，并能够考虑到学生认知风格，巧妙设计符合不同学生认知习惯与学习需求的教学内容。同时，也要考虑到如何帮助学生更好地理解学习内容，而不是简单通过讲授过程对学习进行满堂灌式的教学，将学生转变成知识的存储仓库。

三、教学中的媒体选择

在信息化环境下，组织授导型教学活动，离不开教学媒体的选择与使用，媒体的作用非常重要，媒体在授导型教学中的作用方式一般有三类典型形式：（1）讲解：教师为主，媒体为辅；（2）演示：媒体为主，教师为辅；（3）操练/练习：媒体—学生互动，教师为辅。

教学媒体的选择涉及很多的因素，因而不可能指望有一个通用的公式，但是可以参考和借鉴一些经验和方法。一般认为，选择教学媒体时，需要注意以下几个依据。

● 依据教学目标：教学目标是指导和控制教学活动过程运行的基础。在媒体的选择过程中，必须考虑教学目标的需要，如要求学生知道或理解某些具体概念或原理时，可以考虑选择不同的媒体去传送不同的信息。对于认知领域、情感领域和动作技能领域不同目标的培养，更需要考虑媒体的差异。

● 依据教学内容：各学科的内容千差万别，有的需要生动形象的视觉画面去展现，有的需要借助于声音才能让学习者领略其中的奥妙，有的则需要依靠搭建一些模型帮助学习者去感受多维的世界。因此，需要考虑内容的不同，选择合适的媒体。

● 依据教学对象：不同年龄阶段的学习者对媒体有不同的接受能力，譬如对于小学生而言，他们的注意力不易持久集中，因此可以多用幻灯、电影和录像等能生动形象表达信息的媒体形式。

● 依据教学条件：教学中能否选用某种媒体，还要看当时当地的具体环境，并考虑有哪些约束条件，如学校的硬件配置、网络支持、电力供应状况、学校的管理制度与领导的意识等方面。

在设计好自己的教学方案以后，如果进行教学实践活动，可能需要设计并开发相应的教学课件支持教学，请结合本部分所设计的教学方案，规划自己的教学课件，并在实验过程中将其实现。

第三节　信息化环境下的探究性学习

在现代教学实践过程中，人们已经越来越意识到探究能力对于学生的重要性。探究包括多个层面的活动，从观察社会或生活现象、确定探究的主题、提出需要思考的问题、制订研究计划、形成相应的结论、评价研究过程、展示与交流研究成果等多个方面。

一、探究性学习的能力培养目标

在探究过程中，学生可以通过查阅相关资源（包括文字著作、影视资料或网络等）对现有研究成果进行归纳，并能够合理收集研究数据，借助适当的工具或计算方法对所得到的数据进行加工分析，解释社会现象或对现象的发展走势进行预测，形成辩证与逻辑思维的能力，同时形成与别人合作解决实际问题的能力。

探究学习活动有多种不同的表现方式，但是总的来说，探究的过程是一个解决问题的过程，包含了以下一些基本的活动要素。

确定问题：探究过程的第一步就是由师生共同确定问题及其属性，根据问题的属性，进而可以确定采用哪一种程度的探究活动，是展开深入的研究，还是以调查以及资料的收集、整理和评价为主。在解决问题之前，不仅要将问题界定清楚，还需要确定问题所处的情境，也就是描述清楚问题空间。

形成探究思路：确定问题以后，需要在经验的基础上，形成解决问题的研究思路。在设计探究问题的时候，可以考虑有些问题与学生一起讨论决定，这样问题对学生来说更是"自己的"问题，也更能够将自己的知识经验调动起来，分析问题，收集信息材料，形成解决的思路和策略。另一方面，问题的属性不同，所采取的解决策略也有很大差别，不同的解决策略，需要不同程度的探究活动。

实施探究：开展探究是整个活动的核心过程，探究的过程，是学生根据所确定的探究思路，进行调查、实验、资料收集、访问、考察等各种探究活动，最终将问题予以解决，并得出探究结果的过程，在这一探究活动过程中，所开展的活动类型丰富，在进行学习活动设计的时候，教师可以根据问题的性质和探究的程度选择相应的活动类型。

结果展示/交流：经过探究以后，根据探究计划，将形成不同形式的探究结果，可以是实验报告、访谈结果、调查报告、作品等。对探究结果的展示和交流，实际上也是探究过程的一种活动方式，可以看做是探究过程的结束活动。

在探究性学习的过程中，学习的重点是：（1）通过学生参与的问题探究活动将信息转换成知识。（2）强调能力发展和良好思维习惯的培养。探究性学习是通过学生尝试对问题解决的过程，来获取知识、提升能力、形成价值观的学习方式，强调对所学知识、技能的实际运用，注重学习的过程和学生的实践与体验。因此，需要注重以下几项具体目标。

● 获得亲身参与研究探索的体验：探究性学习强调学生通过自主参与类似于科学研究的学习活动，获得亲身体验，逐步形成善于质疑、乐于探究、勤于动手、努力求知的积极态度，产生积极情感，激发他们探索、创新的欲望。

● 培养发现问题和解决问题的能力：探究性学习通常围绕一个需要解决的实际问题展开。在学习的过程中，通过引导和鼓励学生自主地发现和提出问题，设计解决问题的方案，收集和分析资料，调查研究，得出结论并进行成果交流活动，引导学生应用已有的知识与经验，学习和掌握一些科学的研究方法，培养发现问题和解决问题的能力。

● 培养收集、分析和利用信息的能力：探究性学习是一个开放的学习过程。在学习中，培养学生围绕研究主题主动收集、加工处理和利用信息的能力是非常重要的。通过探究性学习，要帮助学生学会利用多种有效手段、通过多种途径获取信息，学会整理与归纳信息，学会判断和识别信息的价值，并恰当的利用信息，以培养收集、分析和利用信息的能力。

● 学会分享与合作：合作的意识和能力，是现代人所应具备的基本素质。探究性学习的开展将努力创设有利于人际沟通与合作的教育环境，使学生学会交流和分享研究的信息、创意及成果，发展乐于合作的团队精神。

● 培养科学态度和科学道德：在探究性学习的过程中，学生要认真、踏实地探究，实事求是地获得结论，尊重他人的想法和成果，养成严谨、求实的科学态度和不断追求的进取精神，磨炼不怕吃苦、勇于克服困难的意志品质。

● 培养对社会的责任心和使命感：在探究性学习的过程中，通过社会实践和调查研究，学生要深入了解科学对于自然、社会与人类的意义与价值，学会关心国家和社会的进步，学会关注人类与环境和谐发展，形成积极的人生态度。

二、问题化的探究性学习

众所周知，问题是科学研究的起点，世界是在不断发现问题和解决问题的循环过程中得以前进的。迄今为止，大多数教育家都认为问题解决是最有意义和重要的学习与思维活动，多数教学活动都与各种形式的问题相关。在创新教育与课程改革的背景下，对教学"问题"具有敏感意识更有着非常重要的意义。

（一）"五何"问题设计

在麦卡锡（Bernice McCarthy）的 4MAT 模式中，曾采用"四何"问题分类法："是何、为何、如何、若何"。笔者将"由何"概念引入到问题归类之中，形成了"五何"分类法，如图 4-2 所示。

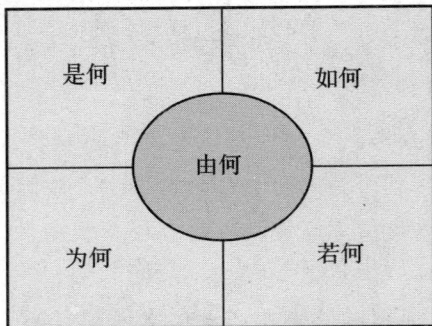

图 4-2　"五何"问题分类法

1. 由何

通常以 Where、When、Which 引导，作为情境（Context）的依附对象，强调与事物对象相关的各种情境要素的追溯与呈现。因此，在问题设计中，通常是把由何与其他四何问题进行融合设计，展示出相应的问题情境。

【应用示例】某学校要组织为期一周的家校互动活动，初一（三）班同学商定在班上布置一些盆景来装饰自己的班级，班级生活委员组成了一个六人保障小组，负责每天管理盆景，并保障盆景能够既显示出生命力，又能够不浪费水资源。班委会要求保障小组提前形成一个方案，提出自己的管理盆景与节水计划，并能够通过管理活动教会全班同学如何在家中栽种与管理盆景。

2. 是何（What）

通常指向一些表示事实性内容的问题，主要涉及事实性知识的回忆与再现，或者是通过说明、解说、转述来阐明某种事实性的意义，它的解决通常对应着获取事实性的知识。

【应用示例】如什么是植物的茎？植物的茎的作用是什么？它是怎样帮助植物实施养分输送的？

3. 为何（Why）

通常指向一些表示目的、理由、原理、法则、定律和逻辑推理的问题，侧重于探寻事物之间，以及事物内部各部分之间的原理和逻辑关系，以便对事件、行为、观点、结果等进行合理的解释和推理。这类问题的解决通常对应着获取原理性的知识。

【应用示例】为什么栽种在盆中的植物有时会枯蔫？已经枯蔫的植物为什么浇了水以后马上又复活了？

4. 如何（How）

通常指向一些表示方法、途径与状态的问题，主要侧重于关注各类过程与活动中事关技能、流程性的知识解答，通常蕴涵于人们的技能与实践流程之中。这类问题的解决通常对应着获取策略性的知识。

【应用示例】怎样才能保证家中的盆景不会枯蔫？你所栽种的不同盆景，多长时间需要浇一次水？每次需要浇多少水？你通过什么方式可以发现植物的茎在输送养分的过程中的作用？

5. 若何（If）

通常指向一些表示条件发生变化，可能产生新结果的问题。这类问题侧重于要求学习者推断或思考如果原有问题或事件的各种要素和属性发生了相应变化时，会产生什么样的新问题和新结果。若何类问题复杂多变，易于产生思维迁移，通过解决若何问题，易于使学习者获得创造性的知识。若何问题包括两类典型：（a）角色迁移：人物角色的换位迁移，其典型的映射是元认知相关的问题。（b）情境迁移：事件的情境发生了变化。

【应用示例】 如果植物的茎折断了，植物还能够成活吗？假如我们给三个相同的盆景中分别浇水、油或什么都不浇，会出现什么结果？如果要保证盆景的存活，又要考虑节约用水，如何为盆景制订一个浇水与节水计划？

读者可参照以上示例，自己选择本专业的一个研究主题，思考如何设计一组体现"五何"的问题，并在全班进行共享与交流。

（二）框架问题设计

教学过程中，如果能够形成学生感兴趣的问题，他们就更可能成为自主的学习者。当学生能够看到所学的知识和自己的世界之间相互联系，那么这种相关性能够帮助他们以更深层次的理解构建知识。课程框架问题可以促进兴趣、发现相关性和提高对事物的理解力。参照"英特尔®未来教育"教师培训课程中的问题界定，框架问题主要包括三个层次，即基本问题、单元问题和内容问题。这种分类法以课程设计时的问题复杂程度为依据，主要包括以下几点。

1. 基本问题（Essential problem）

基本问题指那些为了实现对课程内容深入持久的理解，指向课程内容的关键与核心，将学科内容的丰富性与复杂性显示出来的问题。基本问题是具有挑战性的、更深层次的问题，往往存在于研究领域最具历史重要性和最有争议性的问题和论题中，往往会在某一领域的发展历史和人们的学习过程中自然重演。

2. 单元问题（Unit problem）

单元问题指作为导入某一特定论题的有效途径，它更加渗透于学科或与特定的论题、情境相关，并有助于对特定的具体内容进行设计。单元问题有以下特征：提供一种导入特定学科与特定论题基本问题的途径；没有显而易见的"正确"答案；它的设计具有较强的情境特征，意在激发与保持学习者的学习兴趣。

3. 内容问题（Content problem）

内容问题指事实性知识的问题，它为学习者研究单元问题，并进而探究基本问题打下知识基础。内容问题具有以下特点：直接支持学习内容；大多涉及的是事实内容；都有明确的答案。

【应用示例】

基本问题：

沙漠里的动植物需要什么样的生存本领？

单元问题：

沙漠里的动物是如何生存的？

沙漠里的植物是如何生存的？

内容问题：

沙漠有哪些特点？

沙漠中有哪些植物？仙人掌有哪些特点？它和其他地区植物有什么不同？

沙漠中有哪些动物？骆驼有哪些特点？它和其他动物有哪些不同？

在实际应用中，我们还可以将"五何"问题设计与框架问题设计结合起来使用，表4-2为我们提供了一个"五何—框架问题设计的模板"。

表4－2　五何—框架问题设计的模板

由何	是何	如何	为何	若何
内容问题				
单元问题				
基本问题				

问题化教学强调教学问题设计的重要性。但是，由于教学所存在的各种不确定性因素，预设的教学问题并不一定能够引起学习者的足够关注，问题化教学可能遭遇失败。这也就意味着，如果预设教学问题不能够在教学中得到良好的呈示、转化和解决，它们将失去最开始的设计本意。

问题化教学不止于抛出一些教学问题，而且还要使学习者掌握解决问题的方法与技能，形成高级思维能力与动手实践能力。因而，在强调问题设计的同时，也应当足够注重包括任务和活动在内的教学过程设计，将教学问题设计任务化、活动化、作品化，使学习者投入到认识和解决问题的过程中。

请读者参照前面的"五何"问题设计示例与框架问题设计示例，思考如何运用"五何—框架问题设计的模板"，设计一组可以激发学生进行探究的问题。

（三）问题化教学过程的任务设计

任务驱动，是指学习者在问题动机下围绕具体的任务，解决相应教学问题、完成任务的活动过程。教学任务设计是继问题设计之后，进一步深化学习者认知的具体表现。精心设计的优良教学/学习任务，将能保证教学过程更为顺利地展开，并为随后进行的教学活动和教学评价提供指导。通过任务驱动，教学者以问题来引发和维持学习者的学习的兴趣和动机，并在真实的教学环境中让学生带着真实的任务开展学习，使他们在完成任务的过程中不断地受到挑战、激励和提高，更有效地解决教学问题、掌握教学内容，达到教学目标。

任务有助于将问题与活动相联结：教学任务有助于实现教学问题和教学活动的绑定。问题化教学强调教学问题的设计与呈现，从而引发学习者的问题意识与认知兴趣；通过进一步的任务设计，能够使问题解决所需的技能转化为明确的任务，直至后继的学习活动，使学习者经历问题解决的过程。

【应用示例】 生物课中要讲解"植物体内的物质运输"中有关茎的输导作用时，为了帮助学生理解位于植物叶和根的中间部位的茎的作用，教师在实验台上放置几盆叶片已经萎蔫的草本植物，要求学生想办法救活这些植物。

（四）问题化教学过程的活动设计

任务是面向教学过程的目的要求，而活动则是面向教学过程的实施形式。教学活动是教学实施的根本途径和过程保证，是教学过程中最具活力的动态要素之一。世界上没有一个可以不与他人交互而独自存在的人，也没有一种可以不通过活动就能进行的教和学。知识传播和思维认知是在一系列教学活动事件中发生的，它使原本静态、固态的信息发生流动，让学习者在特定的情境中同化、融合、利用各种知识来解决教学问题。因此，为了达到教学目标、完成教学/学习任务，需要精心合理地设计教学活动，使学习者在动态、真实的情境中快速、高效的获得知识、提高思维技能。

教学活动形形色色，包括：讲授、操练、模拟、游戏、研讨、辩论、写作、讲故事、浏览、阅读、计算、实验、探究、使用证据、归纳演绎、推理运算、制作概念图表、角色扮演、舞蹈、手工展现、喜剧表演、演奏、唱歌、社区参与、合作学习、共享、评价、反思、户外访问、参观、环境研究等。从教学活动的构造来看，有简单复杂之分，复杂活动是多个简单活动在特殊情境中的重新组合；从教学活动参与人数的规模来看，有个人活动、小组活动、集（众）体活动等；从时空因素来看，教学活动又分同步—异步、同地—异地等；从多元智能角度来看，教学活动又可分为支持不同智能发展的活动形式等；此外，在技术丰富的信息化环境中，传统教学活动基本上都能以某种形式得到延伸或展示。

【应用示例】设计实验，让不同小组设计拯救叶片已经萎蔫的草本植物，学生各组分别通过往叶片上浇水、往盆里浇水、往叶片和盆里同时浇水进行比较。

三、项目化的探究性学习

项目是科学管理领域中的一个十分复杂的概念，从组装一台电脑到建造一座房屋，从三峡工程到神舟五号等，都可以看做是项目。项目一般是指在特定时间内，为了实现与现实相关联的特定目标，把需要解决的问题分解为一系列相互联系的任务，以便群体间可以相互合作，并有效组织和利用相关资源，从而创造出特定产品或提供服务，包括物质产品、创意、简报、发明或建议等多种形式。

把项目应用于教学领域，则形成了项目化的学习方式。项目化的学习有时也称为"基于项目的学习"（Project-Based Learning，简称 PBL）。基于项目的学习强调运用学科的基本概念和原理，从真实世界中的基本问题出发，通过组织学习小组扮演特定的社会角色并借助多种资源开展探究活动，在一定时间内解决一系列相互关联的问题，并将研究结果以作品形式推销给社会成员。

在进行探究学习的过程中，有时需要将其和项目设计结合起来，即设计一些与真实世界的事件相关的项目，所谓项目化的学习，就是学习者围绕某一个具体的学习项目，立足于开发一个产品或一项创造，充分选择和利用最优化的学习资源，在实践体验、内化吸收、探索创新中获得较为完整而具体的知识，形成专门的技能并获得发展的学习。其学习情境真实而具体，学习内容综合而开放，学习途径多样而协同，学习手段数字化、网络化，学习的收获多面而有个性。

一般而言，项目化的学习流程分为"选定项目、制订计划、活动探究、作品制作、成果交流、活动评价"六个步骤。项目有六个构成要素，项目化的学习也就是要围绕项目的六个构成要素进行教学设计。六个要素分别是：

- 目标：项目所关联的学习目标；
- 角色：学生在项目中所扮演的角色；
- 对象：在项目中，学生所扮演的角色所服务的个体或群体；
- 情境：项目实施的背景或环境等；
- 产品：项目的最终成果；
- 标准：评价项目成果的标准。

项目化的学习与问题化的学习都经常应用于研究性学习活动中，两者之间既有联系又有区别，联系在于两者之间有很多共同点：

- 让学生处在真实的任务中；
- 开放性的任务或问题有多种解决办法或答案；
- 项目和问题要能模拟专业情境；
- 以学生为中心，教师是促进者；
- 需要学生长期以小组形式工作；
- 鼓励学生多方寻求信息；
- 强调本真性和基于绩效的评估；
- 为学生的自我反思和自我评价提供充足的时间和方法。

区别在于两者开展学习的思路各具特色：

项目化的学习：起点是一件最终的产品或者是头脑中的一个制品；产品的创造通常会引发出需要学生解决的一个或多个问题；使用产品模

式，并模仿真实世界产品生产的过程；学生需要呈现或者使用他们自己制造出的产品；最终的产品是学习的驱动力；在创造产品的过程中所需要的知识和技能是成功的重要因素。

问题化的学习：起点是解决一个问题或学习一个问题；问题被设计在一个情境中或者个案研究中；为了反映现实生活的复杂性，问题经常是不明确的；使用探究模式；学生需要呈现的是问题解决过程的结论，而不必制造出一个产品。问题是学习的驱动力。

【应用示例】某旅行社为了开拓 A 市的旅游市场，需要制订年度发展计划，请学生组成学习小组并帮助旅行社设计这份年度发展计划。项目化设计的创意及各有关要素的描述如下表所示。

主题	PBL 设计	基本构成要素	
欢迎来 A 市参观旅游	针对旅游市场出现的激烈竞争，由学习小组扮演旅行社的角色，各小组成员进行适当分工并进行实践调研分析，旨在提高下一年度本社的旅游人数。最终研究成果至少需要包括：提高旅游人数的计划、风光介绍、旅游路线和价目等	目标	提高下一年度本社的旅游人数
		角色	旅行社各职能部门成员
		对象	旅行社决策层领导
		情境	本社去年整体效益不佳，需要改变现状，提高影响力
		产品	提高旅游人数的计划、风光介绍、旅游路线和价目等
		标准	问题思考全面完整，方案切实可行

四、基于网络资源的探究性学习

美国的著名教育技术专家伯尼·道奇（Bernie Dodge）和汤姆·马奇（Tom March）首创了一种基于因特网资源的课程单元式探究性学习的形式，即 WebQuest，在国际上 WebQuest 已经被看做为一种规范化的网络探究学习方法，特别适合于多学科综合主题学习。WebQuest 在网上是以学案的形式出现的，一个标准的 WebQuest 学案包括导言、任务、资源、过程描述、学习建议、评价和总结七个部分。借助 WebQuest 模板，教师可以有效地设计探究型学习方案，以实现探究型学习的目标。

在一般情况下，完成一个 WebQuest 过程需要较长的时间（1 周到 1 个月完成），并且必须依赖网络资源。为了能够将网络探究学习模式引入常规课堂教学，国际专家对 WebQuest 进行精简处理，形成了 MiniQuest。

与 WebQuest 相比，MiniQuest 的组成部分更为灵活，可以只包括情境、任务、成果三个部分，也可以有选择地增加过程、资源、评估等要素。另一方面，MiniQuest 一般针对的是单学科学习，用时很短。通常情境下，学生在 1～2 个课时内就能够完成一个 MiniQuest 过程。

（一）MiniQuest 的特点

MiniQuest 本身为真实问题的研究提供了框架，该框架引导学生带着特定的目的，通过专门的网络资源，回答有意义的问题，从而提升学习者自主学习的能力。通常，熟悉互联网的教师能用较短时间设计出一个 MiniQuest。

另外，由于学习者只需 1～2 个课时就能完成一个 MiniQuest 单元的学习，因此，MiniQuest 能够容易地插入到常规课程中。教师不必用一个较长的网络学习单元来"代替"大量常规课程时间。在电脑硬件资源不很充分的情况下，仅需一节课时的网络探究学习活动具有极高的现实价值。

基于这些原因，MiniQuest 为不同能力水平的教师设计基于网络的探究学习提供了一个合理的起点。对于刚刚接触互联网的教师，会觉得 MiniQuest 模型直观且"可行"，并因此迈出走向网络探究教学的第一步。对于创建网络课程有着深刻认识的教师，就能够运用 MiniQuest 模式，在相当短的时间内开发出更为丰富的学习活动，更快更有效地在教学中注入探究学习经验。

（二）MiniQuest 的设计方法

MiniQuest 一般由三个基本部分构成：情境、任务、成果，有时也可加上过程、资源、评估等部分。

情境部分为问题解决提供了可信的具体情境。典型的情境是，让学生扮演一个特定的社会角色。这部分的作用是导入学习情境，吸引学生的学习兴趣。同时，这部分还往往以外显的形式提出学生需要回答的基本问题，使学习者对学习目标有清晰的了解。

任务部分包括一系列问题，这些问题是高度结构化的，都是围绕一个基本问题派生出来的具体问题，学生可以借此获得回答基本问题的事实性信息。

成果部分告诉学生将如何展示他们的问题解决情况。学生的理解只有通过一定的形式才能展示出来，通常呈电子作品形式，不但可用于班级交流汇报，教师也将借以评估学生的理解。学生的成果需要表现出他们是对信息做出了适度的综合分析，呈现了解决问题的新观点，而不仅仅是展示网上信息。成果还必须是真实的，与情境中赋予学生的角色相一致。

过程部分描述在探究学习中学生应遵循的活动步骤和相关建议，包括小组角色与任务分配、工作流程与进度控制等。当活动较为简单或步骤较少时，这部分也可并入任务部分。

资源部分为学生提供回答问题所需信息的网上资源。由于课时限制，最好为学生提供特制的资源网站，以便学生可以高效率地获得能够回答基本问题和任务问题的"原材料"。在不具备网络检索条件的情况下，教师也可利用光盘资源和图书馆资料。

评估部分是通过量规来实现的。量规不但要有助于评价学生的学习成果，还要有助于评价学生的学习过程及学习技巧。

【应用示例】身边的行程问题①

情境：暑假即将来临，全班同学计划结伴去南京、杭州或北京进行社会实践活动。为了节省开支，并保证社会调查的时间，大家商定每个小组都用五天时间完成社会实践活动，请你设计一个既经济又快捷的五日活动交通计划。

任务：学习者通过单元活动，制订出自己的假日实践行动路线，并说出理由。

通过本活动，学习者将完成下列任务：

（1）如何利用"速度、时间、路程"的关系，解决日常生活中遇到的问题，感受数学与现实生活的密切联系？

（2）如何在生活中提出数学问题，并利用计算机、网络等多种方式探索解决问题的方法？

（3）怎样有效应用数学知识解决实际问题？如何将活动的过程及结果用恰当的方式表达出来？

过程：

（1）教师利用多媒体课件向学生展示三个城市的地图及其图片资料，也可以通过网站对这三个城市的介绍，让学生对所到之地的方位及特点有一个感性认识。组织学生讨论出行前需要明确的问题。如：去杭州、北京、南京各有多远？坐火车去还是坐飞机去？票价是多少？路上要花多长时间？……

（2）明确本活动要解决的几个问题：

● 你打算去什么地方？

● 你打算选择什么交通工具去目的地？选择的理由是什么？

● 请你用合适的方式对整个活动的过程及结果进行简要的概括整理。

（3）学生分组进行网络环境下的协作学习。在协作学习过程中学

① 祝智庭主编. 教育技术培训教程（教学人员版·初级）[M]. 北京：北京师范大学出版社，2006.

生自行分工，分别负责查询路程、查询时刻表及票价、记录数据和进行数据整理、比较并计算结果。

（4）选择经济、舒适，又适合自己的出行方式。

（5）同组整理数据，交流意见。汇总本组同学查询到的各种信息，并明确如下几个问题：利用这些信息可以计算出什么？运用哪些数量关系？

然后同组学生讨论本活动提出的三个问题。

（6）整理小组讨论结果，收集并归纳本次活动存在的问题（可以利用电子表格、绘图软件、文字处理软件、PowerPoint 等软件完成）。并向全班同学进行呈现。

（7）全班同学进行交流汇总。

（8）延伸：在这个活动过程中你还存在什么问题，或有什么发现想进一步进行探索研究的，请你或和你的学伴一起继续完成。

成果：通过学习活动，学习小组将形成下列成果。

- 一份针对本活动中所提出的三个问题的解决方案；
- 一份对此次调研的行程安排的简单描述；
- 一份此次活动存在的问题的汇总文件。

资源：

（1）软件：电子表格、绘图软件、文字处理软件、PowerPoint 等。

（2）网站：

①火车时刻、票价查询：

- http：//train. chinamor. cn. net/
- http：//www. china-holiday. com/asp/search/train. htm
- http：//www. shtlfj. com/time. html

②飞机时刻、票价查询：

- http：//www. kuaidian. com. cn/kuaidianchufa. htm
- http：//www. citypackclub. com/Service/flight. htm

③各城市交通图：

- http：//202. 119. 36. 47/ ￣lg/njmap/njmap. htm
- http：//hangzhou. chinese. com/
- http：//d-ok. com/gb/city/dq-beijing. htm

（3）搜索引擎：google；中文雅虎 cn. yahoo. com；

搜狐 dir. sohu. com；新浪搜索 search. sina. com. cn。

（4）到旅行社进行咨询，以获得更加具体的信息。

评价：

评价项目	评价内容及评级分值		
分工协作	优秀（12～15）	良好（9～11）	继续努力（9 分以下）
	小组成员分工明确，任务分配合理，有小组分工职责明细单	小组成员分工较明确，任务分配较合理，有小组分工职责明细单	小组成员分工不明确，任务分配不合理，无小组分工职责明细单
信息来源	优秀（12～15）	良好（9～11）	继续努力（9 分以下）
	能使用适当的搜索引擎从网络等多渠道的获取信息，并合理地选择信息，使用信息	能从网络获取信息，并较合理地选择信息，使用信息	能从网络或其他渠道获取信息，但信息选择不正确，信息使用不恰当
信息加工	优秀（16～20）	良好（12～15）	继续努力（12 分以下）
	准确合理地应用两种以上软件制作方案，使用必要的多媒体素材展示方案	准确合理地应用一种软件制作方案，使用较少的多媒体素材展示方案	制作方案的软件选择不够合理，展示方案的作品几乎没有使用多媒体素材

续表

评价项目	评价内容及评级分值		
成果要求	优秀(16~20)	良好(12~15)	继续努力(12分以下)
	作品包括三地的交通图,各种交通工具的票价比较的图表,三份分别去南京、杭州和北京的设计方案以及最终的成果方案(共8份)	作品中没有三地的交通图,或各种交通工具的票价比较的图表,但有三份分别去南京、杭州和北京的设计方案以及最终的成果方案	作品中没有三地的交通图,或各种交通工具的票价比较的图表,或三份分别去南京、杭州和北京的设计方案,只有最终的成果方案
方案合理性	优秀(24~30)	良好(18~23)	继续努力(18分以下)
	作品内容完整,最终方案展示合理,能获得2/3以上同学的认同	作品内容较完整,最终方案展示较合理,能获得1/2以上同学的认同	作品内容不够完整,最终方案展示不够合理,能获得极少数同学的认同

注:总分80分以上为优秀,60~80分为良好,60以下还要继续努力!

如果阅读环境方便的话,可以组织读者浏览下列网站,那里提供了更多的网络探究的学习资源与案例,并选择其中的部分案例进行讨论与分析,看看这些案例中哪些方面值得借鉴,哪些方面还需要修改和完善。

http://www.being.org.cn/webquest/惟存教育网络主题探究

http://www.cst21.com.cn/2/wq.htm 赛伯时空网络主题探究学习专题

http://web.hku.hk/~jwilam/PCEd_FT_2003_IT/webquest.htm 香港大学资讯科技中文教学应用

此外,你还可以借助于网络中的搜索工具,寻找更多关于网络探究学习的案例。

第四节　其他学习活动设计形式

一、主题化学习活动设计

（一）主题学习的定义

关于主题学习的定义，尽管国内外学者在定义的具体表述上存在着这样或那样的差异，但不同的学者在定义上又都存在着共通的地方，那就是他们都认为主题学习就是围绕某一特定专题而展开的学习。在对主题学习的早期研究中，主题学习是以内容为中心、以教为中心的。技术的高度发展，学习理论的不断丰富使得主题学习的内涵和外延也更加丰富，即主题学习就是围绕着学生感兴趣的一些宽泛的学科、社会或生活主题，将技术以工具的形式纳入学习过程，让学生通过资料的搜集整理、问题解决、主动探究等实现对主题的深入理解，实现学科知识的整合、学习与社会的整合、学习与学生自身的整合，培养学生的高级思维能力、问题解决能力，促进学习的迁移。

（二）主题学习的特点

主题学习的特点主要表现在如下几个方面。

1. 情境化

主题学习是高度情境化的，所选主题应该体现学习同自然、社会、生活的联系，应该满足学习者的兴趣。

2. 主题化

主题学习主张以主题来组织课程内容、组织学习活动，学习是高度结构化的。

3. 问题化

传统教学中的问题是为"教"服务的，提问的目的是为了检验学习者对知识点的掌握程度，主题学习则是以问题来框定学习范围、引导探究、激发思维。

4. 任务化

主题学习不是对知识点的简单记忆，主题学习以一些大的、综合性的任务来驱动学习。

5. 活动化

主题学习"以活动为中心"，主题学习不再是简单记忆前人已获取的知识，主题学习要求学习者在活动中亲身体验知识的形成过程、主动获取知识。

6. 开放性

主题学习摆脱了"以教材为中心"的封闭的学习，学习者可以自由的探究与主题相关的任何学习材料，学习是完全开放的。主题学习的开放性还表现在学习内容的选择上，传统的以教科书为依托的学习，知识陈旧、老化，主题学习可以真正实现学习内容选择与文化发展同步的机制。

7. 整合性

主题学习涉及学科内容、多元智能、学习时间（校内、校外）、学习空间（家庭、学校、社会）的整合；涉及技能、策略、情感等要素的整合；涉及学习与学习者已有经验的整合。主题学习也依托于教师之间的协同教学、师生合作和学生小组合作学习。

8. 弹性

主题学习在课程内容的组织，课程实施的时间、空间和组织形式上都表现出了极大的弹性。

9. 基于资源的

主题学习要以强大的资源作为支撑，通过探究不同的学习资源，亲身体验不同观点的碰撞，真正达到对主题的理解。

（三）主题单元的框架设计

在对国内外众多有关主题单元设计的理论文献和实践案例进行调研的基础上，结合笔者提出的主题化、问题化的教学设计思想，我们提出了如下主题单元的设计九要素。

1. 选择主题

主题可以由教师来选，也可以由学生来选，或者由师生共同选择。如果主题由教师来选择，教师熟悉自己的学习者，知道特定年级的学习者所要达到的课程标准，因此他们能有效的协调自己的教学。如果主题由学习者来选择，在学习过程中学习者会对自己所选择的主题抱以极高的学习热情，表现出超乎教师想象的学习能力。但是在主题的选择过程中，教师一定要加以适当的引导和监督，以防学习者所选主题偏离课程标准和学习目标。

主题可以以概念的形式出现，如适应、生存、环境等；也可以以表述概念关系或事物规则的形式出现，如生物对环境的适应能够增强其在环境中的生存能力，人与人之间的关系等；主题还可以是一个能引发学习者探究的问题。

【应用示例】植物体内的物质是靠什么进行运输的？有机体是如何适应周围的环境以获得生存的？

2. 确定核心概念和规则

核心概念、规则能为学习提供一个明确的重点，在主题学习结束的时候，所有的学习者都应该能够将其内化。

3. 提出引导性问题

问题是探究的核心。引导性问题是学生在有限的学习时间内应该深入探究和掌握的一些问题，引导性问题能有效地框定单元学习的范围，为整个单元的学习提供预先的组织，引导性问题能有效地激发学习者的思维、激励学习者的探究，单元评估必须反映引导性问题，以便学生自己来评估自身学习行为。

4. 布置学习任务

主题学习以学习者为主体，强调学习者主动探究，主题学习尊重学习者的自主性，但主题学习在给学习者提供较大的学习自主权的同时，也带来了另外一个问题，那就是学习者对学习的无所适从和束手无策。采用"任务驱动"的方法可以对学习者的学习起到驱动、导向的作用。学习的目的不是"为了完成任务而完成任务"，"任务驱动"只是一种手段，学习的最终目的是对知识的理解、自身学习能力的提高。

5. 设计学习内容

在原有的分科教学体制下，学科之间互相孤立，同一学科内，虽然也按单元组织教材和教学，但不同的单元之间甚至同一单元内也是互相孤立，缺少联系的。按逻辑原则组织课程内容，虽然有利于系统知识的教学和学习，关注了"科学世界"，却忽视了儿童的"生活世界"，不符合大脑的认知规律，与生活现实相背离。主题学习打破了人为的学科界限，关注课程内容的心理组织，主张以"主题"为中心组织课程内容，通过对不同学习专题的探究来理解主题。

6. 确定学习信息资源

为了便于信息资源的组织和管理、向学习者呈现高度结构化的学习材料、提高信息资源的利用率，建议教学设计者以主题资源网站的形式组织信息资源，如图 4-3 所示，围绕主题以不同的专题来组织信息资源，在每个专题中分别建立不同形式资源的列表或链接。

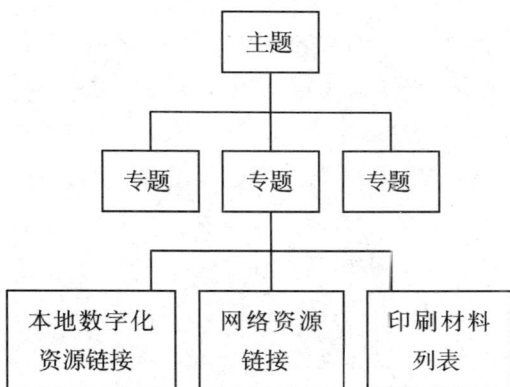

```
                    ┌──────┐
                    │  主题  │
                    └──┬───┘
          ┌───────────┼───────────┐
       ┌──┴──┐     ┌──┴──┐     ┌──┴──┐
       │ 专题 │     │ 专题 │     │ 专题 │
       └─────┘     └──┬──┘     └──┬──┘
          ┌───────────┼───────────┐
     ┌────┴────┐  ┌───┴────┐  ┌───┴────┐
     │ 本地数字化 │  │ 网络资源 │  │ 印刷材料 │
     │ 资源链接  │  │  链接   │  │  列表  │
     └─────────┘  └────────┘  └────────┘
```

图 4-3　信息资源的组织

7. 设计学习活动

主题学习以活动为中心，强调学习者在活动中获取知识，培养能力，亲身体验知识的形成过程，体验学科之间的联系，通过活动获取的知识更易于保持，也有助于学习者终身学习能力的提高。高质量的主题学习活动应该具有以下特征。

● 综合性：主题学习活动的综合性是指为探究同一主题问题而采取多种相关的学习活动和方法。主题学习活动的类型很多，可以是讲授、阅读、写作、参观访问、社会调查等传统的学习活动，也可以是网络探究等信息技术支撑下的学习活动。

● 创造性：传统学习活动多属于适应性、继承性学习活动，活动的目的是获取前人已取得的优秀成果，以提高解决当前已经发生的问题的能力。主题学习活动是高度创造性的，鼓励学生探究，鼓励学生进行多向思维，鼓励学习者从多种角度全面认识同一事物，并善于把它们综合成整体性认识，以便创造性地运用它们适应新情况，解决新问题。

● 探究性：主题学习不是知识的被动接受，主题学习强调学习者的主动探究。

● 开放性：主题学习的时间和空间是高度开放的。

● 合作性：鼓励学习者在活动中开展充分的合作和对话。

● 层次性：受学生认知发展水平的限制，在小学低年级阶段，学生多适宜进行体验式的学习活动，通过真实情境的体验和基于计算机的体验弥补知识上的缺陷。在小学高年级、初中、高中阶段，则鼓励学生多进行探究式的学习活动、鼓励问题解决。

8. 形成时间表

主题学习的时间设置是高度弹性化的。可以是"主题沉浸式"，在主题进行的过程中，整天、整个星期或整个月，参与主题的所有课程都沉浸在主题中，也可以选择在一些核心课程中开展历时几周的主题学习，或者选择在一天的一部分时间开展主题学习。

9. 决定评价方式

传统的面向结果的评价使我们的教育陷入了只注重选拔人才，而非培养人才的误区。技术的发展为我们评价学习者的学习过程提供了便利，不断地涌现出了各种各样的信息化评价工具，例如，电子学档、量规、概念地图、学习契约等，使用它们不仅可以评价学习者的学习结果，更重要的是他们能清晰地记录下学习者的学习过程，为我们全面审视学习者的学习提供了新的视角。

二、基于多元智能的个性化教学活动设计

（一）多元智能理论的由来

多元智能理论是自 20 世纪 80 年代中期以来风行于世的国际教育新理念。该理论是国际科技竞争的直接产物。1957 年，苏联发射了第一颗人造地球卫星，震惊了美国朝野。美国上下一致认为是教育的不力造成了美国的落后。教育界为此进行了深刻的反思。1967 年美国政府决定在哈佛大学教育研究生院创立"零点项目"（Harvard Project Zero），由著名哲学家哥德曼（N. Goodman）教授主持，其主要研究任务是如何在学校中加强艺术教育，开发人脑的形象思维。所谓"零点"，一方面代表空白，另一方面表示从零开始，昭示的是一种严峻状态和奋进的决心，旨在唤醒国人对艺术教育的重视。多元智能理论就是在 20 世纪 80 年代中期，由该项目现任执行主席 H. 加德纳博士提出来的重要成果之一。

加德纳博士是美国哈佛大学教授、当代著名的心理学家和教育家，1983 年出版的力作《智能的结构》，系统地提出和阐述了一种全新的人类智能结构的理论——多元智能理论（Multi-intelligences，简称 MI 理论）。此后，该理论在研究和实践中不断地发展和完善。

（二）多元智能诠释

在多年的心理学、生理学、教育学、艺术教育的研究基础上，根据大量心理学的实验数据和实例的观察分析，加德纳证明了人类思维和认识的方式是多元的，亦即存在多元智能：语言智能、数学/逻辑智能、视觉/空间智能、音乐智能、身体运动智能、人际关系智能、自我认识智能和自然观察者智能（Gardner，1983，1999）。如图 4 - 4 所示。

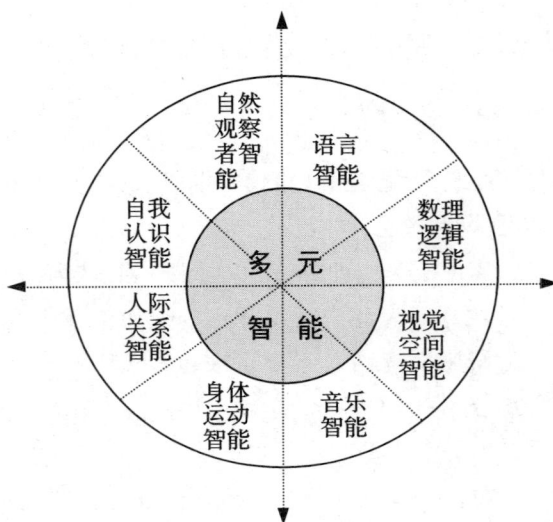

图 4 - 4 多元智能简图

1. 语言智能

语言智能是指人对语言的掌握和灵活应用的能力，表现为用词语思考，用语言和词语的多种不同方式来表达复杂意义。一般认为，教师、律师、校对者、编辑、图书管理员、演讲培训者、记者、播音员、翻译等需要具备较强的语言智能。

2. 数理—逻辑智能

数理—逻辑智能是指对逻辑结果关系的理解、推理、思维表达能力，突出特征为用逻辑方法解决问题，有对数字和抽象模式的理解力，认识、解决问题应用推理。一般认为，炒股者、经济学家、核算师、会计师、生意人、计算机程序员、簿记员、科学或数学教师、科学家、统计学家等需要具备较强的数理—逻辑智能。

3. 视觉空间智能

视觉空间智能是指人对色彩、形状、空间位置的正确感受和表达能力。突出特征为对视觉世界有准确的感知，产生思维图像，有三维空间的思维能力，能辨别感知空间物体之间的联系。一般认为，电影摄像师、图表设计员、画家、建筑师、艺术教师、城市规划者、风景艺术家、测量员等需要具备较强的视觉空间智能。

4. 音乐智能

音乐智能是指个人感受、辨别、记忆、表达音乐的能力。突出特征为对环境中的非言语声音，包括韵律和曲调、节奏、音高、音质的敏感。一般认为，音乐家、乐队演奏者、音乐医疗医生、指挥家、音乐评分员、钢琴教师、音乐教师、DJ 音乐节目主持人、调音师、歌手等需要具备较强的音乐智能。

5. 身体运动智能

身体运动智能是指人的身体的协调、平衡能力和运动的力量、速度、灵活性等。突出特征为利用身体交流和解决问题，熟练地进行物体操作以及需要良好动作技能的活动。一般认为，木工、运动教练、舞蹈演员、工人、专业运动员、戏剧艺术家、宝石匠等需要具备较强的身体运动智能。

6. 人际交往智能

人际交往智能是指对他人的表情、说话、手势动作的敏感程度以及对此做出有效反应的能力。表现为个人觉察、体验他人的情绪、情感并做出时代的反应。一般认为，经理、政治家、销售员、公众关系官员、社会学家、宗教领袖、劳工总裁、行政官员、临床医学家等需要具备较强的人际交往智能。

7. 自我认识智能

自我认识智能是指个体认识、洞察和反省自身的能力。突出特征为对自己的感觉和情绪敏感，了解自己的优缺点，用自己的知识来引导决策，设定目标。一般认为，牧师、哲学家、僧侣、项目计划指定者、顾问、临床心理医生、企业家、心理学教师、神学家等需要具备较强的自我认识智能。

8. 自然观察者智能

自然观察者智能是指观察自然的各种形态，对物体进行辨认和分类，能够洞察自然或人造系统的能力。学有专长的自然观察者包括农业好手、植物学家、猎人、生态学家和庭院设计师等。

加德纳认为，实践证明每一种智能在人类认识世界和改造世界的过程中都发挥着巨大的作用，具有同等的重要性。他还认为，个体到底有多少种智力是可以商榷和改变的。他所提出的八种智力的观点，在某种程度上还只是一个理论框架或构想。他认为人身上可能还存在着其他的智力，如灵感、直觉、幽默感、烹调能力、创造能力和综合其他各种能力的能力。在他看来，某种能力是否可以成为多元智力的一种，需要看它是否得到足够证据的支持，如果有，就纳入到多元智能的框架中。比如，1999年他又提出存在智能的概念，后来他还提出了精神智能的概念，他甚至认为可能还存在道德等方面的智能，不过这些都需要进一步论证。

（三）多元智能理论的教学观

多元智能理论所倡导的教学观是一种个性化的、因材施教的教学观。

（1）每个学生都具有在某一方面或几方面的发展潜力，只要为它们提供了合适的教育和训练，每个学生的相应智能水平都能得到发展。因此，教育应该为学生创设多种多样的、有利于发现、展现和促进各种智能的情境，为学生的学习提供多样化的选择，使学生能扬长避短，激发潜在的智能，充分发展个性。

（2）在注重全面发展学生的各种智能的基础上，更加注重个性的发展，将"全面发展"与"个性发展"有机地统合起来，教学就是要尽可能创设适应学生优势智力领域发展的条件，使每个学生都能成才。

（3）由于不同的智力领域都有自己独特的发展过程和所依托的不同符号系统，因而不同的教学内容需要运用不同的教学技术，以适应不同的智力特点。

（4）即使是相同的教学内容，针对每个学生的不同智力特点、学习风格和发展方向，教学应当采用丰富多样的、适应性的、有广泛选择性的教学技术。

（四）多元智能理论的教育实践示例

20 世纪 80 年代中期以来，美国许多学校依据多元智能理论在不同学年阶段进行了许多教育实验探索。这里介绍几种典型实验模式。

【应用示例】"多彩光谱项目"——幼儿园和小学低年级的实践

"多彩光谱项目"主要针对小学低年级和幼儿园学生。实施十几年来，现已发展成为全方位的儿童早期教育方法。

"多彩光谱项目"假设每个儿童都有在一个或几个领域里发展强项智能的潜力。在"多彩光谱项目"教室里，学生每天都接触大量用于启发其多种智能的素材。如在"自然学家之角"放着许多生物标本供学生观察，它需要感官能力和数理逻辑智能。在"故事角"放置有一套教具，学生可以利用这套教具，依靠丰富的想象力编故事，也可以设计自己的"故事板"。"故事角"主要用来激发儿童的语言智能、戏剧表演的能力和想象力。在"建筑角"，学生可以建造一个模型教室，然后在模型教室里安置老师和同学的照片，以激发学生的空间智能、身体运动智能及人际关系智能。诸如此类的各式各样的"角"和各种不同的活动，能有效激发和培养学生的多元智能。而且"多彩光谱项目"还针对每一智能领域设计专门的游戏和活动。如针对数理逻辑智能的游戏和活动，如，恐龙游戏——评估儿童的数字概念、使用运算规则和运算技巧的能力；寻找宝物游戏——评估儿童的逻辑推理能力。儿童必须组织各种信息，才能发现设置藏宝地点的规则；水的游戏——评估儿童根据观察提出假设并做简单实验的能力。

【应用示例】"多元智能重点实验学校"——小学阶段的实践

在20世纪80年代后期，美国印第安纳波利斯市的几位教师以多元智能理论为指导，创建了一所名为"多元智能重点实验学校"的小学。这所学校创建的宗旨是激发学生的多元智能，因此，除读、写、算等一般意义上的主课以外，学生每天都要参加各种活动。"多元智能重点实验学校"的具体做法如下。

1. 学生每天都要参加一个类似"师徒制"的小组。在这个小组里，不同年龄的学生和一名有经验的教师一起学习，掌握他们感兴趣的技能或学科。由于小组内学生的年龄各异，他们可以根据自己的知识和能力程度，从容地进行各种活动；因为有一位知识面更广的教师一起活动，他们可以有机会看到专家是怎样工作的。这类"师徒制"小组有十多个，包括的内容也很广泛，从建筑到园艺，从烹调到"挣钱"，样样俱全。"师徒制"小组将重点放在学习具有实用价值的技能上，大大增强了学生对所从事活动的理解。

2. 这些小组与广泛的社会团体紧密联系。学校每周都要请一位专家，向学生介绍一种职业或一门技能。谈论的题目和内容一般都和学校当时的主题有关。学校希望学生不仅要参加各种社会活动，还能在专家的引导下就某一领域作深入的探索。为此，学校组织学生参加该市博物馆"探索中心"的活动，学生在那里为其当数月的见习学徒，从事动画制作、造船、新闻报道和气象观测等活动。

3. 开展专题作业。每年开展3个专题活动，每个专题活动持续10周。专题作业依专题活动的需要而设计。学生在专题的探讨过程中自然而然地学习阅读、写作及有关的知识和概念。每一个专题结束时，将这些专题作业的报告拿出来展示，在同学中间交流。每个同学都把自己研究的专题介绍给别的同学，包括题目的产生、其中的问题及外在影响等，然后回答老师和同学的提问。每个专题作业的进行、报告的展示等都录了像，因此每个学生都积累了一系列专题作业的录像集。通过这些录像集，可以了解学生多元智能的发展状况及成长过程。

4. 对专题作业的评估。学校从以下 5 个方面评估学生的专题作业。

（1）个体的智能特征：指学生在专题作业中表现出来的多元智能特征，包括智能强项、弱项及智能发展倾向。

（2）对事实、技能和概念的把握：从学生对专题中事实、技能或概念的把握中，可以看出学生判断事物的能力、对概念的掌握以运用标准课程学习的能力。

（3）作品的质量：每个专题的成果实际上都由某一类作品体现，如科学实验、戏剧、历史叙述等。常用的评价标准包括：创新与想象能力、审美能力与技巧等。

（4）交流：专题作业提供了学生与教师、其他同学及合作者交流的机会，学生可以通过交流向别人学习，取长补短。

（5）反思：注重元认知的发展。加德纳认为这是智能增长非常重要但也是最容易忽视的方面。

对于小学生来讲，若希望他们能够独立完成专题作业，是不切实际的。必须对学生的专题作业从概念的形成、项目的实施到报告的提交等方面进行不同程度的指导，即所谓的"搭架子"。

【应用示例】"学校实用智能"——初中阶段的实践

"学校实用智能"包括以下 3 方面的知识。

1. 个人自身的智能结构、学习方式、学习策略等方面的知识，它代表自我认识智能。

2. 有关课业结构和课业学习方面的知识，它代表"学术智能"与特殊领域内智能的组合。

3. 学校本身作为复杂的社会组织的知识，它主要代表人际关系智能。

研究者不是通过设立专门的课程来教学生掌握"学校实用智能"，而是主要通过"融会贯通"的方法，即将所有学科的日常教学加以融会贯通，目的在于引导学生注意各个学科领域之间的联系，并为他们提供在不同科目的学习中自我评价的工具和方法。"融会贯通"课程包括若干个"融会贯通"单元，以帮助学生理解学校设置各种课程的原因，并指导他们怎样学好这些课程。这些"融会贯通"单元的题目，既可以是社会学科、数学、阅读写作等，也可以是一些更通用性的内容，如怎样展示学习成果、考试技巧等。

【应用示例】"艺术推进"——高中的实践

1985 年，哈佛大学"零点项目"开始了为期数年的"艺术推进"项目的研究。研究者确定了 3 种艺术形式：音乐、视觉艺术和富有想象力的写作。对于每一种艺术形式，研究者都组织了跨学科小组，共同确定什么是该艺术形式的关键能力。例如：

1. 对于写作，研究者观察学生创作不同作品的能力，如写诗、编剧本中对话的能力。

2. 对于音乐，研究者检查学生通过训练来学习的情况。

3. 对于视觉艺术，研究者观察学生对于艺术风格的敏感性、对于不同构图类型的鉴赏力、构思和创作塑像的能力、描绘静物的能力。

研究者主要开发了两种艺术教育的方式，即"领域专题"和"过程作品集"。在"领域专题"中，研究者针对艺术某一方面的关键能力，开发出一套练习，分成若干个单元对学生进行艺术教育。如视觉艺术中的"构图"专题，其目的是帮助学生理解形状的安排和彼此之间的关系是如何影响艺术作品的效果的，学生在完成这类专题的过程中，有机会决定如何"构图"，思考这种构图对作品的影响。在"过程作品集"的教育方式中，研究者不是只收集学生的最佳作品，而是收集艺术学习过程中的所有作品，包括原始素描、中间草稿及最终的作品等，同时也收集他们喜欢或不喜欢的艺术作品、自己或他人对艺术作品的评论等。

"艺术推进"项目的主要目的是设计出一套艺术评估系统，以记录艺术学习的状况。因此，这两种艺术教育形式，都有助于评估、尤其是学生自我评估的进行。如在"构图"这一领域专题中，让学生重新思考每一种构图的优点和缺点、它的表达效果以及这些效果是怎样实现的；在"过程作品集"教育方式中，学生可以回顾他们曾经做过的修改、修改的原因和动机，思考最初的草稿和最终的作品之间的关系等。

（五）教育技术在多元智能教育中的作用

现代教育技术为多元智能的发展提供了丰富多彩的、学习者亲身参与的、富有实效的活动平台。如果说，多元智能为现代教育技术的研究和应用发展引领了一种崭新的教育/教学理念，那么，现代教育技术则将为这种崭新的教育/教学理念的现实化、操作化提供了实施的中介和促进条件。

1. 作为多元智能发展的活动平台

教育技术的系列功能特点，能为多元智能的发展创设一种适应性、触发性、沉浸性和诱导性的学习氛围，是诱导、激发和强化多元智能发展的强效活动平台。比如，多媒体网络技术提供的多重感觉刺激，如视觉、声音、图像、颜色、结构、线条、形状、视频、音量的改变、音调等，相当适合那些难于抓住重点或缺乏耐性的学生，而对其他学生来说，丰富多彩的感觉世界，是一种令人愉快的学习情境。

（1）对具有语言智能优势的学生来说，可以在文字的世界畅游，他可以展开一系列令人激动的、具有挑战性的学习活动，如研究词的起源、学习外语口语表达、在个人网页上发表自己的诗歌和散文，甚至在网上找一位同伴来一起探讨某个词汇的含义和用法，等等不胜枚举。

（2）对视觉空间智能的发展来说，学生的学习体验舒适无比：他能"真实地"看到事物的发展变化，看到与学习内容相关的生动演讲，看到自己的艺术作品展示在互联网上为更多的人欣赏。所有这些舒适的学习体验，将使他对学习保持高涨的激情，进而提高学习效率。

（3）对具有自我认识智能优势的学生来说，以计算机为介质的教学有助于个别化学习或个性化学习的实现。它能给学生提供即时反馈和互动机会。研究表明，自我调控（自定步调）是影响学生学业成绩的一种积极因素。技术赋予学生的学习自主权，有助于增进他们探索新事物的勇气和能力，有助于增强工作责任感、提高工作质量，自然，学生的知识和才能也得到极大的拓展和提高。

（4）那些喜欢与他人合作、交流讨论的学生在技术的支持环境下，获得了与全世界人交流的机会。具有人际关系智能优势倾向的学生，可以借助在线免费翻译软件来克服语言障碍，同更多的良师益友建立联系。这些良师益友会在他们需要帮助的时候，为他们提供有价值的资料或相关服务，或者成为长期的在线合作伙伴。那些有残障（如生理缺陷、失去听力或言语障碍）的学生，则能通过大量相关的计算机软件克服这些障碍，实现人际交流。

（5）对那些擅长运用身体运动智能的学生来说，同样无法抗拒多媒体网络技术的魅力。一接触计算机，他们就很轻易地意识到计算机能协调运动神经的技能。现在越来越多的教育软件公司正在着力开发能促进学生运用身体运动智能来学习的软件，比如，一些公司正在通过某种触觉装置工具，来研究身体运动和数学学习之间的互相影响。

（6）那些具有自然观智能优势倾向的学生，面对多媒体网络技术营造的学习天地，倍感轻松。这不但表现在学习资源的丰富性和情境化方面，更表现在技术在很多时候帮助他们逾越了科学和伦理冲突的困境，比如，他们可以选用"虚拟青蛙解剖实验"来代替实验室的真实解剖。

（7）至于音乐和艺术，更是我们大脑功能的重要组成部分，也是人类的主要思维类型。研究表明，音乐和艺术与人类有着先天般的不解之缘，对我们形成和掌握思维模式技能起着关键的作用。有音乐或艺术背景的学生往往表现出比较强的数学和科学能力。研究证实艺术对我们的精神和生活质量起到关键性作用。

2. 为多元智能发展提供丰富的学习资源

多元智能的发展，需要丰富的、适当的外在学习条件，也就是说需要丰富的学习资源。如前所述，学习资源的范畴很广，是教育技术的两大研究对象之一。教育技术能为多元智能的发展设计、配置适应性的学习资源，从而为学习者的多元智能发展创设恰当的外在条件。充盈的学习资源，不仅有助于学习者的多元智能达到全面的、合格的发展水平，而且有利于学习者发现和强化自身的优势智能，获得生命价值的真实感。

当然，必须明确的是，丰富的学习资源并不能自然而然地对多元智能产生促进作用，它需要精心的设计，需要找寻多元智能的特点、学习风格与教育技术等方面间的内在关系，使它们统整起来，产生综合性的作用。

3. 为多元智能发展设计基于活动的学习

多元智能的发展需要在丰富多样的活动情境中展开。教学活动形式/方式/方法，可谓丰富多彩，需要做出认真的选择，亦即需要根据多元智能的特点和活动类型的特点，找寻二者间的内在联系，并将它们统合起来。如表4-3所示。

表4-3　多元智能的发展与活动类型的对应关系示例

智能类型	活动形式举例
语　　言	讲故事、开展专题辩论、写诗、编神话（传奇故事、短剧）、写新闻稿、制作脱口秀节目、新闻采访等
数理逻辑	用数学公式表达结论、设计和实施试验、运用推论的方法论证、运用类比的方法说明、描述事物或现象的模型或对称性等

续表

智能类型	活动形式举例
视觉空间	制图、作画、画图表、制作幻灯片（录像带、相册）、制作艺术品、设计黑板报或纸牌游戏、图解、涂鸦、涂颜料、绘图、雕刻等
身体运动	展开某项或系列的活动、设定活动任务、动手制作或建造、郊游、收集身边的资料等
音　乐	为展示的作品设计背景音乐、打节拍、唱歌、分辨音乐的节奏范式、解释歌曲音乐的相似性、制作乐器、用乐器来表达自己思想感情等
人际关系	主持会议、在会议上致辞、有目的地运用社交技能学习、参与公益性活动、在众人面前汇报或讲演、运用技术发送或接收反馈信息等
自我认识	描述能助你成功的自身品质、设定目标并向目标努力、评价自身的价值、写日记、评价自己的学习或工作等
自然观察者	记观察笔记、描述本地或全球环境的变化、饲养宠物、照顾野生动物、爱护花园（公园）、使用望远镜（显微镜、放大镜）、画自然景物画、拍照等

4. 能通过整合增进学生优势智能的发展

整合，是教育技术发挥教育/教学功能的关键。这种整合的思路就是把多元智能的特点与相关的技术工具结合起来，并在实际的教/学中予以实施。比如，表4-4形象地说明了这种整合的思路。

表4-4　支持多元智能的技术工具（软件）示例

智能类型	技术工具（软件）示例
语　言	文字处理软件、电子邮件软件、网页创作家、多媒体演示工具、外文软件、故事光盘、打字帮手、电脑、电子图书馆、文字游戏/软件等
数理逻辑	数学技能指南、计算机设计辅导、电子制表软件、制图工具、数据库、逻辑性游戏、科学程序软件、批判性思维软件、问题解决软件等

续表

智能类型	技术工具（软件）示例
视觉空间	动画程序、3D 建模语言、剪辑艺术应用软件、计算机辅助图像、数字照相机和显微镜、绘画和制图软件、电子棋类比赛、建模工具、空间难题解决比赛、电子难题包、几何学软件、数字想象/图形程序软件、虚拟课件等
身体运动	计算机接口的实用结构包、模拟运动游戏、虚拟现实系统软件、眼——手协调游戏、接通计算机的工具、触觉设备等
音　　乐	音乐文化辅导软件、唱歌软件（声音合成器）、音调识别和旋律增强器、音乐乐器数字接口、创造你自己的音乐节目等
人际关系	电子公告栏、模拟游戏、电子邮件程序等
自我认识	个人化选择软件、职业咨询服务软件、任何可自定步调的软件、可下载的多媒体应用程序等
自然观察者	科普性软件、自然界声音和/或图像文件、植物/动物的分类软件、动物声音辨认软件、地球科学软件等

这种整合，使得教师和学生能热情地投入到数字化的教/学情境中，产生积极的效果，比如，从课堂讲授到计算机网络融入的变化，使得获取教育信息资源简便易行，从而使学生更具学习控制权（自我认识智能的发展）；学生从被动接受者转向学习的自我引导者（自我认识智能的发展）；从个体学习向团体学习及小组讨论的转变（人际关系智能的发展）；创造性能力和艺术能力得到极大提高；综合数字化课程得到迅速发展。

总而言之，教育技术与多元智能发展之间有着天然的、密切的关系，教育技术在促进多元智能发展方面具有多维多面的作用。

本章首先介绍了信息化教学模式的一般含义，并以授导型教学与探究性学习两种主要类型为主，进行了相关案例的教学活动设计探析，并介绍了主题化学习活动设计与基于多元智能的个性化教学活动设计方式。在实践过程中，大家还需要进一步思考如何更好地应用信息技术来支持这些活动的实现。

【实践活动】

1. 问题设计

以4~5人为一小组，根据本章中提供的"五何"问题设计与框架问题设计方式，进行问题设计练习。将形成的成果上传到平台中的"成果共享"中。

2. 项目化的探究性学习活动设计

以小组为单位，根据自己的学科专业，设计一个项目化的探究性学习活动设计方案，并考虑如何体现各过程要素。

3. 感受学习社区

以小组为单位，教师引导每位学生尝试使用一两个网上学习社区，并在组内交流应用此社区的心得，每组向全班同学推荐不少于一个相对优秀的学习社区。

4. 信息资源补给

请你利用网络搜集与本章学习主题相关的内容，并将其共享到学习平台中。

5

学习资源的收集与管理

【学习导航】

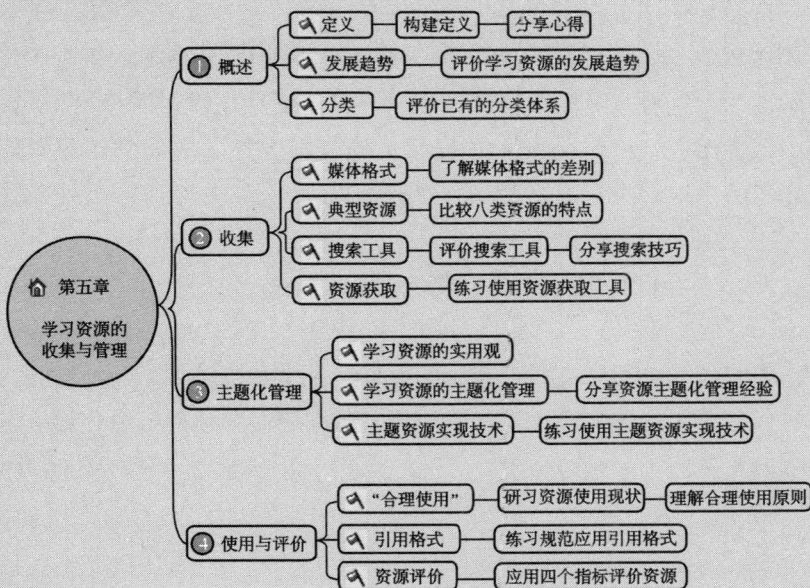

- 第五章 学习资源的收集与管理
  - ① 概述
    - 定义 —— 构建定义 —— 分享心得
    - 发展趋势 —— 评价学习资源的发展趋势
    - 分类 —— 评价已有的分类体系
  - ② 收集
    - 媒体格式 —— 了解媒体格式的差别
    - 典型资源 —— 比较八类资源的特点
    - 搜索工具 —— 评价搜索工具 —— 分享搜索技巧
    - 资源获取 —— 练习使用资源获取工具
  - ③ 主题化管理
    - 学习资源的实用观
    - 学习资源的主题化管理 —— 分享资源主题化管理经验
    - 主题资源实现技术 —— 练习使用主题资源实现技术
  - ④ 使用与评价
    - "合理使用" —— 研习资源使用现状 —— 理解合理使用原则
    - 引用格式 —— 练习规范应用引用格式
    - 资源评价 —— 应用四个指标评价资源

学习资源是现代教育技术的主要研究对象之一。本章我们将在介绍学习资源含义的基础上，进一步介绍各类资源的收集方法与管理策略等内容。

第一节　学习资源概述

一、学习资源的定义

凡是有助于学生成长与发展的人、物和信息我们都可以称之为学习资源，这是教学者和学习者进行学习的物质基础。

AECT'77 定义曾经把教学资源分为两大类：设计的资源和利用的资源。AECT'94 定义对教学资源的界定有所修改，主要包括教学材料、教学环境及教学后援系统。①

在 2004 年到 2005 年对定义所做的新思考中，将资源的概念限定为技术性的。笔者在《现代教育技术——走进信息化教育（修订版）》一书中，提出应当将"与技术过程相关的应用服务"引入到学习资源的概念范畴中。

二、学习资源的发展趋势

随着计算机网络在教育应用中的发展，学习资源在不断地被注入新的时代气息，总体来讲，学习资源越来越向着多元化、信息化、主题化的方向发展。

（一）多元化

在传统的学习范式下，学习是在封闭的"象牙塔"中进行的，教

---

① 巴巴拉·西尔斯，丽塔·里奇. 教学技术：领域的定义和范畴 [M]. 乌美娜，刘雍潜，等，译. 北京：中央广播电视大学出版社，1999，9.

材中的学习内容被视为权威，教学的范围不会超越教材，评估的内容也只是书本上的知识与技能。因而，学生学习的目的只能是"学教材"，其他学习资源只是对教材内容的解释、补充与说明，支持学生"学教材"的挂图、教学软件如此，帮助学生"学教材"的教师也是如此。

而在信息化学习范式下，学习超越了单一的知识观，教材知识的学习不再是学生知识获得的唯一有效途径。学习资源很多，除教材以外的其他渠道获得的深刻体验，都有助于学生深入地、有目的地学习和探究重要的观点及本质的问题。学生要"利用教材学"而不再是"学教材"，信息技术的发展与普及以及多种新的学习方法将使学习资源更趋多元。

（二）信息化

所谓信息化学习资源，是指经过数字化处理，可以在计算机或网络环境下运行的、为学生学习提供支持的多媒体材料或教学/学习系统。信息化学习资源的数字化、网络化和多媒体化，极大地提高了知识获取、选择与创新的效率。在信息化环境中，学习资源的广度和深度与非信息化环境下的学习资源是不能同日而语的。

数字化图书馆、电子阅览室、网上报刊和数据库、多媒体电子书等信息化资源为学生提供获取知识的快捷手段；虚拟实验室、微世界、教学游戏、情境认知等信息化资源又给学生提供了足不出户的实践与体验机会；信息化的认知、效能工具帮助学生提高学习效率，发展批判性、创造性和综合性思维能力；而信息化的通讯工具帮助学生不受时间与空间的限制，与世界各地的人们交流。

（三）主题化

学习资源的功能主要就是体现在为学习活动过程提供全面的支持。随着教学设计的主题单元化趋向，学习资源的组织也需要体现为相应的主题化趋向，以便为整个学习过程提供从知识呈现到情境构建的全方位支持。如图 5-1。

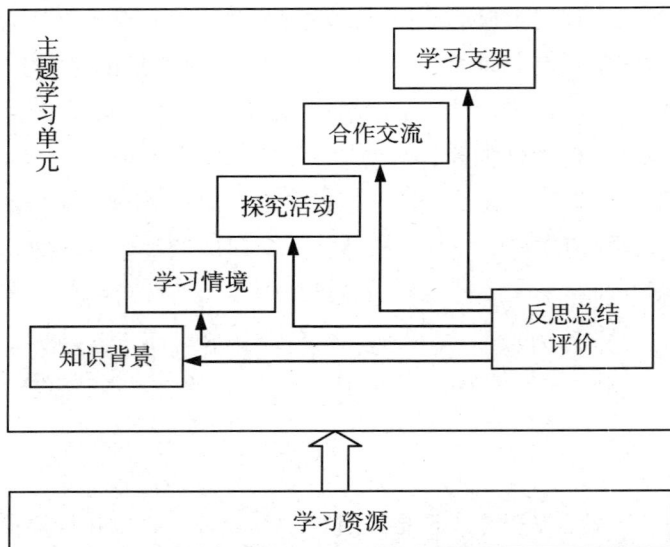

图 5 - 1　学习资源对学习过程的支持

实际上，主题学习单元是围绕主题及其问题的一系列学习活动的集合，以主题、问题、活动组织学习资源，使得这些资源与学习活动绑定，而且能够为主题单元的学习提供从知识背景、学习情境、探究学习活动过程、合作交流、学习支架、反思总结等各方面的全程支持，如图5-2所示。

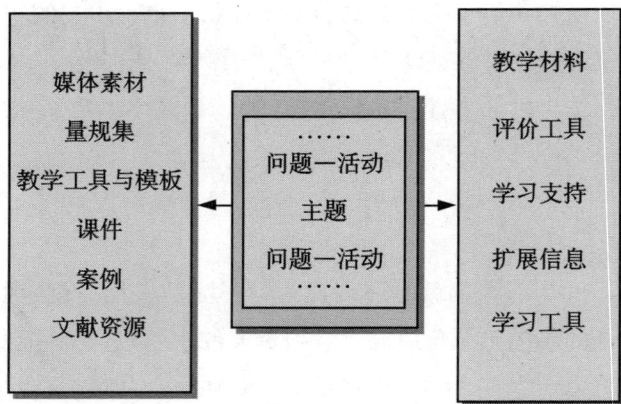

图 5 - 2　活动绑定资源

三、学习资源的分类

（一）学习资源的一般分类

综合 AECT 定义演变中对学习资源的界定，我们可以将学习资源分为学习材料与教学环境两大类。对每类又分为设计的与利用的两种形态，对环境资源类又分为授递型与信息资源型。还有一类形态叫做集成的，在一定程度上综合了以上各类资源的特点。如表 5－1 所示。

表 5－1　学习资源的分类

形态 示例 类型	设计的	利用的	集成的
学习材料	音像教材，投影资料，多媒体课件	电子百科，教育音像资料，网上教育信息资源	建成学习系统，学校内联网，教育城域/区域网，学习服务门户
教学环境　信息资源型	学习资源中心，电子阅览室，数字化图书馆	Internet	
教学环境　授递型	多媒体教室，语言实验室，微格教室、网络教室	卫星电视，有线电视，图文电视，Internet	

（二）信息化学习资源的分类

在寻找信息化学习资源分类方法的过程中，有学者认为可以借鉴知识管理理论对不同知识的转换分类。如图 5－3 所示，知识管理理论认为知识分为显性知识与隐性知识。显性知识一般可以通过语言、书籍、文字、数据库等编码方式传播和学习；而隐性知识通常是"只可意会，不可言传"的，需要实践与体验才可获得。知识管理具有组合化、内化、社会化、外化四种功能。其中，"组合化"是显性知识传递（联系）的过程；"内化"是显性知识转变为隐性知识的过程；"社会化"是隐性知识传递而引起共鸣的过程；"外化"是隐性知识展示成为显性知识的过程。知识就是通过"组合化⇨内化⇨社会化⇨外化"的过程螺旋上升式地发展的。

据此，有研究认为可以打破软件、系统、环境的分类束缚，从支持学生学习的角度，将信息化学习资源（主要考察的是软资源）分为获取类、授导类、交流类、合作类、探究类、表达类六种学习资源，各类学习资源分别对不同的知识转换形式提供支持，见图5－3。

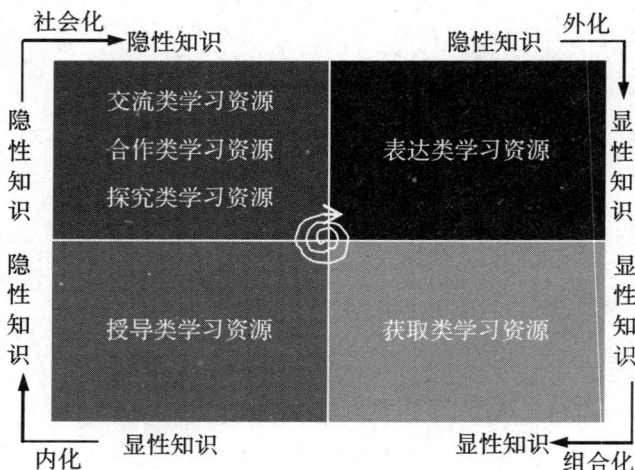

图5－3　知识管理视角的学习资源分类

这样的分类方法虽然仍然无法避免各类别之间界线模糊的弊病，但却可以帮助教师和学生根据不同的活动目标选择相应的资源。表5－2展示的是信息化学习资源分类细目，每个细目后面还有相应的例子。其中，由于授导类学习资源的例子不胜枚举，所以我们将其相应的开发工具例子列在后面。

表 5－2　信息化学习资源分类细目

分类	资源名称	举　　例	
获取类	搜索工具	Yahoo，Google，Infoseek，Dogpile，搜狐，3721	
	下载工具	FlashGet，网络蚂蚁	
	教育网站	教育索引，中小学教育教学网	
	数据库	ERIC，世界大讲堂，全球校园	
	数字图书馆	中国数字图书馆，网上学位论文库	
	电子书籍	北极星书屋，亦凡公益图书馆	
	电子期刊	中国信息管理中心	
	电子百科	在线词典	
	电子软件库	美国 M&M 优质教育软件库，中国下载	
授导类	电子讲稿	PowerPoint，Authorware	该类资源的开发工具
	课件	Authorware，Flash	
	模拟演示	虚拟现实技术，编程语言	
	操练和练习	数据库，编程语言	
	个别授导	PowerPoint，Authorware，编程语言	
	智能导师	人工智能技术，数据库，编程语言	
	网络课程	Learning Space，TopClass	
	电子测试	QuizWiz，QuizPlease，题库系统	
交流类	电子邮件	Foxmail，Flymail	
	语音聊天室	网梯实时多媒体交互系统	
	聊天室	中国同学录聊天室	
	电子论坛	Deja，K12 电子论坛	
	专家网站	Pitsco 询问专家网站，莎士比亚作业帮助网站	
	电子学友网站	电子学友中心，跨文化班级交流站	
	博客网站	在线教育资讯网	
	即时聊天	MSN Messenger，ICQ，OICQ	

续表

分类	资源名称	举　例
合作类	群件	Lotus Notes，Microsoft Exchange
	计算机会议	Microsoft NetMeeting
	虚拟学社	CollegeTown，Diversity University
	文件共享	PP 点点通，Microsoft NetMeeting
探究类	教学游戏	DreamTravel
	情境认知	贾斯珀历险系列
	微世界	化学微世界，数学微世界，几何画板
	虚拟实验室	虚拟青蛙，虚拟果蝇
	问题解决	Pascal，Basic，LOGO，Mathematica
	数据处理	Excel，SPSS
	思维可视化	Inspiration，Time liner，Equation
表达类	自我记录	博客网站
	文字处理	记事本、写字板、Word、WPS
	桌面印刷	Publisher，Acrobat
	多媒体演示	PowerPoint，Authorware
	设计绘图	PhotoShop，CorelDraw，Fireworks
	音乐演奏	RealPlayer，MIDIMaster
	音乐创作和改编	Sound Forge，Cool Edit
	视频创作和改编	Adobe Premiere，Ulead Media Studio，MS Producer
	动画创作	Flash，3DS MAX，Maya
	网页发布	HTML，FrontPage，Dreamweaver，DHTML，JavaScript，Flash

（资料转引自：闫寒冰. 学习过程设计. 北京：教育科学出版社，2005：128.）

第二节　信息化学习资源的收集

收集信息化学习资源的质量和效率必然会涉及资源的选择、获取以及相应的获取工具，在本节重点介绍获取类的学习资源，相关的设计和开发在第七章具体阐述。

一、媒体素材的格式

（一）文本

文本素材以文件的形式保存，分为格式化文本和非格式化文本。

格式化文本：格式化文本包括结构描述式和页面描述式两种，它们通常都需要专门的软件工具来打开。

常见的结构描述式文本文件扩展名有 DOC、RTF，默认打开软件为 Word 字处理软件。

常见的页面描述式文本文件扩展名有 PDF、CAJ、KDH 等，PDF 格式的文件要用 AcroReader 软件打开，CAJ 和 KDH 格式的文件要用 CAJViewer 软件打开。AcroReader 和 CAJViewer 都是常用的阅读器软件，下载安装后即可使用。

常见的非格式化文本文件扩展名有 TXT、INI、BAT、BAS、PRG、C、PAS。

（二）图形、图像

不同的图像处理软件能够处理的文件格式是有差异的。下面列出几个常见图形图像文件类型的扩展名。

1. BMP（Bitmap）格式

BMP 是 Windows 中的标准图像文件格式。常见的各种图形图像软件都能对其进行处理，其典型应用是 Windows 画笔。

2. GIF（Graphics Interchange Format）格式

GIF 是在各种平台的各种图形处理软件上均能够处理的、经过压缩的一种图形文件格式。该格式存储色彩最高只能达到 256 种，可以支持小动画，多用于网络传输。

3. JPG/JPEG（Joint Photographic Expert Group）格式

JPG/JPEG 是 24 位的图像文件格式，也是一种高效率的压缩格式。由于其高效的压缩效率和标准化要求，目前已广泛用于彩色传真、静止图像、电话会议、印刷及新闻图片的传送。

4. PNG（Portable Network Graphics）格式

PNG 是一种能存储 32 位信息的位图文件格式，与 GIF 一样，PNG 也使用无损压缩方式来减少文件的大小，它汲取了 GIF 和 JPEG 二者的优点。Macromedia 公司的 Fireworks 软件的默认格式就是 PNG。

5. CDR（CorelDraw）格式

CDR 是 CorelDraw 中的一种图形文件格式。它是所有 CorelDraw 应用程序中均能使用的图形图像文件格式。

6. WMF（Windows Metafile Format）格式

WMF 是 Windows 中常见的一种图形文件格式，并且只能在 Office 中调用编辑，在 Word 中使用的剪贴画就是这种格式的。

7. PCD（Kodak PhotoCD）格式

PCD 是一种 Photo CD 文件格式。

8. PSD（Adobe Photoshop Document）/PDD 格式

PSD/PDD 是 Photoshop 中使用的一种标准图形文件格式。

9. TGA（Tagged Graphic）格式

TGA 是 True Vision 公司为其显卡开发的一种图像文件格式，最高色彩数可达 32 位，其中包括 8 位 Alpha 通道用于显示实况电视。

10. SVG 格式

SVG 是英文"可缩放的矢量图形"的简称，它提供了 GIF 和 JPEG 无法具备的优势；一般来说，它比 JPEG 和 GIF 格式的文件要小很多，因而下载也很快。

11. DXF 格式

DXF 是 AutoCAD 中的矢量图形文件格式。

另外还有 TIF/TIFF（Tag Image File Format）格式、PCX 格式。

（三）音频

常见的音频文件格式如下。

1. WAV 格式

微软的标准声音格式，目前也成为通用性的数字声音文件格式。WAV 格式的声音文件质量和 CD 相差无几，但是体积较大，几乎所有的音频播放软件和编辑软件都支持这一格式，并将该格式作为默认文件保存格式之一。

2. CD 格式

我们经常听的 CD 唱片采用的格式，缺点是无法编辑，文件太大。

3. MP3 格式

MP3 是网上最为流行的音乐存放、下载格式。用有损压缩率高的特点，压缩率则高达 10: 1 ~ 12: 1。

4. RA/RM 格式

RealNetworks 公司开发的主要适用于网络实时数字音频流技术的文件格式，RA/RM 格式的文件用 Real Media 播放器进行播放，RealOne Player 是最新的 Real Media 播放器。

5. WMA 格式

WMA 都是微软公司针对 Real 公司开发的新一代网上流式数字音频压缩技术。Windows Media Player 是该格式的音频文件的播放器。

6. MID/MIDI 格式

MIDI（Musical Instrument Digital Interface）是电子乐器数字化接口标准文件格式，MIDI 允许数字合成器和其他设备交换数据。MID/MIDI 格式的最大用处是在电脑作曲领域。

另外还有 OGG 格式、APE 格式。

（四）视频

常用的数字视频文件格式如下。

1. AVI

AVI 是音频视频交错（Audio Video Interleaved）的英文缩写，是微

软公司为 Windows 系统开发的视频文件格式。

2. MPEG 格式

MPEG 也是 Motion Picture Experts Group 的缩写。这个家族中包括了 MPEG – 1、MPEG – 2 和 MPEG – 4 等在内的多种视频格式。

3. RM 格式

Realplayer 播放格式。

4. MOV 格式

Quick Time 动画文件。

5. ASF 格式

微软公司开发的视频文件格式。

6. WMV 格式

一种独立于编码方式的，在 Internet 上实时传播多媒体的技术标准。

7. DAT 格式

VCD 中的视频文件。

（五）动画

动画文件：是指由相互关联的若干帧静止图像所组成的图像序列，这些静止图像连续播放便形成一组动画，通常用来完成简单的动态过程演示。

二维动画文件格式：fla 格式、gif 格式、swf 格式。

三维动画文件格式：fli 格式、flc 格式、avi 格式。

1. fli/flc 格式

Autodesk Animator 和 AnimatorPro 的动画文件格式。支持 256 色，最大的图像像素是 64000×64000，支持压缩。广泛用于动画图形中的动画序列、计算机辅助设计和计算机游戏应用程序。不大适合制作真实世界图像动画。

2. gif 格式

gif 是由 CompuServe 公司于 20 世纪 80 年代推出的一种高压缩比的彩色图像文件格式，主要用于图像文件的网络传输，各种平台的图形处理软件均能够处理，是经过压缩的一种图形文件格式。

3. fla/swf 格式

flash 是 Micromedia 公司的产品，严格说它是一种动画编辑软件，它能制作后缀名为 swf 的动画，这种格式的动画能用比较小的体积来表现丰富的多媒体形式，并且还可以与 HTML 文件达到一种"水乳交融"的境界。Flash 制作的动画源文件是 fla 格式，发布后的播放文件是 swf 格式。

4. avi 格式

一种使用 Microsoft RIFF 规范的 Windows 多媒体文件格式，用于存储声音和移动的图片。

二、典型的教育信息资源简介

尽管相对于因特网上的所有信息，教育信息只占很少的一部分，但相对我们的需要来说已经够多的了。面对如此繁多的教育信息资源，为了便于查找有必要对它们进行大致划分。我们把网上教育信息资源划分成8大类：电子书籍、电子期刊、数据库、虚拟图书馆、电子百科、教育网站、虚拟软件库和电子论坛，如图5-4所示。下面简要地介绍每一类资源的特点、内容、质量及对不同任务的适用性和使用费用。

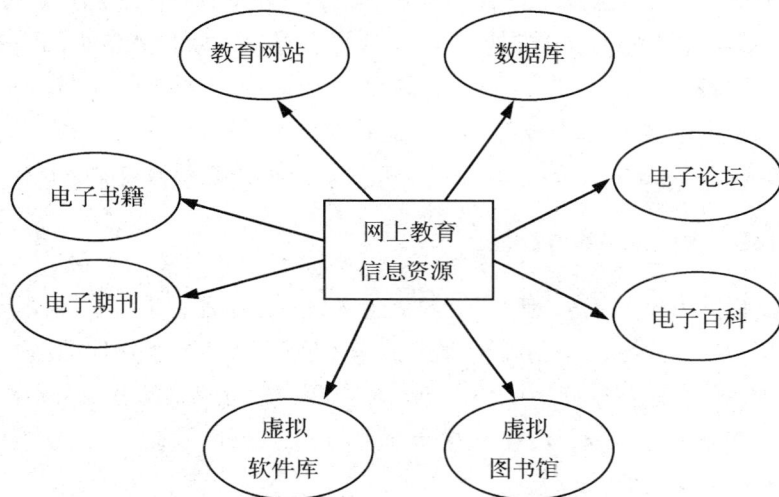

图5-4 网上教育信息资源的分类

（一）电子书籍

网上的电子书籍有部分是免费的，如我爱电子书（http：//www.52eshu. com/index. htm），上面就有好多免费的电子书供用户下载。还有部分是收费的，比如全球最大的中文数字图书馆——超星数字图书馆（http：//www. ssreader. com/）中大部分图书都是收费的。

（二）电子期刊

电子期刊主要有3种类型，分别是电子报纸、电子杂志和期刊、电子新闻和信息服务。电子期刊现在已经成为主要的网上信息资源，因为专业期刊一般都有电子版。随着许多期刊上网发行或为网络数据库收录，电子期刊的获得越来越容易，其内容与印刷期刊的内容也基本相同。比如一些专业期刊一般都有电子版。

（三）数据库

数据库是指大量信息对象的集合，它允许用户根据某些属性进行检索。网上有各种各样的数据库，其中有许多可以为教育教学目的服务。比如，学科教案数据库，"世界人讲堂"（http：// utexas. edu/world/ lecture/）网站上存有世界各地教师提供的最大教案，"全球校园"（http：//www. cuulb. edu/gc）是一个藏量丰富的多媒体教育素材库。

（四）虚拟图书馆

虚拟图书馆是一个比较广泛的概念，可以泛指各种有组织的网上信息库。我们这里主要指由比较严肃的学术和科研机构建立的网上信息库，这些信息库往往集中于一个或几个专题，广泛收集网上的学术作品和相关网站地址，按一定规则进行分类编目，有的用超文本建立索引，有的用关键词检索。

（五）电子百科

电子百科全书能够提供更广泛、更及时的信息。它一般基于超文本的设计，易于浏览查询。对用户而言，友好的搜索界面是最重要的，因为它保证了用户查找信息的迅速与准确。比如，国家百科全书网（http：//countries-book. db66. com/）。

（六）教育网站

教育网站是一个广泛的概念，目前尚无统一的分类方法。在 http：//www. educationindex. com/上提供了一个最佳教育网站索引，内容无所不包。为方便起见，我们暂时列出以下一些主要类型。

1. 教学类

教学类网站提供比较完整的课程教学或辅导，从一门、数门到上百门不等。国内目前有许多此类网站采取商业化运作方式，通常称之为网校。

2. 教育类

教育类网站把目标瞄准课外、校外教育，如社区教育、教育游戏、家庭教育、亲子教育等。

3. 研究类

研究类网站通常由教育研究者和学科教师创建，提供与课程教学研究相关的资源，包括课程大纲、教学法、教案、学生作品、参考资料等。有的专门针对创新教学理论和教学模式，如合作学习、建构主义学习、课程整合等。

4. 资源类

资源类网站分门别类地提供各种教育资源，如课程标准、教材、案例、素材等，有的可纳入网上数据库范围。

5. 综合类

综合类网站在一定程度上综合了以上 4 类网站的功能和特点，如中国中小学教育教学网（http：//www. k12. com. cn）基本上属于此类。

（七）电子论坛

我们将由 Usenet、BBS 之类的技术支持的网上讨论系统称为电子论坛。电子论坛中的信息不如电子百科那样权威和规范，不如电子期刊那样严肃和专业，但形式活泼，内容新鲜，也不乏真知灼见。

（八）虚拟软件库

虚拟软件库专门收集免费软件（freeware）和共享软件（shareware)，可以自由下载使用，但共享软件对使用期限有一定限制。软件库中不乏教育软件。

三、搜索工具

常用的搜索工具大致有：主题目录、搜索引擎和元搜索引擎三类。

（一）主题目录

主题目录是由信息管理专业人员在广泛搜集网络资源，并由人工进行加工整理的基础上，按照某种主题分类体系编制的一种可供检索的等级结构式目录。在每个目录分类下提供相应的网络资源站点地址（超链接），使 Internet 用户能通过该目录体系的引导，查找到有关的网上信息。"雅虎"（英文版 http：//www.yahoo.com，中文版 http：//cn.yahoo.com）和中文的"搜狐"（http：//www.sohu.com），都是典型的目录型检索工具。

目录型检索工具的主要优点是所收录的网络资源经过专业人员的人工选择和组织，可以保证信息质量，减少了检索中的"噪声"，从而提高了检索的准确性。但是由于是人工收集整理信息，因此需花费大量的人力和时间，难以跟上网络信息的迅速发展，所涉及信息的范围比较有限，其数据库的规模也相对较小。

从使用角度来讲，网络资源目录的最大特点就是网络用户在查询信息时事先可以没有特定的信息检索目标，当网络用户仅仅希望对某一专业或专题进行全面的了解时，就可以使用按专题检索信息的方法——网络资源目录。

（二）搜索引擎

搜索引擎是一种基于关键词的检索，也就是用户可以用逻辑组合方式输入各种关键词，搜索引擎根据这些关键词寻找用户所需资源的地址，然后根据一定的顺序，将包含此关键词信息的所有网址和指向这些网址的链接反馈给用户。它适合于检索目的明确、检索词非常确定的用户，要求检索者具备一定的检索知识及了解关键词的逻辑组配语法。

搜索引擎的主要优点是由于搜索引擎通常由自动索引软件生成索引数据库，收录、加工信息的范围广、速度快，能及时地向用户提供 Internet 中的新增信息，检索也比较方便。但是，人工干预过少导致其准确性变差，检索结果中可能会有很多冗余信息。

随着网络信息检索技术的发展，目录型检索工具和搜索引擎之间的界线越来越模糊。近年来，大多数流行的网络检索工具同时提供了上述两种方式的检索（例如前面提及的"雅虎"和"搜狐"），因而，现在人们往往将上述工具不加区分地都称其为"搜索引擎"。

典型的搜索引擎有中文的 Google（http：//www. google. cn），百度（http：//www. baidu. com），北大天网（http：//e. pku. edu. cn/）；英文的 altavista（http：//www. AltaVista. digital. com/）。

这些搜索引擎各具特色，下面重点介绍 Google 和百度的一些特色功能。

1. Google（http：//www. google. cn）

（1）检索特定格式的网络信息资源。Google 除了能检索一般的 HT-ML 网页文件之外，还能对指定文件格式的网络信息资源进行检索，如 ppt、doc、txt、pdf 等文件格式。

例如，要获取有关"搜索引擎"的 PowerPoint 幻灯片文档，则在 Google 的检索词处键入"搜索引擎 filetype：ppt"搜索，即可检索到所需要的文档。在检索结果的页面中，用户点击相应的超链接即可下载幻灯片文档，也可点击"HTML 版"以 HTML 格式预览该文档的内容。

（2）在指定网域检索。在默认情况下，Google 检索整个因特网上所有的网络信息资源，要在较小的范围内检索以提高查准率，则可指定检索网域。如要检索中国教育和科研计算机网中有关"招生信息"的信息，可在 Google 的检索词处键入"招生信息 site：edu. cn"搜索，即可检索到所需要的信息。如果要进一步缩小检索范围，可指定某特定网站进行检索，如以"招生信息 site：www. njnu. edu. cn"检索，则可检索到南京师范大学校园网站中所有的有关招生信息的文档。

（3）检索链接到某 URL 的所有文档。有时，为了调查了解某 URL 被哪些网页所链接，则可用 Google 的这一特色功能。如要检索南京师范大学网站被哪些网页文档所链入，在 Google 的检索词处键入"link：www. njnu. edu. cn"搜索，即可检索到所有链接了南京师范大学校园网站的文档。

（4）"手气不错"检索并快速转到所需网页。"手气不错"是 Google 推出的便于用户快速检索网页的特色功能。用户键入检索词后，再用"手气不错"搜索即可直接转到检索结果的第一个网页。例如：在搜索框输入"招生信息"，点击"手气不错"按钮，就会打开中国教育网网页。

（5）其他特色功能还有图片搜索、地图搜索、学术搜索等。点击搜索框后面的"更多"就可以看到 Google 提供的一些常用的服务和工具。

更多的内容见 Google 帮助的主页。

2. 百度（http：//www. baidu. com）

（1）百度快照。百度快照巧妙解决了搜索用户经常遇到的死链接问题。百度搜索引擎已先预览各网站，拍下网页的快照，贮存了大量的应急网页。当你查找的网页已经不存在的时候，网页快照能帮你救急；如果你查找到的网站链接速度很慢，可以直接访问保存在百度搜索引擎中的快照网页，如果查找到的网页内容复杂，百度的网页快照会在搜索结果中用不同的颜色把检索词标出来，并且在页面的最上方设计了检索词的链接。

（2）相关检索词的智能提示。在用户完成一次检索后，百度搜索引擎会提示其他用户搜索过的相关检索词以供参考，帮助用户查找更相关的结果，点击其中一个相关检索词，就能得到那个检索词的搜索结果。

（3）渐进检索。检索者可在百度检索结果中继续检索，逐步缩小查找范围，直至达到最小、最准确的检索结果集。渐近检索有利于用户在海量信息中检索自己真正需要的内容，提高查准率。

（4）百度贴吧。贴吧是让检索者把头脑中的知识、想法和经验与大家分享，别的检索者不但能搜寻网上普通的信息资源，还能搜寻共享出来的信息。百度贴吧是与百度的社区集成在一起的，其所有信息均由检索者构成的群体提供，点击贴吧里的标题超链接就可打开相应的讨论网页。

（5）MP3、歌词、Flash 文件的检索。百度搜索引擎能搜索网络上大量的 MP3 及歌词信息，在检索此类信息时，输入歌手名或歌曲名即可准确搜索到所需信息。百度搜索出来的 MP3 文件是按该文件下载速度、可下载度等参数进行排序。对于二进制的 Flash 文件也能按照主题对其进行检索。

（6）其他特色功能。百度搜索引擎还有内容类聚、按地区搜索、限定检索网域、检索指定格式文档、竞价排名、限定网页时间及大小等特色功能。

3. 其他中文搜索引擎

（1）雅虎（http：//www. yahoo. com. cn）。雅虎搜索引擎注重人在选择和组织网络信息的作用，所收录的网页质量较高，条理性较强，检索结果接近用户的信息需求。雅虎搜索引擎是最好的目录搜索引擎之一。

（2）搜狐（http：//www. sohu. com）。搜狐搜索引擎系统反应速度快，查询准确性高，便于简单查询。

（3）天网（http：//e. pku. edu. cn）。天网搜索引擎支持 FTP 检索

和复杂检索，查准率高，反馈信息丰富，搜索我国教育科研网内专业信息资源非常高效。

（三）元搜索引擎

元搜索引擎也称集成式搜索引擎，它将多个搜索引擎集成在一起，向用户提供一个统一的检索界面，将用户的检索提问同时发送给多个搜索引擎，同时检索多个数据库，再经过聚合去除重复部分。典型的多元搜索引擎有 Dogpile（http：//www. dogpile. com/），这是最早、最受欢迎的多元搜索引擎之一，它包含有 GoTo. com、InforSeek、AltaVista、Lycos 等 25 种著名的搜索引擎。此外，InferenceFind（http：//www. infind. com）、MetaCrawler（http：// www. metacrawler. com）等也是常用的多元搜索引擎。

最新最全面的检索功能和一些专门化的信息只能在特定的搜索引擎中获得。假如您的需求比较一般化，用元搜索引擎会有很好效果。但假如您需要更精细的搜索结果，元搜索并不一定合适。

四、资源的获取

（一）下载工具

迅雷是目前比较好用的一款下载工具软件，下面重点介绍一下迅雷的使用。

登陆到迅雷主页：http：//www. xunlei. com/即可下载迅雷软件。下载完毕后，双击可执行文件（扩展名为 exe 的文件），按照提示把它安装到电脑上。

当我们在网上发现需要的资源时，可以直接点击目标文件进行下载，也可以右击所需的资源选择【用迅雷下载】，即可打开"建立新的下载任务"对话框，在存储目录中选择保存的位置，单击确定，即可进行下载。

在进度一列显示的是下载的百分比，同时在屏幕右上角的迅雷小标志中也显示文件下载的进度，当进度是100%时，下载完成。在速度一栏中显示的是下载的速度，迅雷最多可以同时下载五个文件，也就是说每一时刻最多有五个文件同时下载，当待下载文件多于五个时，多的文件处于等待状态，当有一个文件下载完毕后，处于等待状态的文件中最靠前的一个会自动下载。

迅雷除了可以做下载工具，迅雷中的搜索框也可以完成搜索功能，用该框搜索到的资源均可以使用迅雷进行下载，且资源的有效性很高。下面以搜索与下载电影《地道战》为例具体介绍迅雷的搜索与下载功能。

（1）在迅雷【搜索框】中输入"地道战"，点击搜索。

（2）浏览器自动打开迅雷搜索页面，搜索到的网页一般是按照文件受欢迎的程度排列的，排到前面的受欢迎程度就比较高，被下载的次数也比较多，我们可以根据文件类型和相关的介绍选择要下载哪个文件。比如说电脑上装有 Realplayer 软件，就可以下载 RM 格式或 RMVB 格式的文件；相关介绍比如看昨日下载，下载的多的资源往往更有效，还可以根据视频大小判断是否是一个完整的文件。

（3）点击选中的文件超链接，出现迅雷下载页面，在资源描述栏中一般有对资源的详细描述。在网页的下面还有资源使用者对该资源的评价。

（4）点击左上角的【下载页面】，即出现该资源的点击下载页面。

（5）点击左上角的【点击下载】即可用迅雷下载该资源。

关于迅雷使用的更多技巧请查阅迅雷帮助页面。

（二）压缩与解压缩

一般从网络上下载下来的音频、视频、动画、课件等是压缩文件，对于压缩文件要使用压缩解压缩软件解压缩后才能使用，对自己电脑里的资源进行备份时，无论是备份到其他的硬盘上，还是备份到移动存储器上，直接拷贝往往要占用较大的空间，此时就要用压缩解压缩软件先对需要备份的内容进行压缩，然后再进行备份。

常用的压缩文件的格式：zip 格式，rar 格式，另外还有 ARJ、CAB、LZH、ACE、TAR、GZ、UUE、BZ2、JAR、ISO 格式。

压缩与解压缩工具软件：WinZIP，WinRAR。

WinZIP 的默认格式是 zip，WinRAR 的默认格式是 rar，相比之下 RAR 的压缩比要比 ZIP 高，且 WinRAR 所支持的压缩文件格式也比 WinZIP 多。WinRAR 支持常见的各种压缩格式，是目前流行的压缩工具，界面友好，使用方便，在压缩率和速度方面都有很好的表现。

（三）FTP 资源下载

FTP 提供对文件的保存、管理、传输的服务。我们可以利用 IE 浏览器访问网络上的 FTP 服务器，下载所需要的文件资源。基本使用步骤如下。

（1）在 IE 浏览器的地址栏中输入 FTP 服务器地址，例如，北京大学的 FTP 服务地址是 ftp：//ftp. pku. edu. cn。

（2）IE 浏览器就会将服务器的文件目录在窗口中列出来。

（3）选中你要下载的文件或文件夹，单击鼠标右键，弹出下拉菜单。

（4）在下拉菜单中，单击【复制到文件夹】命令，会弹出【浏览文件夹】窗口。

（5）选择存储位置，单击【确定】按钮，所选的文件资源就会下载到本地机器中指定的位置。

第三节　学习资源的主题化管理

一、学习资源的实用观

资源库的建设要义是要满足教与学的需要，也就是说，资源的目标用户是教师和学生。

教师对资源的要求是，提供教学设计的支持，提供教学实施过程的支持，并且使用方便。有效的教学资源应该包括素材、量规集等方面，并且能为学生提供工具、支持等。如图 5 - 5 所示。

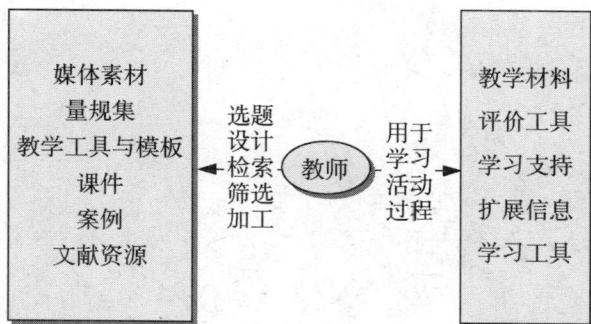

图 5 - 5　资源的教学应用

资源的最终用户是学生，信息化的学习环境，应该以蕴涵在学习环境之中的学习资源，以及与资源绑定的学习方式，为学习提供全面的支持。

作为主题学习的支持性学习环境，主题单元资源需要能够从知识背景、学习情境、探究学习活动过程、合作交流、学习支架、反思总结等方面为主题学习过程提供全方位的支持，这就更需要从实用的角度来设计主题单元资源。

从实用学角度来看，没有活动绑定的资源大多是没有实用价值的。

绑定现多用作计算机术语，是指在计算机及通信系统中，为一个标识分配一个值或者指示物，比如，为一个参数分配一个值，为一个虚拟地址分配一个绝对地址，或者为一个设备分配一个标签。将学习资源与特定的学习活动进行绑定以后，这些资源才会具有意义和价值，才能在教学活动过程中发挥其作用。

信息化学习环境对学习者的支持作用，也是通过对学习活动的支持得以实现的，信息化学习环境诸要素中，活动作为主体与客体的中介，也成为资源所绑定的中介。如图 5-6 所示，以学习者为中心的学习环境，其实质是围绕学习者的学习活动，也就是以学习活动作为中介，以学习环境为学习者提供学习支持。

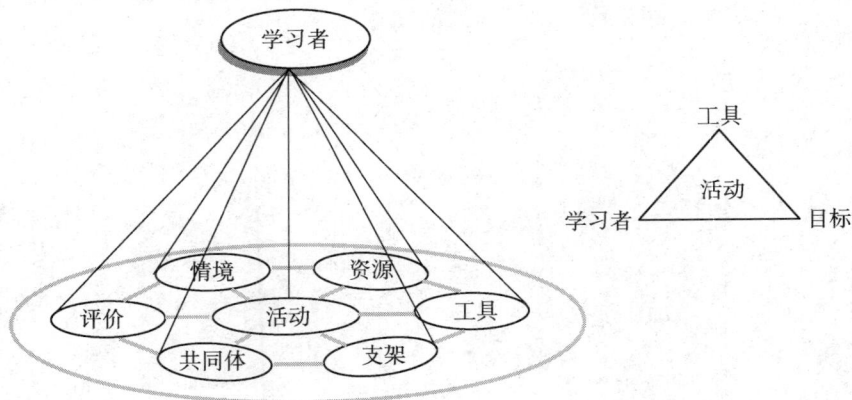

图 5-6　以学习活动作为学习环境设计核心

二、学习资源的主题化管理

对应于主题学习单元，为了从知识背景、学习情境、探究学习活动过程、学习合作交流、学习支架、反思总结与评估等方面为主题学习提供全面的支持，学习资源的组织也开始体现为主题化的趋向，即以围绕主题及其问题的活动来组织学习资源。如图 5-7，是以主题单元资源的形式所组织的资源，这种资源组织形式，一方面为主题单元的学习提供全面的支持，同时也考虑到了与课程标准的对应。另外值得注意的是，这种经过架构的主题单元资源，其结构是开放性的、生成式的，在支持主题学习的过程中，主题资源中的组成要素，特别是像案例、课程单元这些具体教学情境相关的部分，是不断地生长的、充实的。

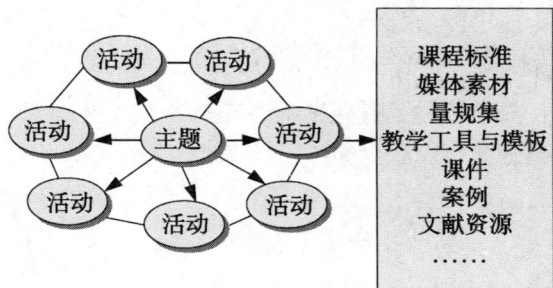

图 5 - 7　主题单元资源

（一）主题资源构成

主题资源作为主题学习过程的环境支持，其基本组成要素是与主题学习单元各个环节相对应的，一个典型的主题单元资源由以下几个部分组成。

1. 主题

作为主题单元的学习支持，主题资源也是围绕同一主题组织起来的，某种程度上，主题单元资源可以成为主题单元教学设计和学习活动的综合组成部分，在表现形式上，甚至可以直接成为主题学习单元的支持网站。

2. 目标

对应于主题单元的教学目标，目标的制定与课程标准存在着某种对应的关系，一般来说，一个主题对应若干个特定目标，主题单元资源的组织，正是通过这些目标，实现与课程标准的对应。

3. 课程标准编码库

为了实现主题单元与课程标准的对应，在主题单元资源中提供课程标准编码库，以便课程教学单元符合课程标准的要求。

4. 资源素材

围绕主题，为学习过程各要素提供支持的相关资源素材，资源素材包括数字化资源和非数字化资源。

数字化资源包括：

- □ 媒体素材，是数字化资源元素，包括图、文、视音频等材料；
- □ 量规集；
- □ 课件；
- □ 案例；
- □ 教学软件，包括教育游戏及课程相关的虚拟游戏。

非数字化资源包括：

- □ 文献资源，如报纸、册子、通告、专业期刊等；
- □ 共同体资源，如专家、学习社区。

5. 教学活动库

教学活动库是指作为资源素材的基本教学活动元素，这些基本教学活动的不同组织，构成主题单元中的各种学习活动。

6. 工具和模板

工具包括通用工具、认知和建构工具、合作交流工具、问题解决工具等。在学习和探究活动过程中，任务的要求经常会超出学习者的已有能力水平，这样，就需要对他们的活动过程，以及活动过程中所进行的意义建构提供支撑。为此，必须识别出问题解决或完成任务过程中所涉及的活动，设置相应的认知或知识建构工具以支撑学习者完成任务。模板包括通用模板、课程设计模板、索引目录等。

7. 教案范例

利用主题单元资源组织主题学习活动的教案，包括专家智能库、问答库，为其他教师利用主题资源开展主题学习提供示范。

8. 学生作品范例

主题学习活动过程中的学习任务，经常会超出学习者的已有能力水平，为了给学生提供学习支架，以作品范例的形式给学生的学习活动提供支持。

9. 网站链接及相关的其他资源

提供与主题学习活动相关的各种网站链接与资源。

10. 评价

适合于主题单元学习活动的学习记录和评价，对于包含了多样化的学习和探究方式的主题学习单元，所采用的评价方式也是多样化的，包括一定程度的标准测试，更是结合了过程性的日志、笔记、讨论、学习作品等评价。

（二）主题单元资源视图

包含了上述主题单元资源要素，并且围绕主题及其问题的活动所组织起来的主题单元资源视图可表示为图 5 - 8。在主题单元资源库中，由活动库、资源素材、工具库、案例库、学生作品库、反思评价工具及课程标准编码库所组成的资源要素，与围绕主题及专题的学习活动是绑定着的，成为主题单元的学习支持环境，为主题单元的学习活动提供资源、工具与方法的支持。

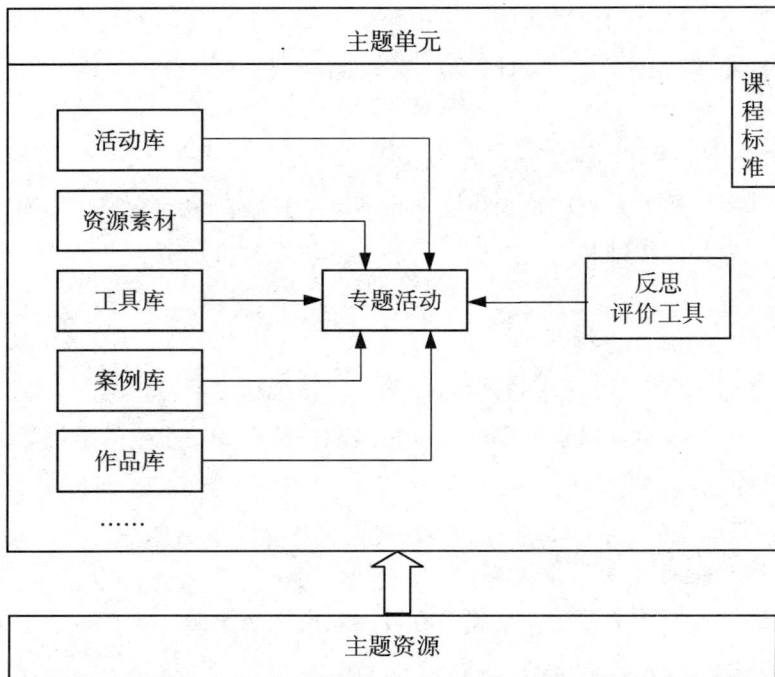

图 5-8　主题单元资源视图

　　主题学习单元是围绕主题及其问题的一系列学习活动的集合,将资源库诸要素实现与主题活动的绑定,以及与课程标准的对应,使得这些资源不再是离散的,而是围绕主题单元的学习活动序列,能够为主题单元的学习提供从知识背景、学习情境、探究学习活动过程、合作交流、学习支架、反思总结等各方面的全程支持。同时,作为半开放性的主题单元资源,其中的资源要素,包括活动库、资源素材、工具库、案例库、作品库等,则又是生成性的、可扩展的。

三、主题资源实现技术

　　将主题单元资源库的组成要素,包括资源素材、活动库、工具库、案例库、学生作品库、反思评价工具及课程标准编码库等，与围绕主题及其专题的学习活动进行绑定，设计成为主题单元资源库，为主题单元提供学习环境支持，需要利用一定的技术来实现。学习内容管理系统是一个以学习对象的形式创建、存储、组合和传递各种个性化学习内容的系统，能够实现学习资源要素与学习活动的主题化绑定。如图5-9。

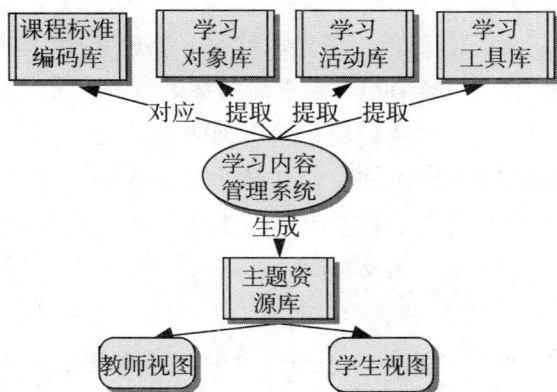

图5-9　以学习内容管理系统实现主题单元资源

主题单元资源库的组成要素，是比数据（Data）、文档（Document）和信息（Information）更广的概念，除了一般的文字、文档、多媒体、流媒体等组成的资源素材以外，还包括由 Web 网页、程序、软件等组成的活动库、工具库、案例库等一切数字资源。学习内容管理系统就是对这些多模态、非结构化的资源内容进行处理的过程，包括对内容的采集、整理、存储、传递等。

作为主题单元资源库的实现技术，学习内容管理系统所要处理的学习对象包括课程标准编码、学习资源素材、学习活动、学习工具等，这是比学习对象库粒度更大的一种学习"内容"，并且这些对象之间是围绕主题及其专题组织起来的，是分别与各个专题的活动绑定的。

第四节　学习资源的使用与评价

一、信息资源的"合理使用（Fair Use）原则"

通常，为了学习、引用、评论、注释、新闻报道、教学、科学研究、执行公务、陈列、保存版本、免费表演等目的，可以不向版权人支付报酬而使用其作品，这种使用是"合理使用"。这是为了在保护版权人利益，加强对版权限制的同时，又不至于减慢信息传播速度和增加社会成本。虽然各个国家对版权有不同的要求，但是对"合理使用原则"的解释基本上是一样的。在教育界，对"合理使用"信息资料比较一致的看法主要集中在以下四个方面。

（1）教育界使用受版权保护的作品的合法权益应该得到保护，即教育工作人员有权利通过可靠途径获得各种用于教学、学习、学术研究、个人学习的信息资料。

（2）在创作和学习过程中，教育工作者可以自由地使用信息资料。

（3）教育界在网络世界利用"合理使用原则"不应该受到诸如以"授权"或者"执行"为名义的各种理由的干扰。

（4）在使用网络信息资料时，教育界也有尊重版权和版权人的义务，即教育界应该教育它的下属机构和工作人员了解知识产权和使用受版权保护作品的法律依据。

二、教育信息资源的引用格式

在使用教学资源时，一般需要标明信息资源的来源。目前，国内常用的书刊参考文献引用格式如下。

1. 参考文献类型

【论著报告类型】普通图书［M］，会议录［C］，报纸文章［N］，期刊文章［J］，学位论文［D］，报告［R］，标准［S］，专利［P］，论文集中的析出文献［A］。

【电子文献类型】数据库［DB］，计算机［CP］，电子公告［EB］。

【电子文献的载体类型】互联网［OL］，光盘［CD］，磁带［MT］，磁盘［DK］。

2. 各类文献引用格式

A. 专著、论文集、学位论文、报告

【格式规范】

［序号］主要责任者. 题名：其他题名信息［文献类型标志］. 其他责任者. 版本项. 出版地：出版者，出版年：引文页码. 获取和访问路径.

B. 期刊文章

【格式规范】

［序号］文献主要责任者. 文献题名［文献类型标志］. 连续出版物题名：其他题名信息，年，卷（期）：页码. 获取和访问路径.

C. 论文集中的析出文献

【格式规范】

［序号］析出文献主要责任者. 析出文献题名［文献类型标志］. 析出文献其他责任者//专著主要责任者. 专著题名：其他题名信息、版本项. 出版地：出版者，出版年：析出文献的页码. 获取和访问路径.

D. 报纸文章

【格式规范】

［序号］主要责任者. 题名：其他题名信息［N］. 报纸名，出版日期（版次）.

E. 电子文献

【文献类型/载体类型标识】

［J/OL］网上期刊、［EB/OL］网上电子公告、［M/CD］光盘图书、［DB/OL］网上数据库、［DB/MT］磁带数据库。

【格式规范】

［序号］主要责任者. 题名：其他题名信息［文献类型标志/文献载体标志］. 出版地：出版者，出版年（更新或修改日期）［引用日期］. 获取和访问路径.

三、网上教育信息资源评价

网络一方面拓展了信息空间，使得全球性的资源共享成为可能，另一方面由于网络信息呈爆炸式激增，造成信息传递的无序性和失控现象，致使信息污染。网络信息污染的主要形式如下。

- 信息超载。即信息过剩，信息超过了个人或系统所能处理或应用的水平。
- 信息"垃圾"。一般而言，信息"垃圾"主要包括冗余信息、老化信息、虚假信息、污秽信息。
- 信息病毒。

参照国际上在网上信息方面的评价研究成果，我们推荐 CARS 列表评价模式。CARS 即指可信度（Credibility）、准确度（Accuracy）、合理性（Reasonable）及引证度（Support，原意为相关支持），这是评价网上信息的四个最基本的指标。

1. 可信度

根据所获取的信息做重要决定的，因此信息的真实性、可靠性非常重要。可信度主要从以下几个方面考虑。

- 作者（信息提供者）的可信度与质量保证：网上信息可以有几个要素来反映它是否有一定的质量保证，如具有一定规模和影响的组织站点发布的信息；网上的电子刊物经过编辑的审核；已在书籍、期刊等媒体上公开发表在网络上再呈现的信息，这类信息都具有一定的质量保证。

- 元信息：元信息主要的形式有两种：总结性的和评价性的。总结性的元信息通常是对信息内容的概括，如摘要、内容总结等。评价性的元信息主要是有关对信息内容的分析判断，如评论、被索引的次数、推荐意见等，当然总结性元信息与评价性元信息也可以相互结合，对信息提供最精练准确的概括。

2. 准确度

对准确度的验核主要是确保所获取的网上信息的内容是正确的。准确度主要从以下几个方面进行考虑。

- 时效性：在网上查找到信息后应注意它的发表日期，以确定该信息是否有使用价值。

- 全面性：若一条信息反映的是一种主张或是一个结论，那么这种主张或结论只有是建立在全面、准确的信息的基础上才是真实可信的。尽可能多的搜集相关信息，增加全面性，提高准确率。

- 针对性：例如，就"植物是如何生长的？"这一主题而言，为儿童所做的旨在传授给予常识性的网页就不适合大学生在撰写相同题目的论文所用。在评价网络信息时尤为重要的一点是要明确该网页开发的目的。

3. 合理性

网上信息若具有合理性，就应做到信息内容是公平、客观、适度、一致。

● **公正性**：所谓公正性就是网页信息提供的信息是均衡的、合理的，包含正面和反面两种信息。

● **客观性**：虽然没有什么东西是绝对客观的，但是一个有价值的网站应尽量做到客观，通常影响信息客观性的主要因素是利益驱动，例如，网站信息中的广告信息。

● **适度性**：所谓信息的适度性就是指就一般情况而言，一个真实可靠的信息内容通常是符合常规的，合理性相对较高，我们一般根据自己的经验知识进行判断，当然不排除有些违背常规常识的信息的真实性。

● **一致性**：网页上的信息应该是前后一致不相互矛盾的。这也是评价所接触到的网上信息质量优劣的基本条件之一。

4. 引证度

因为网页中的一些信息，尤其像统计数据这类内容，又是从其他信源中择取的。这些被索引的信息内容的出处可以从另一方面反映网页信息的内容质量。

引证度可以从以下几个方面考虑。

● **出处**：一般被索引内容的出处、作者等都可间接反映网页所提供信息的质量。如就统计数据而言，应用官方数据说服性较强。

● **确证**：在引用一种观点或论断时，应考虑是否有足够的证据表明这种观点或论断的正确合理。

● **外部一致性**：是指网页提供的信息通常是由新旧信息共同组成的，在这些信息中有些是用户已知的，有些则不是，用户可以通过对网页上已知的信息的质量来推断网页上的新知识的质量水平。

综上所述，在对网上信息进行评价，要着重考虑其可信度、准确度、合理性、引证度等多种因素，进行综合测评以确保该网上信息的质量，使这些信息能在教育中发挥重要作用。

【实践活动】

1. 资源获取

根据第四章所设计的主题单元框架，通过搜索引擎，获取与该主题相关的至少三种资源。并在"资源共享区"发布。

2. 资源的主题化管理

在资源管理器里建立主题资源目录，对获取的资源进行主题化管理。在主题化管理中有好的想法、心得、问题都可以到专题讨论区中进行讨论、交流。

3. 资源分享

将自己建立的相关资源发布到课程学习支持平台的"资源共享区"中，并阅读别人提供的资源，以便对各同学提供的资源进行适当的点评与补充。

4. 信息资源补给

请你利用网络搜集与本章学习主题相关的内容，并将其共享到学习平台中。

6

学习资源的设计与开发

【学习导航】

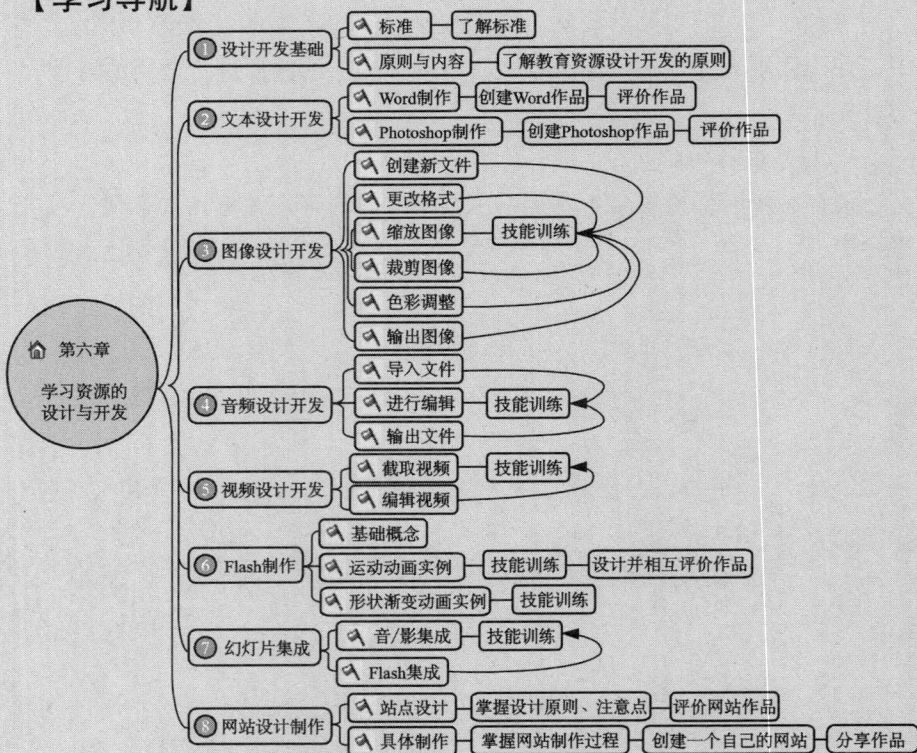

- ① 设计开发基础
  - 标准 —— 了解标准
  - 原则与内容 —— 了解教育资源设计开发的原则

- ② 文本设计开发
  - Word制作 —— 创建Word作品 —— 评价作品
  - Photoshop制作 —— 创建Photoshop作品 —— 评价作品

- ③ 图像设计开发
  - 创建新文件
  - 更改格式
  - 缩放图像 —— 技能训练
  - 裁剪图像
  - 色彩调整
  - 输出图像

第六章
学习资源的
设计与开发

- ④ 音频设计开发
  - 导入文件
  - 进行编辑 —— 技能训练
  - 输出文件

- ⑤ 视频设计开发
  - 截取视频 —— 技能训练
  - 编辑视频

- ⑥ Flash制作
  - 基础概念
  - 运动动画实例 —— 技能训练 —— 设计并相互评价作品
  - 形状渐变动画实例 —— 技能训练

- ⑦ 幻灯片集成
  - 音/影集成 —— 技能训练
  - Flash集成

- ⑧ 网站设计制作
  - 站点设计 —— 掌握设计原则、注意点 —— 评价网站作品
  - 具体制作 —— 掌握网站制作过程 —— 创建一个自己的网站 —— 分享作品

第一节 资源的设计开发基础

一、资源设计开发的标准

制定标准的主要目的是为资源开发者提供一致的依据，以统一开发者的行为，达到资源的基本属性结构一致，便于资源在区域内的广泛共享，并为学习者或教育者等对教育资源的查找、评估、获取和使用获得最大效率的支持，同时也为不同资源库系统实现数据的共享和互操作提供支持。目前网络教育领域的资源相对比较完整，体系相对比较成熟，因其具有时空自由、资源共享、系统开放、便于协作等优点。

美国航空工业计算机辅助训练委员会（AICC）最早提出了计算机管理教学标准，美国国防部提出了可共享课程对象参照模型（SCORM）。SCORM 标准是目前国际上应用比较广泛的标准之一，如著名的赛尔毕博（Blackboard）学习管理系统、Moodle 学习管理系统，其创建的课程都遵循了 SCORM 标准，只要遵循该标准的课程资源也都可以方便地导入其系统使用。鉴于对标准化的需求，我国教育部科技司于2000 年 6 月启动了现代远程教育标准研究项目，同时成立了现代远程教育标准化委员会。在随后几年时间内，该标准化委员会制定了指导类、教学资源类、学习者类、学习环境类和教育管理类五类标准，共计28 个项目，陆续由教育部颁布实施。其中，"平台与媒体标准组谱"被国际标准组织采纳，这表明我国远程教育技术标准研制水平已跻身于国际先进行列。

二、教育资源设计开发的原则与内容

在学校信息化课堂教学中，信息化教学资源的主要类型是多媒体的教学课件。多媒体课件是信息化教学资源的表现形式之一，也是教师开展多媒体教学的重要手段。但是教学资源不仅仅限于这些，整体来说，教学资源的设计与开发主要有以下几种类型。

- 素材类教学资源的设计开发，如文字类素材、图形类素材、视频类素材，等等；
- 网络课程的开发；
- 网络课件的开发；
- 教学资源管理系统的设计开发；
- 远程教学系统支持平台的设计开发。

其中素材类教学资源的开发是学校教师经常要做的事情，对于教学资源管理系统与远程教学系统支持平台等的设计开发，一般由专业人员设计开发，在本书中，将以学科教师的实际应用为主，介绍素材类资源的设计开发。

教学资源的设计与开发应当遵循课程与教材开发的基本原理，必须根据教学内容和学习方式的不同，确定与之相适应的理论依据，以便更好地支撑教学过程。因此，在教学资源的设计与开发过程中，应遵循以下几点。

- 教学资源的开发要有明确的教育性；
- 教学资源设计与开发要考虑资源的多样性；
- 教学资源的设计与开发要依照教学资源建设标准；
- 教育学、心理学理论以及教学设计的理论与技术是教学资源设计与开发的基础。

第二节　文本资源的设计与开发

文本是我们表达和交流的重要方式，也是教学中基本的媒体资源，在多媒体教学中，它能准确、有效地表达和传递教学信息，具有其他媒体不可替代的作用。文字的输入和编辑是获取文本资源的主要方式。目前比较常用的文字处理软件有 Microsoft Word。Microsoft Word 提供了非常强大的文字处理功能。它拥有友好的可视化用户图形界面，能够简单快捷地编辑处理文本、表格、图形、图表和公式等，同时还具有强大的文字、图表编辑和排版等功能。

多媒体教学中，文字的呈现要做到字体、字号、颜色和风格的协调，除了这些基本的文字应用外，还可以采用艺术字、变形字或通过其他修饰手法产生动态效果。艺术字的使用能使教学课件呈现更加美观，更能引起学生和使用者的兴趣，但也要注意避免过度使用，形成画蛇添足的效果。这里我们以 Microsoft Word、Photoshop 分别介绍艺术字的制作方法。

一、使用 Microsoft Word 制作艺术字

（一）输入艺术字

选择【插入】→【图片】→【艺术字】菜单命令，打开如图 6 – 1 所示的【艺术字库】对话框。

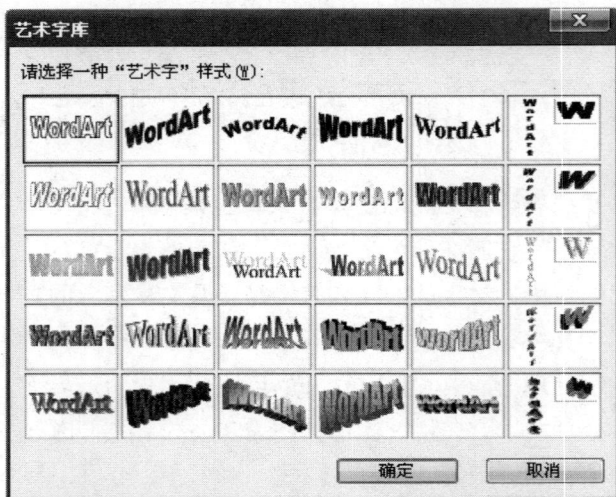

图6-1 "艺术字库"对话框

选择其中一种样式，单击【确定】按钮，弹出【编辑"艺术字"文字】对话框，如图6-2所示。根据需求选择合适的字体、字号，在【文字】框中输入所需文字，单击【确定】按钮，就初步完成了艺术字的制作，如图6-3所示。

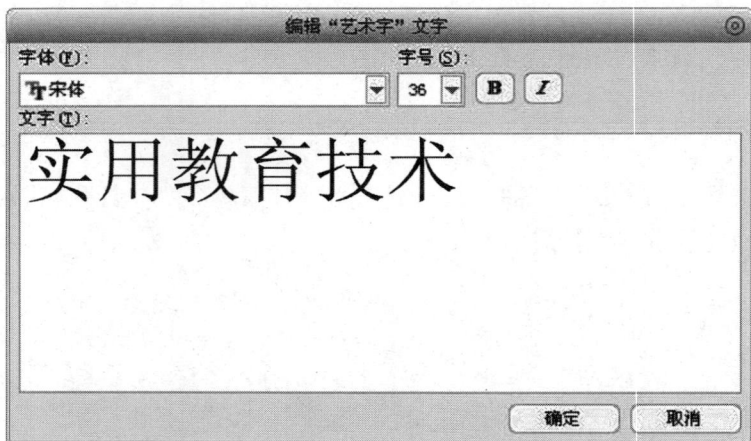

图6-2 编辑"艺术字"

实用教育技术

图6-3　初步制作的艺术字

（二）设置三维效果

选择【视图】→【工具栏】→【绘图】菜单选项，选中输入的艺术字，单击【绘图】工具栏中的【三维效果】按钮■，弹出【三维效果】对话框，选择合适的三维效果。最终效果如图6-4所示。

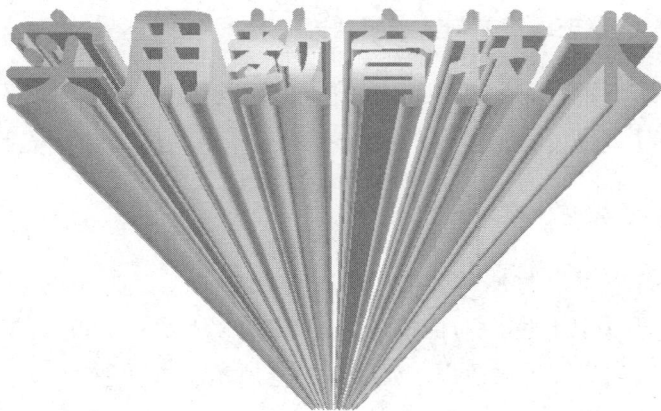

图6-4　设置艺术字的三维效果

（三）设置三维颜色

单击【三维效果】对话框中的【三维设置】按钮，打开【三维设置】工具栏，如图6-5所示。选择【三维设置】工具栏中的【三维颜色】按钮✎，打开【三维颜色】对话框，可以为艺术字设置三维颜色。

图 6 –5　"三维设置"工具栏

（四）设置三维方向、三维深度

单击【三维设置】工具栏中的【方向】按钮 🗜，打开【方向】对话框，可以为艺术字选择合适的方向。

单击【三维设置】工具栏中的【深度】按钮 🗊，打开【深度】对话框，可以更改艺术字的深度。

（五）设置艺术字方向、光照角度

单击【三维设置】工具栏中的 ⬧⬧⬧⬧ 按钮，改变艺术字的方向。

单击【三维设置】工具栏中的 🗖 按钮，改变艺术字的光照角度。

（六）设置艺术字填充效果

关闭【三维设置】对话框，单击【绘图】工具栏中的【填充色】按钮，打开【填充色】对话框，如图 6 – 6A 所示。单击【填充效果】按钮，打开填充效果对话框，如图 6 – 6B 所示。

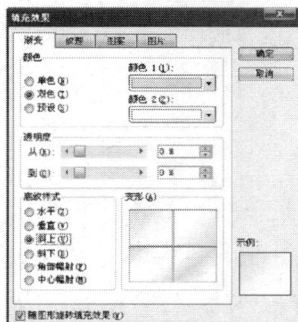

A

B

图 6 – 6　设置艺术字填充效果

二、使用 Photoshop 制作文字效果

Photoshop 可为文字赋予精美的艺术效果，甚至在图像中起着画龙点睛的作用。在图像中添加的文字，Photoshop 能够保留基于矢量的文字轮廓，在对文字进行缩放、调整文字大小、存储 PDF 或 EPS 时，生成的文字都能带有明晰的与分辨率无关的边缘效果。

（一）创建文字

在选取工具箱中的文字工具"T"后，就可以在图像中的任何位置输入文字。Photoshop 7.0 提供了两组文字工具和文字蒙板工具。使用文字工具可以输入实体文字，而使用文字蒙板工具则可以创建文字选区。选择【工具箱】中的【文字工具】在图像中单击即可进入文字编辑模式，输入所需文字。

（二）对文字进行修改

在缺省情况下，输入文字的颜色取自当前的前景色，在输入文字之前或之后可以使用字符调板设置字符属性，包括字体、大小、颜色、行距、字距微调、字句调整、基线偏移及对齐，如图 6-7 所示。

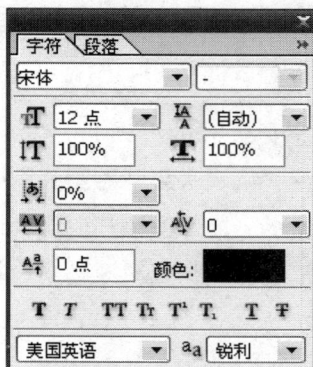

图 6-7　字符调板

（三）文字弯曲变形

文字弯曲变形是文字图层的属性之一，在文本可编辑状态下将需要变形的文字选中，再单击属性栏上的"⌀"按钮，弹出如图 6 - 8A 所示的对话框，进行设置可以得到如图 6 - 8B 的效果，要取消文字弯曲变形效果，在对话框中的样式下拉子菜单中选择"无"即可。

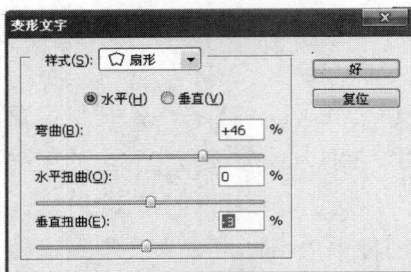

A. 文字变形对话框   B. 变形后的扇形文字效果

图 6 - 8   文字变形

将制作结果在 Photoshop 中另存为图片格式，就可以应用于其他多媒体程序。

第三节   图形、图像资源的设计与开发

在多媒体课件等数字化资源的设计和开发中，图片素材用得比较多，而我们通过各种途径收集或采集到的图片的大小、色彩等参数不一定适合我们资源开发的需求。为了使图片能有合适的尺寸与色彩，我们往往对图片进行羽化、裁剪、调整色彩、翻转、添加文字等操作。图像编辑常用的软件如表 6 - 1 所示：

表6-1 常见图像软件

类别	常用软件	功能特点	适用性
简易性图像软件	画图	Windows 自带，对运行环境要求低，具备基本的绘图功能	适宜初学者使用
	超级画笔	代替 Windows 画笔的最好的工具，环境要求低，简单方便	适宜一般用户，可以做出色彩丰富的图像，很适合于图文排版等制作。能提供丰富的样式模版和徽标库
	Photo Editor（照片编辑器）	Office 软件中所带的一个位图处理软件	使用方法简单，适合一般的用户
普及型图像软件	我形我素	丰富的应用工具、简单的操作工具	适宜普通家庭和办公中基本图像处理
	PotoImpact	简单的"即拖即有"的现成效果和创意工具	适合于普通的用户，操作简单，在特效和相片处理方面功能强大
	CorelDraw	最流行的矢量图像绘制软件，具有广泛的图像处理功能	适宜制作矢量图像的用户
专业型图像软件	Photoshop	专业的图像处理工具，功能强大，操作复杂，效果卓著	适宜专业图像处理人员可以制作各种类型的丰富的创意作品

续表

类别	常用软件	功能特点	适用性
专业型图像软件	AutoCAD	强大的结构构造能力，丰富的建模工具	适宜建筑、机械、电子等领域的设计人员使用，可以制作出符合要求的建筑、机电工程等二维制图及三维建模展示
	Fireworks	将矢量绘图和位图处理合二为一，是专业图像图形设计软件	适合专业人员使用，可以制作出好的有创意的作品，也可以制作一些简单的适合在网络中传输的动画和图标等

　　Photoshop 是图像处理中出色的软件，其工作界面如图 6－9 所示。应用 Photoshop 可以方便的更改图像格式、实现对图像的缩放、裁剪、色彩调整、添加文字等操作。

图 6－9　Photoshop 工作界面

一、创建新的图像文件

在 Photoshop 中创建一个新的图像文件，可以执行【文件】→【新建】命令，在弹出的对话框中设置新建文件的参数。名称用于用户输入新建文件的文件名；图像大小显示新建文件的文档大小；预设大小用于在下拉列表框中选择新文件尺寸，其中有系统自带的 25 种文件尺寸。若要自己设置文件大小，可以选择自定义，在"宽度"和"高度"数值框中输入所需要的文件尺寸；在数值栏后面的下拉列表框中选择数值的单位，如像素、厘米、英寸等；分辨率是一个非常重要的参数，在新文件宽度和高度不变的情况下，分辨率越高，图像越清晰。可以从模式下拉列表中选择 RGB 颜色模式，设置文件的背景颜色等参数，点击"好"按钮，即可创建新的图像文件。在文档区域即可进行图像的编辑与处理。

二、更改图像格式

各种资源合成软件对图片的格式支持不一，为了方便应用，通常需要将素材图片进行格式的转换。

在 Photoshop 中打开需要进行格式转换的图片，点击【文件】→【另存为】，出现如下对话框（如图 6 - 10），选择需要的格式，点击保存按钮即可完成图像格式的转换。

图 6 - 10　Photoshop 支持的图像格式

三、对图像进行缩放

首先，点击【文件】→【打开】，在文件夹中选择要编辑的图片。

其次，选择【图像】→【图像大小】，出现图像大小对话框，如图 6 - 11 所示，输入需要的图片大小数值，点击【确定】，图像即变成需要的大小，选择【文件】→【另存为】，将修改过的图片存储备用。

图 6 - 11　修改图像大小

四、图像的裁剪

采集到的素材图片，为了选取其中的某些部分，或者去掉有瑕疵的地方，就需要对图片进行裁剪。在 Photoshop 中，较容易实现。选择【工具箱】→【裁切工具】，选择图像中需要的部分，选择框外的部分变成灰色，表示当前的保留区域是图中彩色显示部分，精细调整选择框的大小，满足需要后点击提交按钮，效果如图 6 – 12 所示。

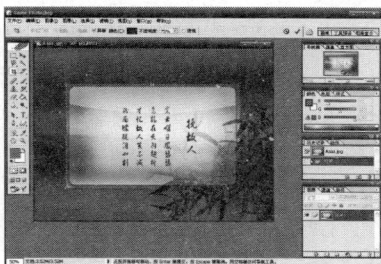 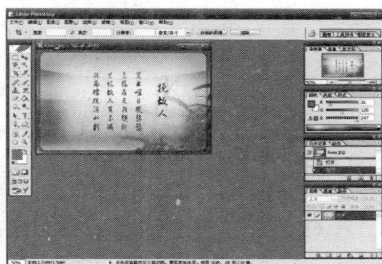

A. 裁剪前　　　　　　　　　　　　　　　　B. 裁剪后

图 6 – 12　图像的裁剪

五、图像色彩调整

如果采集到的图像色彩出现偏色，或者利用相机进行采集时曝光不足或曝光过度，需要对图像进行色彩调整。

打开需要进行调整的图像，选择【图像】→【调整】→【亮度/对比度】命令，打开【亮度/对比度】对话框，如图 6 – 13 所示。在【亮度/对比度】对话框中调整滑杆的位置，或者直接输入需要进行调整的数值，确定调整好了之后，点击【好】按钮完成亮度与对比度的调整。

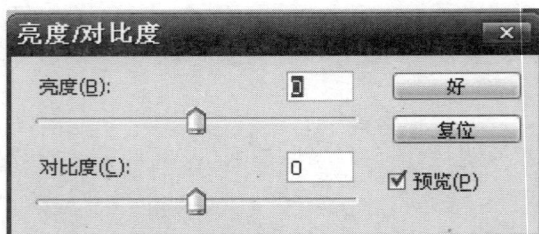

图 6 - 13　亮度/对比度对话框

六、输出图像

执行【文件】→【存储】命令，即可保存图像文件。如果是对原有的磁盘文件进行修改后再次保存，执行该命令，将覆盖原文件而保存本次修改的结果；如果是新创建的文件（未命名）第一次保存，会弹出"存储为"对话框。在文件名栏输入文件名，在格式下拉列表中选择文件保存的类型，最后单击"保存"按钮即可保存文件。

第四节　音频资源的设计与开发

在课件开发与教学中，音频素材的应用同样是比较广泛的，一般需要对原始音频素材进行截取、格式的转化或将多个音频文件进行剪辑合成。音频的编辑与处理软件可分为两大类：一种是处理波形声音的软件；另一种是处理 MIDI 的软件。由于教学中主要以处理波形声音为主，在此就只介绍波形声音的处理。常用的音频处理软件如表 6 - 2。

表 6 - 2　常用音频处理软件

常用软件	功能特点
Windows 录音机	Windows 自带的，功能简单、易用
Cool Edit Pro	一个集录音、混音、编辑于一体的多轨数字音频编辑软件，操作界面简单，功能相对齐全，可对音频文件进行编辑处理，支持多种声音文件格式
Wave Studio	使用简单、方便，用来制作 MIDI 的声音素材
Gold Wave	相当棒的数码录音及编辑软件，简单的共享软件，能创立、保存、转换 AU 文件。如果 CD ROM 是 SCSI 形式，它可以不经由声卡直接抽取 CD ROM 中的音乐来录制编辑。Gold Wave 是一个"环保"的工具
Sound Forge	主要针对 Flash 用户。专业音频创作工具，具有较好的专业声音编辑与效果创立功能，能方便、直观地实现对音频文件和视频文件声音部分进行处理

下面我们通过学习使用 Cool Edit Pro 对音频素材进行格式转换与编辑，掌握常用的音频文件处理方法。Cool Edit Pro 2.0 程序窗口如图 6 - 14 所示。

图 6 - 14　Cool Edit Pro 工作界面

一、导入音频文件

单击 📂 按钮，选择要剪辑的音频文件，这时软件开始读取音频文件数据，如图 6 – 15 所示。读取完毕在 Cool Edit Pro 2. 0 的资源管理器中将看到刚刚选取的文件名称。

图 6 – 15　导入声音文件

二、对文件进行剪辑

（1）选择放大工具，将波形放大以便于编辑，按下鼠标左键拖动选取其中不需要的部分，点击 按钮删除掉。

（2）按下鼠标左键拖动选取音轨上的一段，选择 可以将选中的部分剪切存放到粘贴板中，在需要加入的地方点击 将粘贴板中的内容加入，实现文件的重新排列。

（3）选取音轨上的一段，点击保存按钮可将其单独存储成一个独立的音频文件。

（4）直接选择 按钮，选择需要的格式，可以将整个波形转换存储为其他音频格式。

三、输出文件

对波形处理完毕，选择【文件】→【另存为】，选择需要的文件格式和存储位置，点击【确定】即可完成对该文件的处理。

对于处理过的音频作品，可以参照表6-3对文件进行评价。

表6-3　音频作品评价表

项　目	描　述	可能的分数	获得的评估	
			自己	教师
内容——研究及产品计划	展示了有效的研究成果以及对相关任务的理解			
	信息准确、专业、目的明确、有助于观众对主体的理解			
	所运用的详细材料能帮助解释各种概念			
	用词准确，满足相关内容和特定观众的特点与要求			
	脚本完成，包括音效、解说词以及备注			
	资料引用合适			
形式——技术设计	恰当地应用了听觉媒体的特点			
	音量适当，音乐以及声音效果是产品的重要部分，对产品的质量起到很重要的作用			
	自始至终编辑恰当，准确			
	音频的节奏恰当，录音的长度与所要求的时间一致			
总体效果	所有的部分组合起来将会提供一个清晰的、成功的产品，并能达到整体的目标。能够吸引听众的注意力			
总分				

第五节　视频资源的设计与开发

在教学中，我们可能经常需要使用电影中的某些片段作为教学素材。但是，在获得的整部数字电影中，需要的仅仅是其中的一些片段。这时，你可以利用金山影霸进行剪接，或者利用绘声绘影软件进行精细的编辑。下面我们就分别用这两个常用的视频处理软件处理一段数字电影片段。

一、利用金山影霸截取视频

（1）选择【开始】→【程序】→【金山影霸】菜单，打开【常用工具】菜单，单击【视频转换器】，打开"视频转换器"程序窗口，如图6－16所示。

（2）首先单击 📂 按钮，选择要剪辑的视频文件。这时电影文件就会显示在演示框里。

（3）单击【播放】按钮，影片在演示框里播放，通过拖动播放指针，可以观察电影。

（4）剪辑电影片段，首先要确定片段范围。将播放指针拖到片段开始位置，然后单击 按钮，确定剪切起始点。

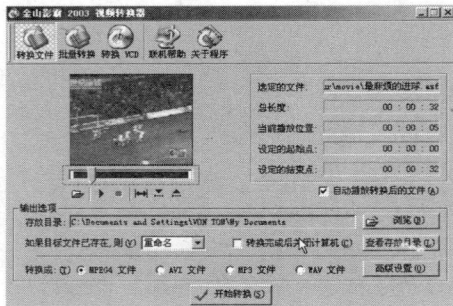

图6－16　金山影霸视频转换器

（5）然后拖动播放指针到片段结束位置，单击 ⏏ 按钮，这样就选择了视频片段范围。

（6）在输出选项中的存放目录栏里，确定输出视频片段的目标位置。

（7）输出的视频剪切可以保存为 MPEG 格式或者是 AVI 格式，选择其中一种格式，然后单击【开始转换】按钮，则选择的视频片段就会转换成为指定的视频文件。

二、使用绘声绘影编辑视频

因为金山影霸功能单一，只是提供了视频素材格式的转换，如果要对素材进行剪辑与合成，或者将数码摄像机拍摄的模拟信号转化到计算机上进行数字化编辑处理，就需要专业的编辑软件，例如，Adobe 公司的 Premiere、Aftereffect、Ulead 公司的 Video Studio（绘声绘影）等。通过这些编辑软件，可以对视频图像进行更高级的编辑，如转换、运动、滤镜、特技等，使画面更符合多媒体课件制作的需要。

绘声绘影是一个大众化的视频处理软件，界面简洁，可以实现视频图像的采集、编辑、转场效果、字幕与覆盖的添加以及视频图像格式的转换，其主界面如图 6－17 所示。

图 6－17　绘声绘影主界面

（一）采集视频素材

将摄像机正确连接到 IEEE - 1394 接口卡，打开摄像机电源并切换到播放（或 VTR/VCR）模式。运行绘声绘影，打开主界面，点击【捕获】，从【来源】列表中选择您的 DV 摄像机，点击在【捕获模式】中选择【区间选择】选项，其中【固定区间】为要捕获的总区间，【标记区间】为开始标记和结束标记的时间码控件，可以为捕获设置开始标记和结束标记点。

接着在【格式】中选择捕获视频的文件格式，这里有 DVD、VCD、AVI 以及 SVCD 等多种格式供您选择，要制作 DVD 影片，可以选择 DVD 选项。

然后，点击【捕获文件夹】按钮，保存捕获视频的文件。保存完成后点击【播放】按钮，在到达要捕获的视频位置时，点击【捕获视频】即可开始捕获。点击【停止捕获】或按 Esc 可以停止捕获，捕获的视频将被添加到捕获的视频列表中。

（二）视频的编辑

对采集到的资源，需要将其多余的部分删除掉或者将多个影片进行合成，选择【编辑】选项卡，切换到时间轴视图，在视频轨上把时间线定位到需要删除的位置，按下【分割视频】按钮，即可将视频分割成两个部分，多次进行操作，可以将一段较长的视频分割成需要的多个部分，然后可以将不需要的删除掉，或者通过改善视频效果的方式在两个场景之间添加转场效果。

（三）改善视频效果

1. 添加视频转场"效果"

【效果】选项卡显示了可以应用到视频素材上的各种选项，借助这些选项就可以在视频的任何位置上添加转场效果。首先在【效果】选项卡中，拖动飞梭栏或使用回放控件在视频的帧之间移动，找到要添加转场效果的位置时停止，然后从列表中选取一个转场效果用鼠标直接拖曳到两段视频中间即可，转场时间可以自由调节。重复上面步骤可以添加更多转场效果。

2. 添加文字

【标题】选项卡可以添加并设置文字的格式。如图 6 – 18 所示。首先拖动飞梭栏或使用回放控件，可以在视频的帧之间移动，在到达要添加文字的位置时停止；然后选择【标题】，在预览窗口中双击可以输入文字，如"视频处理讲解"，然后在区间、字体、大小、色彩和其他属性对文字进行调整，使其更适合影片需要；重复上述步骤添加更多文字。我们可以使用回放控件来预览结果，以免文字互相重叠。

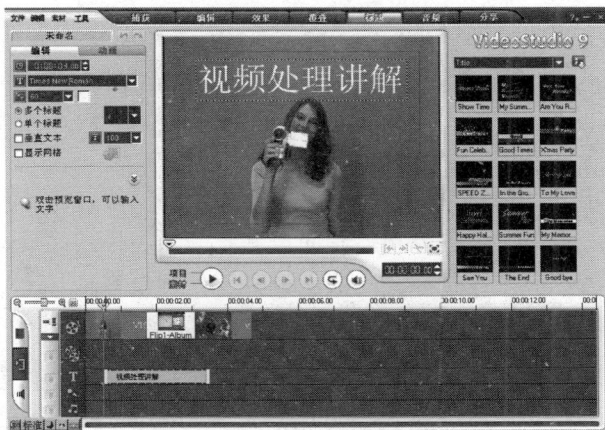

图 6 – 18　添加文字

3. 添加解说词与背景音乐

点击【音频】选项卡，可以为视频剪辑添加解说词和背景音乐。选择面板上的【录制声音】按钮，即开始解说词的录制，录制完毕，按下【停止】，结束录制。另外，对于提前录制好的声音，可以直接导入到"声音轨"中使用。如果剪辑需要添加背景音乐，直接将音乐文件导入到"音乐轨"中即可。

（四）发布分享视频

编辑好的视频剪辑需要进行发布成视频播放器能够直接播放的文件，选择【分享】选项卡，可以将视频文件创建到不同的地方，如计算机视频文件、视频光盘、DV 录音带或者直接在线分享。一般根据教学需求，需要将其创建成独立的视频文件，选择【创建视频文件】→【自定义】，选择文件存储位置与格式，确定后，软件即开始进行视频渲染，待渲染完毕，制作的视频文件就可以作为教学资源直接在播放器中播放或者将其应用到其他教学资源开发中。

第六节　Flash 动画的制作

动画是由计算机软件制作生成的特殊场景和景物，是一种非现实的模拟景物，一般由一系列静止的画面按一定的顺序排列而成，以一定的速度播放时就形成了连续变化的动态效果。计算机动画分二维动画和三维动画，常用的二维动画制作软件有 Macromedia 公司开发的 Flash 和 Autodesk 公司开发的 Animator Pro 等；常用的三维动画制作软件有 Autodesk 公司开发的 3D Studio 等。在实际日常教学中，二维动画能简洁、清晰地反映事物的变化过程，所以在多媒体 CAI 课件中使用得比较多。

Flash 具有强大的图形编辑和动画创作功能，同时它也是一个很好的多媒体开发工具，可用来制作课件中的二维动画素材。

一、Flash 中的基本概念

1. 帧与关键帧

帧是构成动画的基本单位，帧中装载着 Flash 作品的播放内容（图形、音频、素材符号和其他嵌入对象）。在时间线控制窗口中，每一帧都由一个动画轨道上的小矩形方框表示。时间线中的关键帧是 Flash 作品的基础，其中可以放置图形等展示对象，并可以对所包含的内容进行编辑和修改。在时间线中，有内容的关键帧显示为带黑色实心圆点的矩形方格，无内容的关键帧显示为白色矩形方格。

2. 层

层就像一张透明的纸，处于上层的物体会遮住处于下层的物体。层是用来存储影片的。在时间线控制窗口中，每一条动画轨道都对应一个 Flash 层。在每一个层中都包含了一系列的帧，而各层中的帧位置是一一对应的。不同层中的对象彼此独立，可以分别编辑。在播放时，Flash 舞台上在某一时刻展示的图像，是由所有层中在播放指针所在的位置上的帧的内容组合而成的。

3. 场景

一段动画所处的场面和背景，就像电影中一个个场面，一个动画文件中允许一个以上方的场景存在，一个场景中可以拥有各自独立的图层和帧。每一个场景都可以是一个完整的动画。在播放时，场景与场景之间按照交互设置进行相应切换。如果没有设置交互，则按照场景先后顺序依次播放。

4. 过渡动画

每两个过渡动画序列由处于两端的关键帧和位于中间的过渡帧序列

组成，两个关键帧分别定义了该动画序列的起始状态和最终状态，过渡帧由程序自动生成，这正是 Flash 动画的精髓。Flash 的过渡动画又分为两种：（1）运动渐变动画，指一个固定形状的对象在场景中沿某路径运动，对象不变，只是移动位置或旋转角度；（2）形状渐变动画，指对象从一个形状变到另一个形状，比如从矩形变成三角形。

5. 逐帧动画

逐帧动画是由位于时间线上同一动画轨道上的一个连续的关键帧序列组成的。动画帧序列的每一帧的内容都可以单独进行编辑，使得各帧展示的内容不完全相同，在作品播放时，由各帧顺序播放产生动画效果。

二、运动渐变动画实例

我们以制作物理学科的"惯性试验"课件实例来介绍运动渐变动画。通过本例学习 Flash 动画制作的基础操作。

1. 新建文件

新建一个文件，起名为"惯性试验"。

2. 制作障碍物和地面作为背景

- 双击时间线窗口左边的图层 1，将其改名为"背景"。
- 选择"线条工具"在舞台的正下方画一条水平直线，代表地面。
- 在地面直线的右方拖拉绘制出一个矩形，表示障碍物，结果如图 6-19 所示。

图 6 - 19　绘制好的地面和障碍物

● 为了保持这个背景出现在所有的动画过程中，需要将其延长到所有帧中，假设整个电影共 30 帧，那么就在第 30 帧上单击，按 F5 键插入一个空白帧。

3. 创建小车

● 单击层窗口下方的"插入图层"按钮 ，在背景层的上方插入一个新层"图层 2"，双击将其改名为"平动的小车"。

● 选择"插入"→"创建新元件"，按图 6 - 20 设置。确定后，在编辑区绘制出小车的形状如图 6 - 21。

图 6 - 20　创建新元件

图 6 – 21　小车元件

● 返回场景 1 中，从库窗口中将小车拖放到场景的"平动的车"层中，此时小车四周有一浅蓝色的矩形框，表明是一个处于选中状态的符号实例"被引用的符号"，如图 6 – 22 所示。

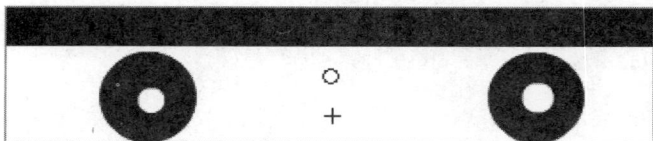

图 6 – 22　舞台上被引用的符号

● 单击工具下方的"自由转换"工具 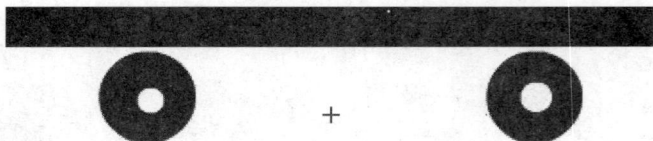，小车四周出现控点，拖动控点改变车的大小，然后再将其拖到合适的位置，此时层窗口和舞台如图 6 – 23 所示。

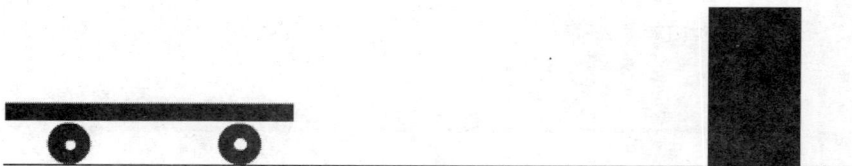

图 6 – 23　层窗口和舞台

● 在时间线窗口的第 25 帧上单击，按 F6 键插入一个关键帧，然后将小车平移到地面的右端，前端和障碍物对齐，可以用箭头精确地移动小车。

● 在"平动的车"层上单击右键，在弹出的快捷菜单中选"创建补间动画"菜单命令。

● 在第 30 帧上单击，按 F5 键入一个帧，使动画延长到 30 帧，以便制作物体倒下的动画。

● 按回车键，可以看到小车向右运动，再次按回车键，停止小车的运动。

4. 制作车上物体

● 新建一个层，命名为"物体"。

● 按 Ctrl + F8 键插入一个新元件，命名为"车上物体"，然后在元件编辑窗口绘制一个矩形表示物体。

5. 制作物体倒下的动画

● 返回场景，在"物体"层的第 1 帧上单击，从元件库中拖出后将其安排在车上，如图 6 - 24A 所示。

A   B

图 6 - 24   安排两个关键帧上的物体的位置

● 在该层的第 25 帧上单击，按 F6 插入一个关键帧，将物体移到小车上，保持和第 1 帧两者的相对位置不变，如图 6 - 24B 所示。

● 在该层的第 1 帧上单击鼠标右键，在弹出的快捷菜单中选择

"创建动作补间动画"命令，将两个关键帧之间设为运动渐变。

• 在第 30 帧插入一个关键帧，选中车上的物体，单击工具栏中的"自由转换工具" ，此时物体四周出现 8 个控点，且物体中心将出现一个旋转中心点。

• 拖动物体的旋转中心点至物体的右下角，如图 6－25A 所示。

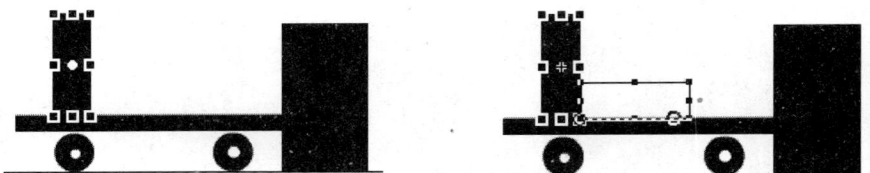

A. 移动物体的中心点　　　　　　B. 将物体平放于车板上

图 6－25　改变物体的旋转中心点并旋转物体

• 选中车上的物体，单击工具箱下方的"自由转换工具" ，此时物体四周出现 8 个控点，将光标放于控点上待其变为 4 个旋转的箭头时，将物体向右下角拉动放平在车板上，如图 6－25B 所示。

• 此时播放动画就会发现，物体会从车上掉下来，这是由于两个关键帧之间设为运动渐变，此时层和时间线窗口应如图 6－26 所示。为了保证画面的稳定，需要调节第 1 帧的中心点。

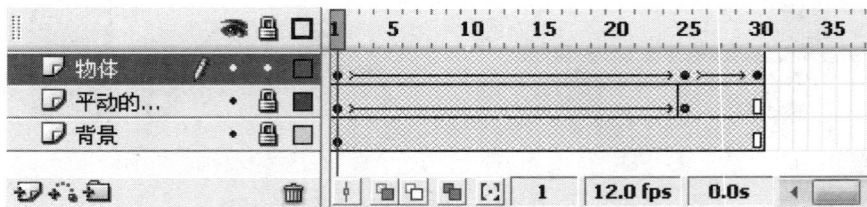

图 6－26　完成后的层和时间线窗口

6. 调整动画的幅面大小及播放速度

如果按照默认的 12fps 的速度播放动画，小车的运行速度可能较慢，可以进一步修改。

- 选择"修改"→"影片"菜单命令，打开如图 6 – 27 所示的"影片属性"对话框。

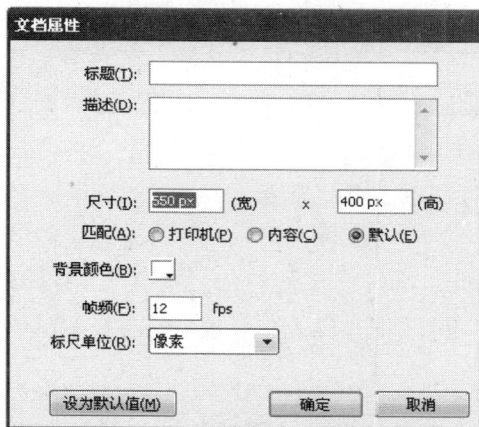

图 6 – 27　"影片属性"对话框

- 将"帧频"设为 24，如果要改变电影幅面大小，在"尺寸"中填入新的尺寸，还可以单击"背景"边上的按钮，在出现的颜色列表中选定一种影片的背景色。

7. 保存

作品完成后按 Ctrl + Enter 键，打开 Flash 播放器播放作品，并在原作品的保存位置生成一个同名的 Flash 播放格式文件（. SWF）。

8. 返回

单击播放器窗口右上方的"关闭"按钮，返回到原场景中继续进行编辑。如此反复播放一编辑影片，直到满意后将其保存。

三、形状渐变动画实例

形状渐变动画是 Flash 中非常重要的表现手法之一，运用它，可以变幻出各种奇妙甚至不可思议的变形效果。在教学课件中，魔幻般的变形效果能够很好地吸引学生的注意力。下面通过国庆灯笼文字的变形介绍形状渐变的使用。

（1）新建一个影片文档，设置文件大小为 400 * 330 像素，背景色为白色。

（2）创建背景，执行【文件】→【导入】→【导入到舞台】，将名为"节日夜空 . jpg"图片导入到场景中，在第 80 帧处按下 F5，加帧延时。

（3）创建灯笼形状，执行【窗口】→【设计面板】→【混色器】命令，打开混色器面板，根据需要设置混色器面板的各项参数。依次选择工具栏上的椭圆工具、矩形工具、直线工具绘制出灯笼形状，如图 6 - 28 所示。

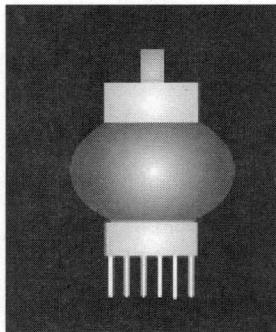

图 6 - 28 灯笼元件

（4）复制粘贴四个灯笼。复制刚画好的灯笼，新建三个图层，在每个图层中粘贴一个灯笼，调整灯笼的位置，使其错落有致的排列在场景中。如图 6 - 29 所示。

图 6 - 29　元件在场景中的位置

（5）把文字转为形状取代灯笼。选取第一个灯笼，在第 40 帧处添加关键帧，用文字"庆"取代灯笼，文字的【属性】面板上的参数：【文本类型】为静态文本，【字体】为隶书，【字体大小】为 60，【颜色】为红色。对灯笼与"庆"字执行【修改】→【分离】命令，把文字转为形状。

（6）创建形状渐变动画。在"灯笼一"图层 0 ~ 20 帧处单击帧，在【属性】面板上单击【补间】旁边的小三角在弹出的菜单中选择【形状】，建立形状渐变动画，如图 6 - 30 所示。

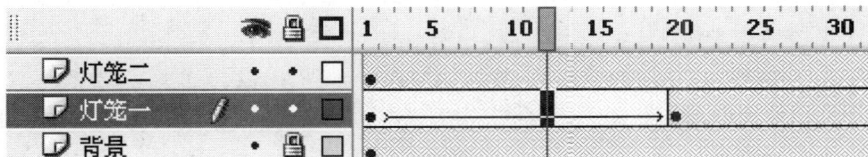

图 6 - 30　添加形状渐变动画补间

（7）按照前面的方式，分别在 40 帧，60 帧，80 帧处建立关键帧，分别用"祝""国""庆"替换，并完成形状渐变补间的设置。完成后如图 6－31 所示。

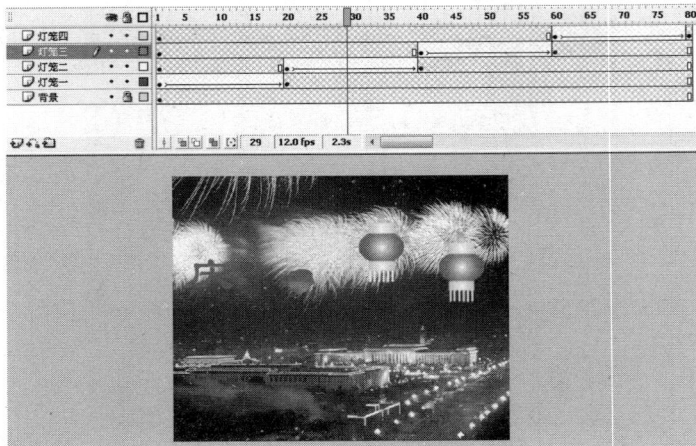

图 6－31　设置后效果（此图为动画一帧）

（8）测试存盘。执行【控制】→【测试影片】命令，观察制作的动画有无问题，如果满意，执行【文件】→【保存】命令，将文件保存成"庆祝国庆.fla"文件存盘，如果要导出 Flash 的播放文件，执行【导出】→【导出影片】命令保存成"庆祝国庆.swf"文件。至此，国庆动画制作完毕。

第七节　电子幻灯片中的媒体集成

PowerPoint 是 Windows 环境下流行的演示文稿创作工具，是微软公司 Office 软件的组成部分，它简单易学、功能强大，集文字、图像、图表、声音和动画于一体，能形象直观地表达教师的思想和观点，突出教学中的重点、难点，是多媒体教学中教师的得力助手。在 PowerPoint

中，演示文稿和幻灯片这两个概念还是有些差别的，利用 PowerPoint 做出来的作品就叫演示文稿，它是一个文件。而演示文稿中的每一页就叫幻灯片，每张幻灯片都是演示文稿中既相互独立，又相互联系的内容。

在应用 PowerPoint 设计演示型课件的过程中，常常需要集成多种其他的媒体形式，本节主要介绍在 PowerPoint 中集成声音、影片与动画的方法。

一、声音与影片的集成

声音和影片能够给观众强烈的视听冲击，提供强有力的感性材料，在演示文稿中插入声音和影片更能增加说服力。

在 PowerPoint 中提供了四种引入声音的方法，通过【插入】→【影片和声音】可以分别插入剪辑库中的声音、文件中的声音、CD 及现场录制的声音。加入声音后，会在幻灯片视图正中出现一个声音图标，选中该图标，可以进入【自定义动画】，如图 6 - 32 所示，进行相关参数的设置。

图 6 - 32 自定义动画

在 PowerPoint 中支持录音功能，可以录制背景音乐或者演示旁白。

录制背景音乐可以通过【插入】→【影片和声音】→【录制声音】进行；录制对白需要通过【放映幻灯片】→【录制旁白】实现。

对于视频影片，PowerPoint 支持插入剪辑库中的文件和文件中的影片，操作的方式与声音的插入方式一致。

二、Flash 的集成

Flash 既可以单独使用，也可以在作为一个部分插入到演示文稿中来。在幻灯片中插入 Flash 动画，需要借助 Active X 控件或者使用对象。

选择【视图】→【工具栏】→【控件工具箱】，打开【控件工具箱】面板，选择【其他控件】按钮，在弹出的列表中选择【Shockwave Flash Object】控件，如图 6 – 33 所示。按下鼠标左键，在编辑区拖动画出 Flash 的播放区域。在区域上点击右键选择【属性】，打开属性对话框中的【自定义】，在弹出的【属性页】对话框中进行相关参数的设置，如图 6 – 34 所示。需要提醒的是，在【影片 URL】后面的文本框中输入 Flash 影片的路径，在文件名之后要加上其扩展名".swf"，否则插入的动画将无法正常显示。

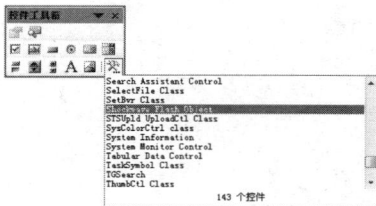

图 6 – 33　控件工具箱

图 6 – 34　属性参数设置

△ 小技巧

有时需要将演示文稿里的文字转化到 Word 中进行编辑，可以将演示文稿另存为 .rtf 格式，然后用 Microsoft Word 打开；或者在 PowerPoint

中选择【文件】→【发送】→【Microsoft Word】，同样可以将文字转化到 Word 中。

第八节　教学网站的设计与制作

为了拓展课堂，为学生的学习提供支持，有时教师需要开发相应的教学网站。Web 站点的开发一般分为设计、制作和评价三个步骤。

一、Web 站点的设计

相对电子讲稿而言，Web 站点的制作要复杂一些，其设计就显得更为必要。

Web 站点的设计原则和目标可以概括为以下三条。

● 最大限度地满足学习者在获取学习资源上的要求，利用 Internet 的优势为广泛的、目标确定和不确定的学习者提供丰富的学习资源。

● 实现资源的有效利用，并且令网站使用方便、维护容易。

● 保证界面连贯、运行高效，为学习者提供结构统一、信息明确、风格一致、下载迅速、符合审美要求的使用界面。

以上是对设计 Web 站点的基本要求。当然，同电子讲稿的制作一样，Web 站点的设计并没有固定之规。下面推荐一种比较有效而具体的设计方法。

首先，利用下表（表6-4）理清思路，决定 Web 站点的内容，同时考虑潜在学生的年龄层次。

表 6 – 4　Web 站点总体规划

总体目标：_____
_____

Web 站点的标题：_____
可在 Internet 上查找的主题与素材：_____
_____
_____

创建 Web 站点要用到的其他资源（比如：教科书、百科全书、其他印刷资料）：
_____
_____
_____

为了达到教学目标，Web 站点将包括（请利用复选框帮助选择）：
☐ 对教学或学习内容的介绍　　☐ 相关网站的链接及说明
☐ 照片、图片、动画　　　　　☐ 图表和表格
☐ 调查和反馈表单　　　　　　☐ 作品引用记录
☐ 其他_____
☐ 其他_____
☐ 其他_____

　　接下来，我们可以利用流程图或故事板来构思和设计 Web 站点。为了设计一个好的 Web 站点，必须要考虑以下两方面的内容。

　　1. 根据访问者的情况，设计引人入胜且方便易用的格式

　　• 多数访问者的上网速度如何？这个问题的答案可由 Web 站点所选择的图片数量和大小来改变。
　　• 访问者使用的浏览器版本如何？旧版浏览器不支持表格、框架和动画等，应该能够让使用不同浏览器和设备的人都可以访问到这个站点。
　　• 站点的风格是什么？Web 站点应具有统一的风格，即为访问者

提供统一的背景、导航栏、标题风格和通用的布局。

2. 在每个页面上都应包含以下元素

- 一个用于返回主页的按钮或链接。
- 设计者的名字或联系地址。
- 最后更新的日期。
- 这个网站的网址（虽然暂时无法确定，但仍要考虑在内）。

二、Web 站点的具体制作

确定好网站的主题与风格设计后，接着搜集相关的文本、图片及视频等素材，然后选择网页制作工具软件进行开发。常见的网页制作工具有 Word、FrontPage、DreamWeaver 等，其基本功能见表 6 - 5，本节以 DreamWeaver MX 为例，对完整的 Web 制作过程做基本介绍。教学过程中，主讲教师也可以根据实际情况选择自己习惯的工具组织教学。

表 6 - 5 常用的网页制作工具

名称	功　　能
Word	微软 Office 系列软件，常规版面编辑，把生成的文档转换成 Web 页，不支持复杂的页面设计，生成的页面不具交互功能
FrontPage	微软的专业网页编辑软件，功能完备。提供多种视图，支持网页交互。内含丰富的图片以及 GIF 动画编辑器，支持 CGI 和 CSS 样式表。它的制作向导和模板很具亲和力
DreamWeaver	是一个可视化网页设计和站点管理工具，由 Macromedia 公司开发。能够处理 Flash 和 Shockwave 等媒体格式。具有强大的代码调试功能，提供布局视图，网页布局非常方便。可与 Flash，Firework 交互使用，可自己定义热键

Macromedia DreamWeaver MX 是一款专业的 HTML 编辑器，用于对 Web 站点、Web 页和 Web 应用程序进行设计、编码和开发。Dream-

Weaver MX 具有可视化编辑功能，可以在不编写任何代码的情况下快速地创建页面。如果用手工直接编码，DreamWeaver MX 也提供了许多与编码相关的工具和功能。并且，借助 DreamWeaver MX，还可以使用服务器语言（例如，ASP、ASP. NET、Cold Fusion 标记语言（CFML）、JSP 和 PHP）生成支持动态数据库的 Web 应用程序。

在 Windows 中首次启动 DreamWeaver MX 时，会出现一个对话框，从中选择一种自己喜欢的工作区布局。工作区布局确定之后，还可以使用"编辑"/"参数选择"/"更改工作区"实现工作区的切换。选择 DreamWeaver MX 工作区以后，DreamWeaver MX 的界面如图 6 – 35 所示：

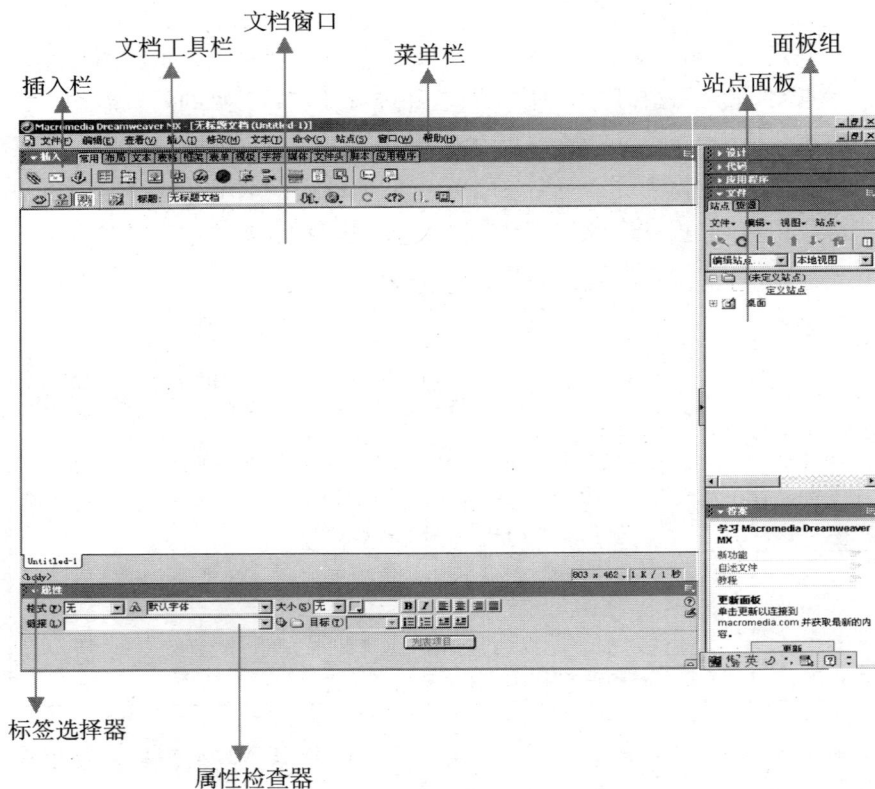

图 6 – 35　DreamWeaver MX 工作界面

　　与 FrontPage 相比，DreamWeaver MX 除了工具栏和主文档窗口以外，左侧提供了面板组，是一组停靠在某个标题下面的相关面板的集合。下面的属性检查器用于查看和更改所选对象或文本的各种属性。

　　1. 建立站点

　　启动 DreamWeaver MX 后，在其右侧面板组中打开【文件】面板，选择"管理站点"，打开"新建站点"，依次配置站点名称、文件存放位置等参数，确定后，效果如图 6 - 36 所示。

图 6 - 36　建立站点

　　2. 添加一张页面

　　（1）在新建立的站点下，单击鼠标右键，选择"新建文件"，可以建立一个新的 html 页面并重新命名。

　　（2）打开该页面，进入 DreamWeaver 编辑器编辑页面内容。

　　（3）保存页面，工作中应该注意经常保存页面。

　　3. 编辑网页

　　在建立的站点中，双击相应的 Web 文件（. html），进入编辑状态，就可以修改页面的内容，如图 6 - 37 所示。

图 6 – 37　编辑网页

根据需要，可以改变文本框内文字的字体、字号、风格等。通过页面下方的属性面板，可以对网页内的各个元素属性进行详细设置。

4. 创建表格

（1）要创建一个表格，可以在 DreamWeaver 编辑器表格菜单中单击绘制表格，或在工具栏上点击插入表格按钮 ▦ 。

（2）在弹出的对话框中输入所需的行数和列数。

（3）在表格中输入合适的数据。

（4）选择表格，单击鼠标右键可以设置表格的格式属性。

（5）单击"确定"。

△ 小技巧

在网页中使用表格目的是为了对网页进行正确的定位。使网页的布局整齐。把边框的粗细设置为0，这样在预览的时候就不会有边框出现了，但在编辑的时候边框线会以虚线的形式显示，以方便网页的编辑。

5. 创建超级链接

（1）创建指向另一页面或 Internet 的超级链接。

- 选择需要添加超级链接的图片或文字。

- 在属性面板上选择"链接"，在文本框内输入相应内容：如果创建指向另一页面的链接，则输入要链接的页面名；如果创建指向 Internet 的链接，则输入相应的 Web 站点网址。

- 在目标下拉列表选择相应的目标设置。

- 点击确定。指向另一页或者 Internet 的链接已经添加成功。

- 保存工作。

◇ **知识扩展**

"目标"中的四个选项分别表示了打开网页的四种方式：

- -blank：浏览器会另开一个新窗口显示链接；

- -self：在同一框架或窗口中打开所链接的文档。此参数为默认值，通常不用指定。

- -parent：将链接的文件载入含有该链接框架的父框架集或父窗口中。如果含有该链接的框架不是嵌套的，则在浏览器全屏窗口中载入链接的文件，就像-self 参数一样。

- -top：在当前的整个浏览器窗口中打开所链接的文档，因而会删除所有框架。

（2）创建热区。要在一个对象的某一部分创建一个链接（如一张图片的某一部分），可以使用热区工具。

- 选中需要创建热区的图片。

- 在属性面板上的图标 中选择创建热区的形状工具。注意：在有的版本中称为"地图"。

- 在创建超链接的图片上把鼠标定位于链接区域的左上角，然后沿对角线方向向右下角拖曳鼠标画出链接区。

- 在"链接"对话框中输入一个 Web 站点或文件地址。按"回车"确定。

（3）创建 E-mail 链接。

● 选择要创建链接的图片或文本。（目的：当单击这个链接时，它会自动启动本机上的 E-mail 应用程序，并在地址行显示预定的 E-mail 地址。）

● 在属性面板链接文本框中先输入"mailto:"，然后再输入 E-mail 地址。按"回车"确定。

（4）创建指向文件的链接。如果要把链接指向某个文件，可以有多种选择。如果允许用户保存和编辑被链接的文件，需要把它们存成原始的文件格式，否则将它们作为 Web 页保存为 HTML 格式即可。当然，如果要让用户能保存和编辑文件，用户的机器上也必须要有同样的应用程序。下面是建立指向 Word、Excel 或 PowerPoint 文档链接的方法。

注：如果想让文件仍然保持 Word 和 Excel 格式，以便浏览者保存和编辑，则跳过第 2、第 3 步。

● 打开所有链接的文档。
● 从"文件"菜单上选择另存为 Web 页。
● 打开 Web 站点所在的文件夹。
● 在 Web 页面内，选择要创建链接的文本或图片。
● 在 DreamWeaver 属性面板菜单中选择链接，浏览并选择相应文件，单击"确定"。

◇ 知识扩展

如果想让浏览者在 Internet 上观看的 PowerPoint 文档，在保存文件时有三种选择：即保存成 PowerPoint 演示文件、保存成 PowerPoint 源文件、保存成 PowerPoint Web 页。

首先让我们来看看链接到这三种不同的 PowerPoint 文档，其效果有什么不同：

（1）链接到 PowerPoint 演示文件（．pps）。浏览者可以像浏览幻灯片一样浏览电子讲稿。当 Web 站点链接到这类文件时，电子讲稿会自动演示，而且不会丢失任何格式和切换效果。

（2）链接到 PowerPoint 源文件（．ppt）。电子讲稿仍然是一个 PowerPoint 文件，浏览者可以对它做保存和编辑的操作。但只有那些安装了 PowerPoint 的用户才可以浏览到这个电子讲稿。

（3）链接到 PowerPoint Web 页（．html）。PowerPoint 会自动把每一张幻灯片保存为一张 Web 页面。保存成 Web 页后，原来的动画和切换效果可能会丢失，格式也会有一些改变。值得注意的是 PowerPoint 会生成一个．html 文件和一个文件夹，文件夹内包含所有的幻灯片和幻灯片中加入的对象，不要把链接做到文件夹内的文件上去。

6．预览 Web 站点

在 DreamWeaver 编辑器中打开页面，按下 F12 键，就可以预览网页，也可以单击"文件"菜单中的在浏览器浏览，在对话框中，选择 Microsoft Internet Explorer 或计算机上的默认浏览器进行预览。测试所有的链接，确保它们工作正常。

7．发布 Web 站点

完成 Web 站点的创建之后，和校园网或局域网的管理员联系，可以把制作完成的 Web 站点放到校园网或局域网上。

【实践活动】

1．以小组为单位，分工完成下列各项任务。形成的成果在"成果共享区"中发布。

（1）文本资源的采集与制作；

（2）设计开发一个教学动画；

（3）在电子幻灯片中插入动画；

（4）从网络上下载一段视频，并选择处理工具进行编辑。

2. 网站设计训练

以小组为单位，制作一个简单的教学网站，可以将小组与各个同学的学习成果一同发布到网站中。

3. 信息资源补给

请你利用网络搜集与本章学习主题相关的内容，并将其共享到学习平台中。

7

教学过程实施

【学习导航】

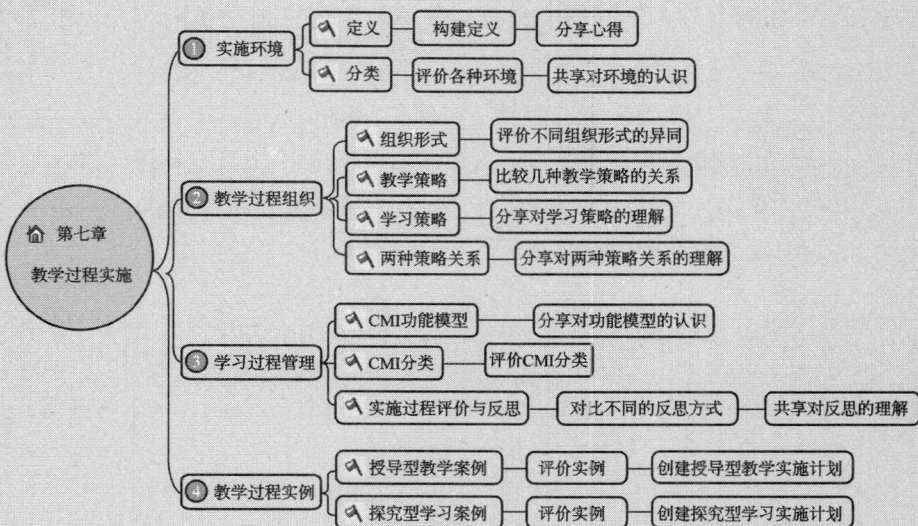

通过前面几章的学习，我们掌握了设计教学活动或过程的相关知识。教学过程实施是把设计的学习活动付诸实践，在具体的实施中，我们还要综合考虑一些因素。本章就是围绕教学过程实施，主要介绍学习环境、教学策略、学习过程组织、实施与评价方法等内容。

第一节　学习过程实施环境

一、什么是教学环境

环境一词通常是指"直接或间接影响个体的形成和发展的全部外在因素"。根据这个定义，可将"教学环境"理解为"教学活动发生的'地点'和'空间'以及为这个教学活动顺利开展所提供的各种技术支持条件"。

教学环境是教师进行课堂教学时所关注的要素之一。常见的课堂教学环境包括多媒体综合教室环境、多媒体计算机网络教室环境，以及带有电子交互白板的互动课堂教学环境（这种环境通常由传统课堂教学环境和多媒体综合教室环境教学有机融合而成）。

二、教学环境的分类

（一）普通教室

普通教室也就是我们所说的传统教室，以粉笔、黑板、卡片、挂图、模型等为主要媒介。

（二）多媒体综合教室

多媒体综合教室是指将多媒体集成在一个教室内，以便开展学与教的活动。

1. 基本类型

（1）简易型。简易型多媒体综合教室主要有多媒体计算机、视频展示台、数码（液晶）电视投影机和银幕等设备组成。通过数码电视投影机，将来自多媒体计算机的（多媒体的）数字信息或来自视频展示台的（多种）实物、图片等电视信号投影到大银幕上。这种课室的主要特点是设备少、综合能力强，操作简易。

（2）标准型。标准型多媒体综合教室主要由幻灯机、投影机、录像机、影碟机、激光唱机、录音机、话筒、扩音机、调音台、音箱、多媒体计算机、视频展示台、数码电视投影机、银幕和多媒体控制平台（按键式或电脑式）等设备组成，有些教室内还会配备一定数量的电视机等。

（3）多功能型。多功能多媒体综合教室是在标准型基础上增加摄录像系统和学习信息反应分析系统。

● 摄录系统

在教室装配有两三部带有云台的摄像机，用于拍摄师生的教学活动过程。摄像信号传送到中心控制室，供记录储存或直播到其他教学场所，供观摩或扩大教学规模。

● 学习信息反应分析系统

该系统能使全班学生在座位旁的按键上对教师提出的问题作选择性的回答。通过计算机收集并分析学生的学习反应信息，教师能及时全面了解学生的学习情况，以便有针对性地进行教学活动。

（4）学科专业型。在简易型或标准型的基础上，增加某门学科教学需要的特殊设备，便成为某门学科专业型的多媒体综合教室。如生物课教学需用的彩色显微摄像装置等。

（5）基于 Web 型。基于 Web 型多媒体综合教室是在多功能综合教室基础上增加因特网终端等设备。基于 Web 的多媒体综合教室可以通过校园网与因特网连接，实现共享校园网内的教育信息资源、浏览远程教学资料、调用远程终端的教育信息资源；也可以通过摄像头、电子白板、视频展示台等设备和工具软件将课堂教学内容发送到远程终端，甚至可以与远程终端进行交互式教学活动。

2. 教学功能

（1）课堂演示教学。教师在课堂中利用多媒体系统将教学内容直接投影在大屏幕上，并对教学内容进行讲解。运用这种方法传递信息较为直观、明了，可以从视听方面刺激学生的感官，提高学生学习兴趣，增强学生观察问题、理解问题和分析问题的能力。

（2）模拟教学。多媒体技术可以把声音、图像、动画等有机结合起来，模拟宏观世界的现实场景和微观世界的事物运动，以帮助学生学习和理解一些抽象的原理和概念。随着计算机技术的发展，出现了虚拟现实（Virtual Reality）技术，它是通过计算机产生一种仿真的环境，在这个环境中，学生可以作为一个实际操作者进行各种学习和操作，计算机可做出反应和判断。模拟教学的设备系统主要有计算机、服务器和网络设备。模拟实验教学是模拟自然现象或社会现象的运动过程，通过实验使学生加深对概念和规律的理解。例如，物理教学中的布朗运动、电子运动、天体运动、机械工作原理等；化学教学中的原子分子的结构、晶体的结构、有害的化学反应过程等；地理教学中的地震、火山爆发、地质地貌等内容的模拟，生动形象，易于理解。

3. 教学应用

在多媒体演示教室里，教师可以通过操作计算机和数字视频展示台等设备综合运用文本、图形、图像、声音等媒体进行教学，也可以运用板书、教材、图表、图片、模型等常规教学媒体进行教学，整个教学过程都可以显示在大屏幕上，摆脱了黑板加粉笔的教学模式。教师利用多媒体教室可以进行的教学内容一般有：

（1）利用计算机展示多媒体课件。

（2）播放 VCD、DVD、录像带等音像教学内容。

（3）利用校园网或 Internet 网络，查找自己需要的教学资料。

（4）利用数字视频展示台将书稿、教材、图表、图片、实物以及教师即时书写的文字、画图投影到银幕上。

（5）借助视频展台，利用幻灯片、投影片等常规电教软件进行教学。

（三）多媒体计算机网络教室

多媒体计算机网络教室是在一间教室内装备若干台多媒体计算机，连成一小型局域网。教师运用多媒体教学软件进行教与学，教师可以控制整个教与学过程，教师与学生之间、学生与学生之间、人机之间，可以进行交互式的小组学习或讨论。在教师的控制下，学生也可以进入脱机状态，从而实现个别化学习。

1. 基本组成

多媒体计算机教室网的硬件组成主要有：服务器、多媒体学生机（带耳机/话筒）、多媒体教师机（带耳机/话筒）、网卡等，加上录像机、影碟机、摄像机、多媒体控制机和大屏幕投影系统及音响系统，可以形成一套功能齐全的视听型多媒体计算机教学网络，还可以连入校园网或因特网。

2. 教学功能

（1）信息发送。教师可以将文字信息随时发送给教学网络上的全体学生、群组学生或者指定的学生，学生之间也可发送信息。发送的信息可以通过键盘输入，也可以从短语库中调出。

（2）在线交谈。教师和学生、学生和学生，在网上的任一用户，可以互相交流信息，交流时，在双方的屏幕上将出现交谈的窗口，显示发送给对方及接收到对方发来的信息。

（3）学习视察。通过学习视察功能，教师可以在自己的屏幕上观察和检查在网络上的全体学生、某一群组的学生或临时编组的学生和某一学生的屏幕信息，必要时也可以锁定被视察者的键盘和鼠标。

（4）终端遥控。教师可以在某一个学生的机器上遥控网络上其他机器的键盘和鼠标，指导全体学生、某一群组学生或临时编组的学生和某一学生，让他们运行相同的程序或教师要求他们做的某一程序，教师也可以在自己的屏幕上查看某一学生的屏幕信息。学生还具有拒绝被遥控的权限，这样除了教师外，其他任何人都不能对他进行遥控。

（5）课件广播、组播、点播。教师能够把自己的屏幕内容或者选定的某一学生的屏幕内容播放给某个学生、某个群组或全体学生，以达到实时演示的功能。教师与学生可以根据教学的需要点播特定的课件进行交流，组织教与学活动。

（6）资料扫描。把文本和图片转变成屏幕信息。即通过扫描仪将所需要的数据输入，并可进行多种格式的图形文件的读取和存储。也可以通过适当的编辑处理后，由屏幕广播功能传送到在网络上的用户，达到资源共享。

（7）语音收发。教师可以将语音传送给教学网络上的某一学生、群组学生或全体学生。同时教师也可以有选择地允许某一个学生将语音传送给教师，从而达到双方进行语音交流的目的。

（8）文件传输。使在网络上的用户可以向其他用户收发文件和目录，即可把文件或目录传送到远地用户的硬盘上，或从一个远地用户的硬盘上读取文件和目录到本地硬盘上。

（9）参数设定。用户可以根据自己的爱好设定所有窗口、菜单、屏幕标题等的颜色，自己方便易记的热键，屏幕的保护装置等。

（10）打印服务。用户可以使用网络上的共享打印机作后台打印，也可以配置自己的打印机纳入打印服务管理，供网络共享打印。

3. 教学应用

多媒体网络教室具有在网络教室内进行广播教学的各种功能，主要包括广播教学、电子教鞭、语音教学、屏幕监视、遥控辅导、教学示范、师生对讲、分组协商、消息发送、电子抢答、电子举手、远程命令、文件传送、网络影院、远程控制、电子黑屏、进程管理、教学资源库共享等。

（1）广播教学。可将教师机的电脑屏幕画面和语音等多媒体信息（如教学课件等）实时传送广播给全体、群组或单个学生。

（2）电子教鞭。使用电子教鞭功能，教师可以在计算机上进行平时普通黑板上的教授，同时还增加了声画的功能，达到辅助教学及加强学生学习的目的。电子教鞭还可以提供存储功能，教师可以将所有讲解的画面存储起来，通过课件制作工具输出独立的多媒体产品，并随时调用该产品独立运行或分发给学生。

（3）语音教学。可通过教师机将语音实时传送广播给全体、群组或单个学生。当教师在口述讲解，无需学生看屏幕时，为了不让学生因看屏幕而影响听讲，在必要时，可强制学生机屏幕黑屏，使学生能够集中精力听讲。

（4）屏幕监视。教师可实时监视每个学生的电脑屏幕，观察学生的学习情况，这样教师不用离开自己的座位便可在机器上观看到每个学生对计算机的操作情况。可对单一、群组或全体学生进行循环监视。

（5）遥控辅导。教师可远程接管选定的学生机，控制学生机的键盘和鼠标，对学生远程遥控，辅导学生完成学习操作，进行"手把手"交互式辅导教学，在此过程中，教师可随时锁定或允许学生操作计算机的键盘和鼠标。

（6）教学示范。教师在进行屏幕监视和遥控辅导时可使用转播教学功能，教师可选定一个学生机作为示范，由学生代替教师进行示范教学，该学生机的屏幕及声音可转播给其他学生，增加学生对教学的参与感，提高学习的积极性。在此过程中，可随时使用电子教鞭功能进行教学示范。

（7）师生对讲。教师可与任意指定的学生进行实时双向交谈，教师可以选择是否允许其他学生旁听。

（8）分组协商。教师可对教室内的学生进行任意分组，每个小组的学生通过文字、语音、电子白板进行交流，教师可随时加入任意小组，并参与讨论，小组内允许多个学生同时交谈。

（9）消息发送。教师和学生可选择发送对象，相互发送信息，同时提供附件插入和剪贴拷贝功能。教师可以允许或禁止学生使用消息发送功能。

（10）电子抢答。教师在电子抢答组中使用电子论坛、电子白板提出抢答题目，组织学生进行抢答，抢答过程受教师控制组织。

（11）电子举手。学生使用电子举手功能可随时呼叫教师。教师可对举手的学生通过语音和文字随时应答和查看。

（12）远程命令。远程命令功能允许教师远程运行、关闭学生计算机上的应用软件。

（13）文件传送。教师可以将本机应用软件、文本文件、图片等数据传送给指定的学生。

（14）网络影院。教师可以通过网络向选定的学生播放 VCD、MPEG 文件。

（15）远程控制。教师可以对选定的学生机计算机进行远程复位、远程关机，可以对学生机的鼠标、键盘进行锁定和解锁，停止或恢复学生操作电脑。

（16）资源管理。让网络教室具有资源库的功能，使得学生可以方便地访问各种教学资源。

（17）远程管理。教师在本机可以统一设定学生机桌面布置、屏幕尺寸、声卡音量、配音方案等各项设置。

（四）电子交互白板的互动课堂教学环境

1. 互动课堂的定义

根据互动课堂运用环境的不同可以将之分为：基于传统教学环境的互动课堂和基于网络环境的互动课堂。所谓基于传统教学环境的互动课堂是指借助于交互白板、投影仪、计算机等电子设备，实现教师与学生，学生与学生，教师、学生与学习资源之间交互的课堂组织形式。基于网络环境的互动课堂是指借助于计算机、网络、卫星通讯等数字设备和技术构建的，能实现教学功能的学习环境。这种互动课堂顾名思义就是把课堂搬到学生的家中或异地学校的计算机网络教室中。

2. 交互白板的概念

所谓的交互白板（Interactive Whiteboard）是软、硬件集成的智能平台，它的软件是指白板的操作系统，硬件是指电子感应白板。它融合了计算机技术、电子通信技术和微电子技术，成为用户与计算机进行交互的平台。它不同于以往的书写白板、电子白板，交互白板实现了白板与计算机之间的双向通信。简单地说，就是人们可以把计算机中的内容投影在白板上，通过白板也能实现对计算机的操作。

3. 技术配置

基于交互白板互动课堂的技术配置主要有：交互白板、投影仪、计算机、摄像机及相应的一些软件，如交互白板的操作软件，Office 系列软件等。

4. 环境特点

基于交互白板的互动课堂，从某种意义上讲，它是把传统课堂与多媒体课堂有机地融合在一起。在互动课堂中，交互白板既是电子白板又是计算机屏幕。在白板上书写的内容可以直接存储在计算机中，同时白板可以实现对计算机的各种操作，而所有操作的结果都可以在白板上显现，因此可以使教师从多媒体课堂的机器束缚中解放出来，重新回归课堂，使得课堂中的情感交互得以实现，可以使教师和学生从传统课堂中的板书和记录的束缚中解放出来，融入课堂中去。

尽管基于交互白板的互动课堂环境具有技术集成性高、资源整合性强、交互功能好、易于实现传统课堂与创新结合、适应多种教学模式的特点，但是课堂教学的成功与否，关键还在于教师的教学设计，课堂中教师与学生之间的协作。

（五）微格教室

微格教室是进行微格教学的场所。微格教学（Microteaching）又称微型教学，是以现代教育理论为基础，利用先进的媒体，依据反馈原理和教学评价理论，分阶段系统培训教师教学技能的活动。

微格教学形成于美国20世纪60年代的教育改革运动。微格教学的特点用一句话概括就是"训练课题微型化，技能动作规范化，记录过程声像化，观摩评价及时化"。

1. 基本组成

随着信息技术的发展，数字化的微格教学系统应运而生，它是一个集微格教学、多媒体编辑、影视音像制作、多媒体存储、视频点播、数字化现场直播为一体的数字化网络系统。在这里，观摩和评价系统均采用计算机设备，并通过交换机连接校园网或Internet。信息记录方式采用硬盘存贮，或刻录成光盘，人们可以随时、随地通过网络或光盘进行点播、测评与观摩。

微格教学设施包括主控室和微格教室两部分。

（1）主控室。主控室可以控制任一微格教室中的摄像云台和镜头，可以监视和监听任一微格教室的图像和声音。并可随时受控暂停在某一个微格教室与之进行电视讲话，也可以对微格教室播放教学录像与电视节目。可以把某个微格教室的情况转播给其他的微格教室，进行示范。可以录制某个微格教室的教学实况供课后讲评。主控室的主要设备包括计算机、主控机、摄像头、录像机、VCD、监视器、监控台等。

（2）微格教室。微格教室中的设备主要包括分控机、摄像头及其他教学设备。在微格教室中可以呼叫主控室，并与主控室对讲。微格教室中可以控制本室的摄像系统，录制本室的声音和图像，以便对讲课情况进行分析和评估。分控机可以遥控选择主控室内的某一台录像机、VCD 机等其他影像输出设备，并能遥控自己选择的设备的播放、停止、暂停、快进、快退。

2. 教学功能

（1）教学方面。

- 教学模拟

微格教学系统可以同时开展多组微格教学活动，同时对多个学生进行模拟教学（或其他技能）训练。

- 示范观摩

系统设计了专门的示范观摩室（兼作模拟教室使用），可以让全班学生集中观摩教师的教学示范。

- 教学转播

系统具有教学实况转播功能，可以将任一微格教学现场转播供其他微格教室观看。

- 实况录像与播放

系统具有实况录像与播放功能，在中心控制室可以对各个微格教室进行教学实况录像，并重播录像节目供各微格教室观看，各教室可以播放同一节目内容，也可以根据需要，不同室播放不同节目内容。

（2）管理方面。

- 监视

系统具有全方位的监视功能，在控制室的电视墙中，可监视各微格教室的教学活动实况。

- 控制

在控制室中，利用云台控制器可以控制各微格教室的摄像头上下、左右移动和摄像头的调焦、变焦以及光圈大小；利用矩阵切换器和录像播放系统，可以实现各路视频、音频信号的切换、转播和录像等功能。所有的控制操作均在控制台上完成。

- 对讲

在控制室，教师可与任一微格教室进行双向对讲，以便学生遇到问题时，教师提供及时的指导。

（3）反馈评价方面。

- 反馈及时、准确

在微格教学系统中，教师借助摄像监控系统可以实时掌握每一组学生的训练状况，学生在模拟教学训练后，通过及时重播录像，也可了解自己训练的情况。

- 评价客观、全面

在微格教学训练过程中，具有多种形成性评价方式：可以是"角色"扮演者通过重播自己训练的录像，肯定成绩、分析问题，进行自我纠正和评价；也可以是同组训练的学生一起观看重播录像，对"角色"扮演者的模拟教学情况进行讨论、分析和评价；此外，指导教师也可以对"角色"扮演者的模拟教学情况进行全面的分析、评价，并提出改进意见。可见，利用微格教学系统，可以从不同角度以不同方式对"角色"扮演者的训练情况进行较为客观、全面的评价，这些评价方式，对于帮助"角色"扮演者提高教学技能都是及时有效的。

3. 教学应用

微格教学系统主要用于技能训练、示范教学、观摩教学和教学实况转播与录像等方面，微格教学系统的应用需要按一定的技能训练程序进行。

（1）确定训练目标。必须明确训练的具体目标，即让被训练者明确他应该掌握哪些技能及达到何种程度。

（2）分析技能特点。在微格教学实践前，应组织学生学习、分析和研究各项技能的原理、特点、执行程序和操作方法，为下一步的设计训练方案（或教案）和模拟实践等环节打下基础。

（3）观摩技能示范。通过观看反映某些技能的示范性录像、录音或优秀的课堂教学实况录像，或观摩指导教师的现场表演示范，让被训练者对这些技能的原理、方法和操作程序有直观的了解，有助于使训练目标和要求更加具体化。

（4）设计技能训练方案（或教案）。设计技能训练方案（或教案）可以使被训练者更加规范、准确地掌握技能。如果是教学技能训练，被训练者在进行模拟教学实践前必须编写教案，教案的主要内容包括：教学目标、教师和学生的活动安排、时间分配以及应用的主要教学策略等。

（5）模拟技能实践（或教学实践）。对一般的模拟技能实践，被训练者根据训练方案进行几分钟的技能操作、练习或表演，同时用摄录设备将实况记录下来；对于模拟教学实践，由被训练者和同组训练的同学组成微型课堂，并分别扮演"教师"和"学生"角色，在微型课堂上被训练者进行一段教学内容的教学，同时将教学实况记录下来。

（6）重播录像，分析评议。模拟技能实践结束后，被训练者和指导教师一起观看重播录像（在教学技能训练中，还需要模拟学生参加），被训练者首先对照技能训练方案进行自我评议，及时发现问题，找出差距，然后指导教师和其他人（或模拟学生）进行分析评议，帮助被训练者发现问题，纠正缺点并提出改进意见。

（7）考核评分。通过观看重播录像和分析评议，根据技能训练目标，可以对被训练者进行考核评价，达到要求者，转入下一技能训练项目；未达到要求者，需要修改技能训练方案，重新进行模拟技能训练实践，直至达到技能训练要求。

第二节　教学过程的组织

一、教学组织形式

为了完成教学任务，实现教学目标，除必须确定教学内容，采取适当的教学方法和手段外，还必须凭借和运用一定的组织形式。任何一种教学活动都是由教师和学生双方所构成，在一定的时间和空间环境之中进行。要进行教学活动，就必然要涉及教师和学生、时间与空间的组织和安排问题。

（一）教学组织形式的概念

关于教学组织形式，不同的学者给予了不同的解释。国内教学理论界至今对教学组织形式的概念尚未形成一致的看法，但均在不同程度上或从不同角度表明了教学组织形式的一些特征。可以认为，教学组织形式就是教学过程中教师和学生的组织学习活动的方式及教学时间和空间的安排方式。

（二）教学组织形式的分类

1. 集体授课

集体授课是目前学校教育中最通用的一般教与学的形式，教师一般通过讲授、板书、演示、提问等手段或投影、幻灯、录像、计算机等多媒体等视听媒体向学生传递教学信息。通过广播、电视、网络或卫星转播等手段还可以扩大教学规模。不管是哪种具体的形式，都主要是教师对一个班级或一组学生，在一定的时间间隔内单向传递教学信息。在较小的班级中教师与学生可能有一定程度的双向交流，但是通常学生是被动地接受信息。

集体授课适用于以下几种情况。

- 导入新课题的目标和要求，为学生指明学习方向。
- 介绍课题的一般背景知识或必需的预备技能。
- 系统讲解课题范围内的观点和材料。
- 介绍专业领域新近的发展情况。
- 邀请外来专家演讲或放映电影、录像等，而这些资源不可能由学生个人或小组独享。
- 进行课题或单元的复习、小节。

鉴于集体授课的局限，我国学校教学中常采用集体授课后分小组活动的方法来提高教学效果。在集体授课中，充分发挥教学媒体呈示教学信息的作用，教师则把主要精力投入对学习者进行诊断、辅导、强化等教学活动中，发挥教学组织者、管理者和评价者的作用，这是克服集体授课局限的一条有效途径。

【应用示例】在数学课教学中，在讲解立方体方面的知识时，张老师通过讲授、板书、演示等方法来向全班学生传递有关立方体体积计算的内容。

2. 个别化学习

个别化学习是由学生自主控制学习进度，独立完成学习任务，实现学习目标的一种教学组织形式。这种形式给予教师和学生面对面密切接触和相互了解的机会，现代教学论越来越重视教学中的这种人际交互作用，它是实现各类教学目标，培养健全人格，促使个体社会化的有效途径。同时这种形式要求学生必须有一定的自觉性和自主学习的能力。

个别化学习应用要点如下。

- 根据所要求的教学目标精心选择和准备学习活动、内容、媒体资源。

● 仔细安排学习活动，把教学内容划分成较小的独立步子，每个步子一般只包含单个知识点，认真安排各个步子的学习程序。

● 通过一定方式让学生展示自己对所学内容的理解情况和应用情况，以便在进入下一步学习之前，检验学生对前一步内容的掌握程度。

● 让学生立即知道每一步学习的检验结果，使他们伴随一次次的成功，充满信心地前进。

● 教师要尽可能多地与学生接触，诊断其学习困难，及时给予帮助；激励他们自觉学习，及时给予强化。

目前，个别化教学的方法和技术有多种，如程序课本或计算机化的程序教学、录音练习册、多媒体学习包、个别教学系统、导听教学、自学课件等，其中以计算机为基础的新的多媒体系统、计算机辅助教学系统更是异军突起，为个别化教学提供了丰富的形式。

【应用示例】抗日战争时期，日本对战时中国首都重庆进行了长达5年半的战略轰炸。在小学历史课的教学中，张老师让五年级一班的同学通过阅读教科书、访问校园网，点播并观看重庆大轰炸历史影音资料、自行记录笔记学习重庆大轰炸的相关历史。

3. 小组相互作用

小组相互作用是通过教师与学生、学生与学生讨论、交流，从而使教学信息得以传递和共享的教学组织形式。这种形式使教师和学生、学生和学生获得更多的面对面密切接触和了解的机会。

应用小组相互作用这种教学组织形式的要点如下。

● 为使学生受益，相互作用小组一般不超过12人，具体人数视不同活动内容及方式而定。

● 小组活动安排在教师向全班讲课或学生个人自学之后进行比较

有效。

- 小组活动应该围绕大班听课或自学中碰到的内容展开回顾、讨论、检查、修正，达到相互启发、巩固提高的目的。
- 如有必要，教师应在比较缓慢的进程中少量呈示教材，防止变相以"讲"为主。
- 有些活动可由学生自己主持，但教师始终应该是活动的全程的指导者和间断的参与者。
- 具体活动方式尽量多样化，可利用各种讨论、角色扮演、个案研究、模拟、游戏、参观等方式进行。

以上三种教学组织形式在应用时要达到某种程度的平衡，以便扬长避短，相互弥补和促进。在很多情况下，这三种教学组织形式并没有十分明显的界限，如正规的班级集体授课可以结合提问、讨论的方式，个别化学习中可以补充辅助性的小组相互作用等。

【应用示例】在学习资源设计与开发这一内容时，王老师为学生安排了学习小组，各组都有一个响亮的名字。"熠熠生辉"小组通过组内讨论、交流，互相分享各自对"资源设计与开发"的心得，以此获得更多的教学信息。

二、教学策略

教学策略是对完成特定教学目标而采取的教学活动程序、方法、形式和媒体等因素的总体考虑（邬美娜，1994）。雷杰卢斯（Reigeluth，1983）按照教学策略的工作对象，把教学策略细分成了三类：组织策略、授递策略和管理策略。教学策略具有指示性和灵活性，而不具有规定性和刻板性。

（一）组织策略

组织策略考虑如何将所选用的教学内容加以合理地编排，通常分为微策略、宏策略和综合策略3个方面。由于组织策略涉及较复杂的策略部件和编列规则等，这里只做简要介绍。

在组织策略中，微策略关心在一个教学单元（或知识点，如一个概念，一个原理）内部如何组织教学，通常被看做为一个教学编列（排序）问题；宏策略考虑如何将多个知识点组织成一个有机的整体，它实际上包括两个方面的问题：编列和综合，前者关心如何将各类教学内容（事实，概念，原理，过程）合理地组织成为一节课或一门课程，后者考虑如何建立不同知识元之间的关系；而从教学内容方面来讲，综合策略属于宏策略问题，其关心的主要方面是寻求适当的内容结构，帮助学生完整地理解课程的知识体系。

教学专家通常假定组织策略对学习应该有重要影响。微策略的作用形成多种教学模型，支持不同类型知识的记忆获得。宏策略的作用是促进已获得知识在长时记忆中的有效组织，进而有利于思维活动。然而，人们对于宏策略的研究远不如微策略彻底，甚至宏策略的部件还未完全确定，它们对于教学效果的实际影响如何还缺乏系统的研究。

（二）授递策略

授递策略考虑的是在教学过程中如何开展有效的交互活动，基本策略部件包括提问与反馈策略、学生控制策略和助学策略等。

1. 提问与反馈策略

提问与反馈是教学的重要过程。提问在学习过程中提供了以下三种功能。

（1）吸引和保持注意。

（2）使编码更容易。

（3）复述学习材料。

反馈的功能表现在以下两个方面。

（1）告知学习者回答是正确的还是错误的，是完全正确的还是部分正确的。

（2）纠正学习者的错误或帮助学习者自己纠正错误。

教学中常用的提问与反馈策略有以下几点。

（1）教师提问，学生响应，教师反馈。

（2）学生提问，教师反馈。

（3）学生提问，学生反馈。

（4）学生提问，计算机反馈。

（5）计算机提问，学生响应，计算机反馈等。

不同的教学环境与提问与反馈策略之间的关系如表7－1所示。

表7－1　教学环境与提问与反馈策略匹配表

提问与反馈策略　　教学环境	教师提问学生响应教师反馈	学生提问，教师反馈	学生提问，学生反馈	学生提问，计算机反馈	计算机提问，学生响应，计算机反馈
普通教室	很好支持	支持	支持	不支持	不支持
多媒体综合教室	很好支持	支持	支持	很好支持	很好支持
多媒体计算机网络教室	很好支持	很好支持	很好支持	很好支持	很好支持

2. 学生控制策略

学生控制策略关心的是如何将学生处于一种积极、愉快、有效的学习活动中。不同的教学环境对学生控制策略的支持性也不同（如表7－2所示），教学中常用的学生控制策略如下。

（1）集体讲授。

（2）班级头脑风暴。

（3）有效的小组讨论。

（4）个别化的学习指导。

（5）角色扮演等。

表 7 - 2　教学环境与学生控制策略匹配表

学习控制策略／教学环境	集体讲授	班级头脑风暴	有效的小组讨论	个别化的学习指导	角色扮演
普通教室	很好支持	支持	支持	支持	支持
多媒体综合教室	很好支持	支持	支持	支持	支持
多媒体计算机网络教室	很好支持	很好支持	很好支持	很好支持	很好支持

3. 助学策略

在当前信息化教学环境下，在信息技术与课程整合过程中，在学与教的过程中，应该充分考虑助学策略方面的因素，为学生的学习提供必要支持和帮助。不同的教学环境对助学策略的支持性也不同（如表 7 - 3 所示），教学中常用的助学策略有以下几点。

（1）先行组织者：指教师在教授新教材之前，给学生一种引导性材料，它要比新教材更加抽象、概括和综合，并能清晰地反映认知结构中原有的观念和新的学习任务的联系，其作用是帮助学生在获取新材料的过程中，能够有效地利用原来的概括性知识去同化新知识，实现新材料向主体的认知结构转化。

（2）思维导图：是一种思维工具。

（3）知识库：大量信息对象的集合，并允许用户根据某些属性进行检索。

（4）电子笔记：数字化的笔记。

（5）虚拟导师与虚拟学伴：利用人工智能技术让计算机来模拟教师和同级学伴的行为。

（6）匿名学伴：以学伴身份出现的匿名者。

表7-3　教学环境与助学策略匹配表

助学策略　　教学环境	先行组织者	思维导图	知识库	电子笔记	虚拟导师	虚拟学伴	匿名学伴
普通教室	支持	支持	不支持	不支持	不支持	不支持	不支持
多媒体综合教室	很好支持	很好支持	支持性弱	支持	支持	支持	支持
多媒体计算机网络教室	很好支持	很好支持	很好支持	很好支持	很好支持	很好支持	很好支持

（三）管理策略

管理策略考虑的是在教学过程中如何运用组织策略和授递策略部件来实现特定的教学目标，例如，怎样控制学习路径以满足个别化教学的要求。特别是在信息化教学环境下，利用各种信息技术实施教学，管理策略实际上代表了教学决策功能，一般而言包括以下几个基本部分。

1. 学生管理策略

学生管理策略主要是指对学生的个别特征，包括性别、年龄、知识水平、认知风格等方面的把握，以便更好地对学生进行学习任务分配和学习进程调控。

2. 教学方法选择策略

在进行单元教学过程中，如何选择教学方法始终是个重要问题。影响单元教学方法选择的因素有：学习目标、学生特点、目标受众、实际设计约束等。

3. 学习诊断

所谓学习诊断，是指通过相应的测试来评价学生的学习成果，以便确定学生是否达到规定的学习目标。在以客观主义为理论指导的单元教学过程中，通常采取掌握学习法，诊断的结果仅判为"掌握"或"未掌握"。在以建构主义为理论依据的单元教学过程中，对学生的评价不是简单地依据其学习结果，而是注重对学习过程的分析和评价。

4. 学习任务分配策略

根据宏编列策略规定的学习序列，为学生个人或小组分配适当的学习任务。在单元教学过程中，通常根据诊断结果为学生分配下一学习任务。若学生顺利通过当前目标，则为他分配新的学习任务，这叫前进处方；若学生未能达到当前目标，则给予提供复习或补习材料，这叫补救处方。因此，处方实际上涉及学习路径选择与学习进程控制问题。

5. 学习评定与奖励策略

学习评定策略与激励机制有关。在单元教学过程中可以运用三种不同的激励机制：

（1）独立机制：对个人学习成功或失败的判定与他人的学习表现无关，一般采取参照标准的测试方法来评定学生成就。

（2）竞争机制：个人学习成功的判定依赖于他人失败的判定，在教学中，有时会通过角色扮演游戏的方式展示学习结果，就可以引入竞争机制，在模拟学习中也常采取这种评定策略。

（3）合作机制：个人学习成功依赖于合作者全体的努力，在计算机支持合作学习系统中一般采取这种评定策略。

三、学习策略

学习策略是指学生能够自觉地运用技巧来提高学习成效的谋略。它实际上包括以下两方面。

1. 认知策略

认知策略是指学生懂得如何获取、选择、组织信息，复习学过的内容，将新内容与记忆中的信息发生联系，以及保持和检索不同类型的知识。

2. 元认知策略

元认知策略是关于如何"学会学习"（Learning to Learn）的高级认知策略，包括检查、督察、规划、预测等认知活动。具备元策略的人能够很好地控制自己的思维过程和学习活动。

学习策略研究被认为是认知心理学对于教学设计的最重大贡献。认知心理学的发展使人们明白了学习策略的重要性。认知心理学家提出了信息加工理论，他们认为有两种水平的记忆存储系统：工作记忆（WM）（也称为短时记忆）和长时记忆（LTM）。人的感官感知到的刺激首先进入短时记忆，而短时记忆只能保持有限的信息，也只能保持很短的一段时间。但是如果新的信息经过演练或者与长时记忆中的已有信息有一定的关系，那么它就进入长时记忆中。学习过程就是把新的信息以一种有意义的形式整合到长时记忆中。学习者对信息进行编码的时候，首先是感知到新的信息并把它从感受器转移到短时记忆。然后学习者激活长时记忆中的相关信息，并在新的信息和已有的知识之间建立起联系。当学习进入长时记忆阶段时，学习才有意义。因此，学生应该更多地把信息整合到长时记忆中。

另外，认知心理学家把知识分为三种类型：描述性知识、过程性知识和条件性知识。不同类型的知识需要记忆系统发挥不同的功能。描述性知识是指"知道事实"的知识层面，意味着知道某些信息。过程性知识是指"知道事情是如何发生的"的知识层面，与关于过程、规则和原理的信息有关。条件性知识是指"知道事情什么时候和为什么会发生"的知识层面，意味着做出决定选择和使用具体的过程、规则和原理。

学习策略可以帮助学习者获得不同类型的知识，并在信息处理的每一个阶段进行修改和调整。认知策略可以被认为是描述性和过程性知识，有助于把信息整合到长时记忆中。元认知策略被认为是条件性知识，它负责运用学习策略的"执行控制"。加涅认为，学习策略能够帮助学生注意到某一类事实，对新的信息进行编码，从长时记忆中提取信息，运用解决问题的技能。学习策略在学习的过程中发挥了重要的作用。

四、教学策略与学习策略的交互关系

由上可见，教学策略与学习策略是两类不同的知识。然而，在一个教学过程中，由于这两类知识要同时发挥作用，因此必须考虑它们之间的互动关系。

教师在帮助学生形成和运用有效的学习策略方面负有很大责任。也就是说，要把帮助学生的学习作为教学策略的要素，我们称之为助学策略。"助学"旨在为学生提供学习的工具和方法，在设计自动化教学系统时，应该把助学策略嵌入到教学软件设计中去。

下面是关于助学策略方面的一般性建议：

● 让学生监控自己的学习和思维活动（如让学生两人结对，互相督察同伴的学习、思维和行为表现）。

● 让学生根据他们已经阅读的内容预测下一步将会呈现什么内容。

● 让学生把各种观点与已有的知识结构相联系（与已经学过的相关知识结构相联系也是很重要的）。

● 让学生对身边发生的事情形成问题并自问（你今天提过一个好的问题了吗）。

● 让学生清楚什么时候寻求帮助（必须能够自我监控，要求学生说明他们是如何处理解决自己的问题的）。

- 向学生演示如何把知识、态度、价值观、技能迁移到其他的情境或任务中。

另一方面，学生也应该主动学会一些学习策略。认知心理学家提出了不少学习法，其中备受推崇的是 SQ4R 法，该方法包括概览、设问、阅读、反思、叙述、复习等一系列活动。

- 概览（Survey）——阅读每章要点、标题和目标等。
- 设问（Question）——简洁地描述你认为在阅读过程中需要注意的问题。
- 阅读（Read）——快速、仔细、积极地阅读材料，尽力回答前面描述的问题。
- 反思（Reflect）——可以写日记、做笔记，或者粗读学习材料。
- 叙述（Recite）——大声地告诉自己或别人你阅读过的内容，使用学习指南，回答每一章后面的问题。
- 复习（Review）——回顾你已经学过的内容，使用学习指南，重新阅读概要说明或每章末尾的小结。

第三节　学习过程的信息化管理

信息化管理就是利用计算机的数据管理和信息处理功能来支持教师的教学管理职能，帮助他们监测、调控、评价和指导学生的学习过程，并且为他们提供有助于有效教学决策的重要信息，以便提高教学活动的效果与效率。一般将教学的信息化管理称为计算机管理教学（Computer-Managed Instruction，简称 CMI），从计算机应用技术角度来说，CMI 属于管理信息系统（MIS）范畴，而在一个综合性的计算机教育管理系统中，CMI 可作为它的子系统，且与其他子系统之间有部分共享的数据库。

一、CMI 系统的功能模型

我们可以把教学过程看做为一个由教师（或计算机）和学生组成的信息传递系统，这个系统包括向学生传递的教育内容信息、学生内部的心理变化，以及学生在学习活动后的行为表现。教学管理的任务并不是直接向学生传送教育信息，而是观察、检测与分析学生的行为表现，从中获得关于学生学习情况的信息，进而根据情况及时调整教学策略。

CMI 系统是一种比较复杂的管理信息系统，不同的实用 CMI 系统在结构与功能方面均不尽相同。荷兰教育技术专家冯·黑斯（Van Hees）以图 7-1 所示的形式归纳了 CMI 系统的总体功能。大多数实用的 CMI 系统都是根据自己的任务和条件，从该模型中选择一部分功能组合而成的。

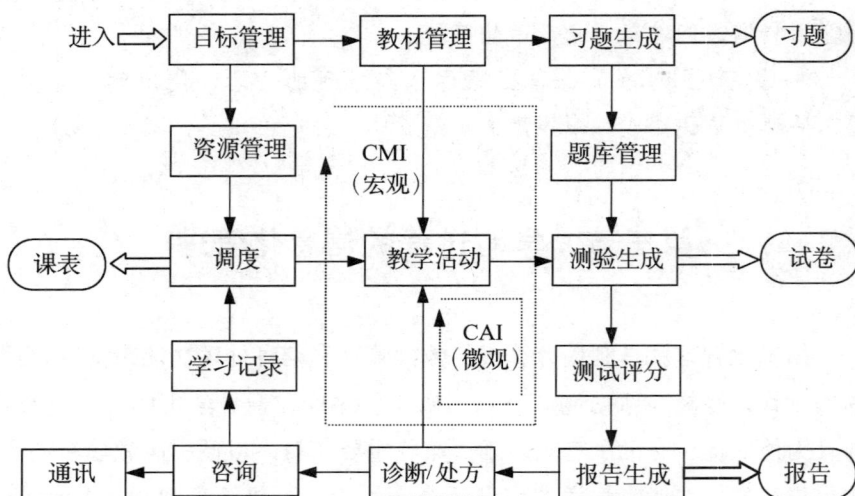

图 7-1 CMI 系统的总体功能模型

　　这一功能模型图还阐明了 CMI 与 CAI 之关系。显然，当"教学活动"为 CAI 时，CAI 便成为微观 CMI 周期中的一个环节，因而 CMI 系统成为 CAI 的监控系统。

　　下面对 CMI 系统的主要功能作分别介绍。

- 目标管理：允许教师描述教学目标。目标大小因系统管理水平高低而异，大到培养方案，小到教学单元，多数系统管理课程级的目标。

- 资源管理：以保证最有效地利用时间（教师工作时间）、空间（教室、实验室）和教学媒体（幻灯机、录像机、投影机、计算机）为目的。通常是根据处方为学生分配资源，以保证教学的需要，这是一种动态的、经常进行的资源分配。还有一种是一学期一次的课表编排，属于静态的资源分配，可以作为 CMI 系统的附属功能，也可纳入教务管理系统的范围，或作为独立的应用系统存在。

- 教材管理：帮助教师收集、编制与管理各种学习材料，可以是计算机中存储的课件，也可以是关于其他媒体教材的索引。

- 习题生成：利用一定格式的习题模板来自动生成问题，可作为教材库的派生功能或试题库的支持功能。

- 题库管理：允许定义试题的格式与属性，提供试题存入、检索、修改与删除等功能。

- 测验生成：允许教师描述测试的目标、覆盖范围、难度等属性，根据要求自动从题库中抽取题目组成试卷，印出书面试卷供脱机测试，或保存为电子试卷供联机测试。

- 测试评分：若测试脱机进行，则通过光电标记扫描仪（OMR）或光电符号扫描仪（OCR）将答题纸成批自动读入，然后核对标准答案和记分；若测试联机进行，则通过人机交互方式逐题测试，这种测试方式叫做"计算机施行测验"。现在有些计算机施行测试系统能够进行适应性测试，即可根据被试的表现即时调整试题难度与测试时间长短，用最小的试题量测出被试者的真实水平。

● 学习诊断：目的是确定学生的学习进程是否朝着预定的目标前进。从概念上讲，有表征性诊断与究因性诊断之分。表征性诊断是根据学生在单元测试中的结果，判定他在当前单元的学习中是否达到"掌握"程度，这种诊断不需要参考他的学习历史记录。究因性诊断是学生在当前单元的学习失败（即"未掌握"）的情况下，企图确定导致他学习失败的原因，以便寻求适当的补救措施，例如，改变教学方法或学习路径，这种诊断需要充分利用他的学习历史记录。目前多数 CMI 系统只限于作表征性诊断。

● 学习处方：根据学习诊断的结果为学生分派适当的学习任务，按其性质可分为前进处方与补救处方。当诊断结果为"掌握"时，为学生分配属于下一知识点的学习任务此为"前进处方"；当诊断结果为"未掌握"时，为学生分配属于同一知识点的学习任务，此为"补救处方"。补救处方中，新的任务与原来任务（曾遭失败的）往往有媒体或方法上的区别。于是，学生从处方中得到相应的学习指示，例如："请做×××作业""请看关于×××的录像""重学×××单元"，或"去请教×××老师"等。

● 生成报告：系统根据所记录的关于教学过程的信息，为各类教学参与人员编制报告。

● 通讯：在个别化教学情况下，如何使师生保持联系是一个重要的问题。许多基于网络的 CMI 都结合某种电子通讯工具（如 E-mail）供师生通讯使用。

● 学习记录：CMI 系统的运行需要依赖大量的数据，包括静态数据与动态数据。静态数据诸如课程文件、学生名册、教学资源等，大多是在系统建立时装入的。系统的学习记录则负责动态数据的采集，如测试数据、学习跟踪数据等。

● 调度：通过建立课时表安排教学活动，按教学活动的性质调配教学资源。

● 咨询：利用系统中记录的有关学生学习情况的数据，为学生提供咨询服务。例如，有可能根据这些数据推测其学习能力和知识结构，进而提出有关他的专业方向和进修计划的建议。有的系统还能提供关于就业方向的建议，成为"就业咨询系统"，这种系统需具备市场人才需求方面的大量信息，往往作为独立系统存在。

二、CMI 系统的分类

CMI 系统的各种功能模块按照教学需要与条件可以组织成功能不同的计算机管理教学系统。国际上对于 CMI 系统没有确定的分类方法，为讨论问题方便起见，我们结合教育文化的二维分类模型，即从个体主义—集体主义，客观主义—建构主义两个维度来考察教学系统的文化倾向（本书第一章已经有说明）。在此将这两个维度作适当的概念转换，变成个别化—集体化，教师为中心—学生为中心两个教学管理变量。

组合这两个变量，我们得到四类不同的教学管理模式，相应的，也有四类不同的 CMI 系统：学习监控系统，课堂信息系统，学习顾问系统，教学群件系统。同时，把教育计划管理系统置于中心地位，作为宏观的 CMI 系统来协调不同的学习模式与管理模式。教育计划管理系统与各类不同 CMI 系统相交部分（T1，T2，T3，T4）为 CMI 系统教学测评功能，它们可作为 CMI 系统的功能部件，也可作为计算机辅助测试系统而独立存在。图 7－2 显示作者的 CMI 系统分类模型。

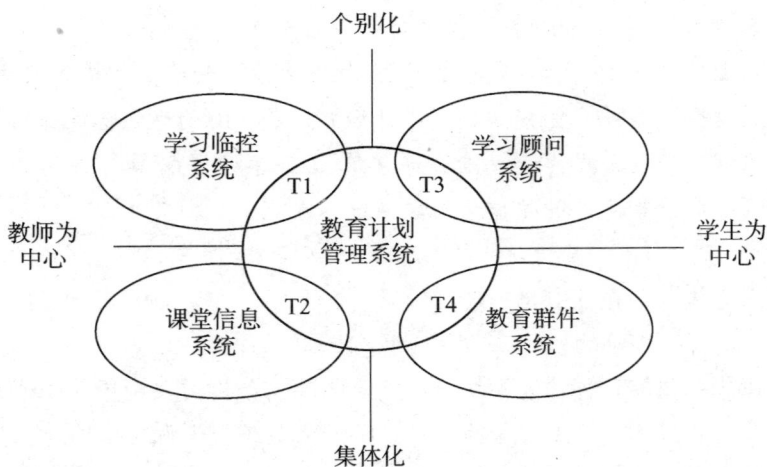

图 7-2　CMI 系统的管理模式分类

1. 学习监控系统

监测与控制学生，能为学生自动分配学习任务、提供练习与诊断性测试、评阅练习与测试，提供分析报告与跟踪学习进程。

2. 课堂信息系统

能自动采集反映课堂齐步教学过程中的学生行为数据，并进行数据处理分析与提供结果报告，教师可以获得关于学生群体特征和个人与群体之间关系的信息。

3. 学习顾问系统

通常称为"计算机学习顾问"（Computer-Based Study Advisor，简称 CBSA），能够为学习者个人就学习目标的设定、学习材料的选择、学习技术的配合等方面提供指导性建议。

4. 教育群件系统

能够管理与协调学生的合作性学习活动，包括学习群体的形成、学习活动的协调、学习信息的传输与整理。从技术上看，这类系统属于计算机支持协同作业的"群件"（Groupware）系统。

5. 教育计划管理系统

能够进行学生培养方案层次的管理，包括整体培养目标的选择、课程计划的编制、学习资源的调配、宏观学习进程的检测与控制等。这类系统注重教育目标实现过程的整体优化。

6. 教学测评系统

在教学活动后，通过有目的、有计划的测试，对学生学习后的行为做出合理的评定。教学测评在整个 CMI 领域占据非常重要的地位，图 7-2中的 T1，T2，T3，T4 代表不同测评子系统。从技术上来说，教学评价系统所依靠的主要手段是计算机辅助测试。然而，由于目前的计算机辅助测试基本上依赖于选答题形式，它对于带客观主义倾向的教学测试（T1 和 T2）比较合适。如何利用计算机支持带建构主义倾向的教学测试（T3，T4）还没有成熟的技术和方法。

三、实施过程评价与反思

评价是学习过程实施过程中的重要环节，因为评价能够让学生知道自己是否达到了教学目标，明确继续努力的方向；恰当的评价还可以给学生以动力，加速教学目标的实现；……关于评价的详细内容会在第八章介绍，这里我们重点谈一谈教学反思。

教学反思是指教师以自己的教学活动过程为思考对象，对自己所做出的行为、决策以及由此产生的结果进行审视和分析的过程。教学反思是一种有益的思维活动，它一方面是对教学中的正确行为加以肯定；另一方面又是进行自我批评、并且予以改正、完善的过程。

（一）撰写教学日记

教学日记是教师积极、主动地对自己教学活动中具有教育价值的各种经验，以及在此基础上进行的批判性的理解和认识予以真实的书面记录和描写，通过书写教学日记可以不断更新教育观念，改进教学工作，促进自身专业发展。比较常见的教学日记形式有：点评式、提纲式、专项式、随笔式等。教师可按自己喜欢的方式及感兴趣的内容予以记录，教学日记的内容可以包括：教学中的成功或不足、教学中的灵感、闪光点、教学中学生的感受、教学中的改革创新等。表7－4是进行教学反思的一种简单做法。

表7－4　教学反思表

班次：_____　姓名：_____　日期：_____

主题	
时间	
师生互动过程	
我的反思与心得	

（二）利用教学录像进行反思

反思也可以借助教学录像来进行。通过浏览自己或其他教师的教学录像带，在播放中找出一些感觉很特别的画面，将其静止，思考为何当时会这样地教，是否妥当，下次应如何改进等内容。还可以在观看了全部的教学过程后，思考"如果让自己重新设计这一课（或让自己上这节课）将会如何设计"等问题。这时，如果能有一位（或几位）同事或者专家与自己一起观看教学录像，共同交流和探讨，对教学现象或问题进行比较深入的分析和思考，则反思的作用将发挥得更好。

（三）教师间的交流讨论

上述两种方法比较侧重教师个体单独进行，即教师主要通过自我观察、自我监控、自我评价来进行自我反思，相对来说，具有一定的封闭性和局限性。毕竟单纯的内省反思活动往往比较模糊，难以深入，而且容易囿于自我。因此，在条件允许的情况下，教师还应该加强与同事间的对话，因为反思活动不仅仅是一种个体行为，它更需要群体的支持。和同事进行对话，不仅可以使自己的思维更加清晰，而且来自交流对象的反馈往往也会激起自己更深入的思考，激发自己更多的创意。教师可以以中心发言人的形式，将自己对某一问题的思考与解决过程展现给其他成员，在充分交流、相互诘问的基础上，反观自己的意识与行为，从而进一步加深对自己的了解。当然，这种交流和讨论的形式是灵活多变的，也没有好坏之分，只要能让每一位参与的成员畅所欲言，大家都有收获，达到交流的目的，就是最好的形式。

第四节　教学过程实施实例

根据学生对知识建构方式的不同，我们可以把课堂教学分为：授导型和探究型两大类。本节内容就围绕这两类课，以实例的形式来呈现学习过程的实施设计。

一、授导型教学过程实施案例

案例来源：广东省南海石门中学；设计者：覃光红

单元计划标题	归去来兮辞		
学科领域	语文	年级	高中一年级
班内人数	40 人	上课时间	周一上午 8：00
教学环境	多媒体综合教室（204 教室）	软件要求	PPT

学习过程

1. 学生通过自学课件中的"作者小传"和"文体知识"两个栏目，了解作者、创作的背景及文体知识。以师生提问的形式解决本文字、词、句的问题；

2. 老师范读一段，讲解朗读知识。学生自由选择课件中的音像材料，学习朗读；

3. 结合课件分析本文的层次结构；

4. 师生共同赏析课文，归纳本文的特点。学生自由选择两三首诗作简单的鉴赏，并作讨论，老师在诗歌鉴赏方面作简单指导；

5. 学生选取一首陶渊明的诗，写一篇简短的鉴赏文章

学习内容和方法的调整

对有特殊需要的学生：适当化解难度，给予更多关心。在引导学生对文章进行评价时，及时给予指导和提示；

对学有余力的学生：可以让他们自由发挥，允许他们从多个角度对文章进行评价，以充分挖掘其文学素养

对学生的评价

根据学生在学习过程中的表现和所作鉴赏短文来评价学生

注：案例略有改动。

二、探究型学习过程实施案例

案例来源：上海市宝山区实验小学；设计者：金云琼

单元计划标题	动物的种类——脊椎动物		
学科领域	信息科技，自然常识	年级	小学四年级
班内人数	40 人	上课时间	周三下午 3：00
教学环境	网络教室（208 教室），至少二至三人能共用一台计算机	软件要求	字处理软件，图像处理软件，PPT，网页制作软件

单元概述

　　教师先以鱼类为例进行本单元内容的教学，提示学生本单元的学习重点以及要达到的目标。使学生通过查阅老师提供的资料并根据要求上网搜索相关的资料，了解五大种类脊椎动物，通过同学之间的互相讨论，自己总结哺乳类、两栖类、鸟类、鱼类、爬行类的外形特点、生活习性等。资料搜索及小结的过程分组实现，每组负责一类动物。并将自己搜索的有关资料及总结的动物特征制作成电子讲稿或网页。各组进行集体展示与讨论，以学生的活动为主，教师可以提出参考意见。在讨论过程中修改完善电子讲稿或网页。最后把各组修改后的电子讲稿或网页，组合成一个完整的总结性的脊椎动物的电子讲稿或网站。本单元内容需要利用课余时间，此时各组可以通过 E-mail 加强之间的联系，还可以与老师进行沟通。

提供资源

印刷材料：小学自然常识四年级教材，各类动物画册或百科全书
有用的因特网资源：
http：//www. jdnets. com/zoo/index. asp
http：//qintan1. 163. net/
http：//www. shanghai-window. com/
http：//luckyifei. coc. cc/
http：//cutwater. topcool. net/

学习过程
分组：每 3 位学生组成一个学习小组。采用异质分组的方式进行：用学习风格测试系统对学生做一个小测试，把学习风格互补的学生分在同一个组。下面的学习活动均是以小组为单位展开的。 　　1. 教师以鱼类为例，播放电子讲稿范例或网站范例介绍鱼类的体表、呼吸、繁殖、运动等特征，学生通过观察得出鱼类的特征，总结出什么是鱼类，并借此了解电子作品制作的基本要求； 　　2. 学生利用网络或教师所提供的资源，进行其他几类动物的学习。每个小组分配一类动物进行搜索，收集各类动物的具体例子，总结出各类的特点。主要包括外形特点、生活环境、呼吸、繁殖方式等； 　　3. 学生把收集到的资料利用 PowerPoint 或 FrontPage 整理成电子讲稿或网页； 　　4. 各小组制作的电子作品进行交流展示，由此得出各大类的正确定义； 　　5. 把各小组的电子讲稿或网页组合，得出一个完整的动物的种类——脊椎动物的调查结果，其形式可以用电子讲稿或网站； 　　6. 交互性的练习，对学生的学习效果进行考核
学习内容和方法的调整
对有特殊需要的学生：适当化解难度，给予更多关心。制作电子讲稿及网页的要求可以降低。分组时将有特殊需要的学生与合适的伙伴结成小组。 　　对学有余力的学生：鼓励发挥他们的主导能力，在学习小组中起中心及组织作用，并作为技术后盾。能制作演示文稿或网页与其他学生共享学习成果。创建相关网站，与各地学生交流对动物的认识。
对学生的评价
根据学生学习过程中的表现和调查结果用电子讲稿、网站来评价学生

注：案例略有改动。

【实践活动】

1. 设计教学活动程序

请结合自己的专业，设计一个教学活动程序。并将设计的教学活动程序以适当的文档类型的成果表现出来，发布在"作业"中。

2. 教学策略的分析

根据上一题设计的教学活动程序，分析运月了哪些教学策略。小组可推选教学策略运用较好的教学活动程序发布在"成果共享区"中。

3. 师生共同讨论

在本章中，细心的读者可能会发现教材中不断出现教学过程和学习过程一词，请你注意一下，在教材中使用这些词汇时是如何区分它们的使用场合的？同时，可以结合你的理解，将本章中的一些词汇进行适当互换，使之能够符合你的阅读习惯。可以将自己的想法拿到专题讨论区中与其他同学相互交换意见。

4. 信息资源补给

请你利用网络搜集与本章学习主题相关的内容，并将其共享到学习平台中。

8

教学评价技术

【学习导航】

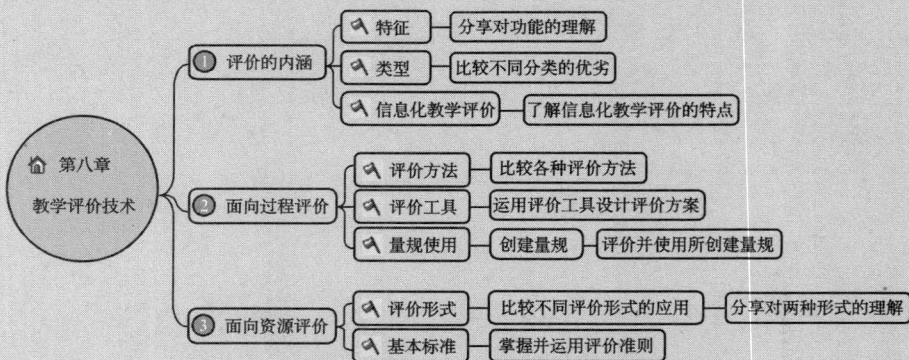

在第七章我们就提及了学习评价的概念及其重要性，本章将围绕学习评价，展开全面、详尽的讨论。

第一节　评价的基本内涵

学校教育质量的提高首先取决于教学质量的提高，而判断教学质量是否达到了要求，其依据就是教学评价。教学评价针对的不仅是学生，还包括教师的工作、学校的教学工作等方面。教学评价的实质是从结果和影响两个方面对教学活动予以价值上的判断，并引导教学活动朝预定目标发展。作为师范生，我们应该形成角色转换的意识，一方面，作为学习者，从学习者的角度看待评价；另一方面作为教学者，以准教师的身份开展评价。

传统的评价方式，以甄别与选拔为导向，只注重学习结果的考查而忽视了学习过程的判断，以单一的量化考试作为评价的主要依据，在一定程度上制约甚至阻碍了学生的发展。

信息化教育的发展，对人类的学习产生了深远影响。教育更加注重发挥学习者的创造精神，培养学习者的综合能力，自主探究学习、合作学习等模式由此应运而生，教育评价理论也随之发生了变化。目前教育界大力倡导多元评价，即在评价中充分发挥学生的主体作用、在学习过程中完成动态评价，关注质性评价与量化评价结合运用，真实地评价学生的潜能、学习成就，真正地把学习过程与评价过程结合在一起，为促进学生的发展提供全方位信息。

一、评价的功能

教育心理学和教学论的研究指出，教学评价对提高教学效果具有明显的促进作用，评价的功能主要表现在以下五个方面。

1. 反馈调节功能

通过教学评价可以获得有关教学活动的反馈信息，以便师生调节教和学的活动，使教学能够始终有效地进行。信息反馈包括两类：一是以指导教学为目的的对教师教学工作的评价，二是以自我调控为目的的学生自我评价。

2. 诊断指导功能

评价是对教学效果的判断以及对其成因的分析过程，借此可以了解教学的成效和缺陷、矛盾和问题，以便为教学的决策或改进指明方向。

3. 强化激励功能

通过评价调动教师教学工作的积极性，激起学生进行学习的内部动机，使教师和学生都把注意力集中在教学任务上。

4. 提高教学功能

评价本身也是一种教学活动，它可以帮助学生复习、巩固和综合所学内容，也可以帮助教师发现学生存在的不足，进而形成合理的教学活动设计，让学生自己探索、领悟，获得新的学习经验或达到更高的学习目标。

5. 目标导向功能

将评价的依据或条目公布给被评价者（教师或学生），将对被评价者下一步的教学或学习目标起到导向作用。在信息化教学设计中，强调以学生为中心，学生将被赋予较高的主动性和独立性，这样一来，教师将更为关注学生是否能够在学习过程中按照既定的教学目标努力。也有助于学生自己调节努力方向，从而达到教师预想的教学目标。

在教学实践过程中，评价是很重要的一个环节，不同的人往往形成自己的评价经验与技巧。案例 8 - 1 就体现了评价的功能。

［案例 8 - 1］曹操是奸雄还是英雄？

本案例阐述了学生采用自主、合作、探究的方式，在网络环境的支持下，从不同的角度对"曹操"进行了研究与反思。

主题：曹操是奸雄还是英雄？

活动背景

九年义务教育教材小学语文第十册《赤壁之战》、十一册《草船借箭》。

活动计划

首先在课堂上理解《赤壁之战》《草船借箭》，利用课外时间阅读相关书籍，初步了解曹操。组织学生讨论：你认为曹操是个怎样的人？根据学生的观点，分成"曹操是英雄""曹操是奸雄"两大论点组进行探究。教师提供信息资源，推荐相关书籍，创设虚拟网络。学生按各自的研究兴趣，确定研究课题，并组成研究小组，收集有关曹操各方面的资料。在收集了大量资料后，选择感兴趣的话题，在学校的问题创新学习平台上进行在线讨论。讨论之后，学生整理自己收集的信息，为辩论赛《英雄还是奸雄》、小品《我演曹操》做准备。最后学生反思总结，把自己收集的资料和形成的观点进行整理，完成研究小论文，并共同合作制作主题网站《曹操》。

对每次活动的开展，将参照以下评价表（表8－1，表8－2，表8－3）分别对学生的表现进行评价。

表8－1　信息收集交流评价表

评价项目	评价内容	评价等级				反思自评	建议互评	家长反馈
		A	B	C	D			
收集信息	1. 内容丰富，有独创性							
	2. 内容与曹操的主题紧密联系							
	3. 积极收集信息和整理资料							
	4. 合作态度和参与程度							
表情达意	1. 吐字清楚，富有情感							
	2. 交流时，能尊重、理解对方							
处理信息	1. 敢于发表不同的意见							
	2. 能根据占有的课内外资料，形成自己的观点							

表 8 - 2　研究报告评价表

评价项目	评价内容	评价等级				反思自评	建议互评	家长反馈
		A	B	C	D			
题目	1. 研究内容与曹操有关							
	2. 有一定的新意							
写作技巧	1. 充分利用信息资源							
	2. 善于观察，能有意识地积累与曹操有关的素材							
	3. 形成对曹操独特的看法							
其他	1. 书写整洁							
	2. 符合研究报告撰写要求							
	3. 初步学会运用文字、图表、图画、照片等展示研究成果							

表 8 - 3　辩论赛评分表

评分项目	分　值	正　方	反　方
发言内容与说服力	20		
表达与论辩能力	30		
辩论技巧与风度	20		
小组合作性	20		
辩论规则的遵守	10		
总分	100		
最佳辩手（1 人）			

（本案例由深圳市南山实验学校周美英老师提供。案例略有改动。）

二、评价的类型

按照不同的划分标准，我们可以把评价分为不同的类型，典型的分类方式有以下几种。

（一）按价值标准分

1. 相对评价

相对评价是在被评价对象的集合中选取一个或若干个个体为基准，然后把各个评价对象与基准进行比较，确定每个评价对象在集合中所处的相对位置。假设被评价对象集合中的元素是 A_1，A_2，A_3，…，A_n，而选定的基准是 M，则相对评价可用图 8 - 1a 表示。考试以后，教师将全班成绩进行排名，此时所采用的评价方式就是相对评价。

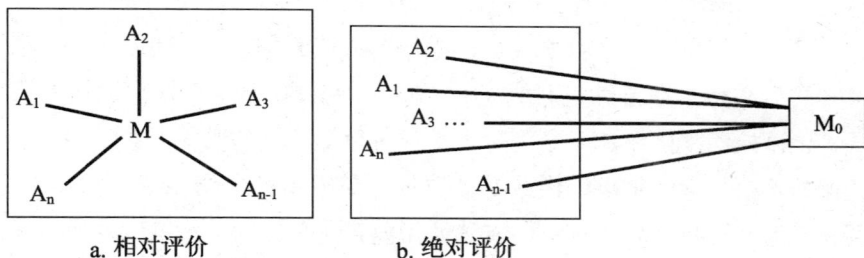

a. 相对评价   b. 绝对评价

图 8 - 1 相对评价与绝对评价示意图

2. 绝对评价

绝对评价是在被评价对象的集合之外确定一个标准，这个标准被称为客观标准，把评价对象与客观标准进行比较，从而判断其优劣。评价标准一般是课程标准以及由此确定的评判细则。假设被评价对象的集合中的元素是 A_1，A_2，…，A_n，客观标准是 M_0，则绝对评价可用图 8 - 1b 表示。

（二）按评价的功能分

1. 诊断性评价

诊断性评价也称教学前评价或前置评价。一般是在教学活动开始之前，为使计划更有效地实施而进行的评价。通过诊断性评价，可以了解学生的学习准备情况，为教学活动中的教学策略提供科学依据。

2. 形成性评价

在教学进行过程中，为引导教学前进或使教学更为完善而进行的评价。形成性评价注重过程，关注学生的未来和发展。通过形成性评价，教师能及时了解学生在学习过程中遇到的问题、做出的努力以及获得的进步，以便对学生的持续发展和提高进行有效的指导。

3. 总结性评价

总结性评价又称事后评价，一般是在教学活动告一段落时，为把握最终的活动结果而进行的评价。例如，学期末或学年末各门学科的考试，可以检验学生的学习是否达到了各科教学目标的要求。总结性评价注重的是教与学的结果，借此对被评价者所取得的成绩做出全面鉴定，区分等级，对整个教学方案的有效性做出评定。

上述三种类型的评价各具特点，表8－4是对这三种评价的比较。

表8－4　诊断性评价、形成性评价和总结性评价的比较

类型 要点	诊断性评价	形成性评价	总结性评价
实施时间	教学之前	教学过程中	教学之后
评价目的	摸清学生底细以便安排学习	了解学习过程，调整教学方案	检验学习结果，评定学习成绩
评价方法	观察法、调查法、作业分析法、测验法	经常性测验、作业、日常观察	考试或考查
作用	查明学习准备情况和不利因素	确定学习效果	评定学业成绩

（三）按评价表达方式分

1. 定性评价

定性评价是对评价资料作"质"的分析。主要以评语的形式，客观、全面地描述学生的学习状况，更多地关注学生已经掌握了什么、获得了哪些进步、具备了什么能力、在哪些方面具有潜能，并帮助学生明确自己的不足和努力的方向。

【案例8-2】等级加批语的批阅结果

在学生的课堂作业或试卷上，除了有优、中、良的批阅等级或分数以外，还会标注教师的意见：鲜红的五角星、小红花、"你真棒！""这道题为什么还出错？""在这次考试中，你比以往进步了许多，阅读题还需要加强，课后要多练习"，这类激励、质疑、总结性的评语，能引起孩子的注意和思考，有利于学生扬长避短，不断进步。（如图8-2）

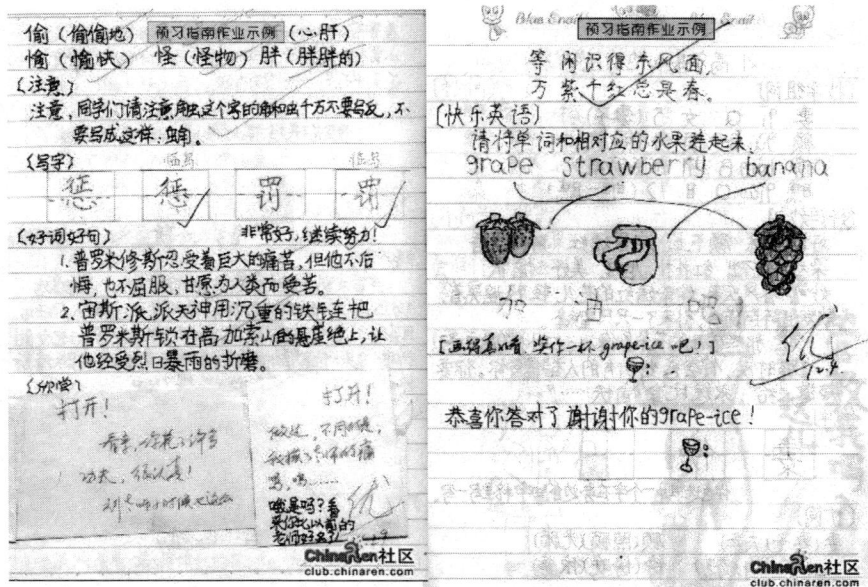

图8-2　学生作业批阅示例

2. 定量评价

定量评价是从"量"的角度，运用统计分析、多元分析等数学方法，从复杂纷乱的评价数据中总结出规律性的结论。由于教学涉及人的因素，各种变量及其相互关系是比较复杂的，因此，为了体现数据的特征和规律性，定量评价的方向、范围必须由定性评价来规定。定量评价主要指百分制或等级制的方式。

定性评价和定量评价是密不可分的，两者互为补充，相得益彰，不可片面强调一方面而忽视了另一方面。

（四）按评价对象分

1. 面向学习过程的评价

面向学习过程的评价着重于测量与评价学生的学习情况，也就是采用测量工具和方法对学生的学习过程或学习结果进行描述，并根据教学目标对所描述的学习过程或结果进行价值判断。

2. 面向学习资源的评价

学习资源是指能够与学生发生有意义联系的人、材料、工具、设施、活动等。这些资源来自两个方面，一方面是现实世界中原有的可利用的资源，另一方面是专门为了学习目的而设计出来的资源。这里我们所讨论的学习资源主要指后一种，如各种教学产品（在信息化教育中，尤其指课件和网上资源）等。面向学习资源的评价主要是根据教学目标，测量和检验学习资源所具有的教育价值。本章第二、三节将对这两种评价方式作详细介绍。

三、信息化教学评价

在信息化教育中，教学形式应该是以学生为中心的，学生的角色由被动的接受者变为主动的知识建构者，并将最终被培养成为具有处理信息能力的、独立的终身学习者。教学形式发生了改变，教学评价的发展与变革也就成了必然。这里，我们所说的信息化教学评价特指适应信息化教育需要的，体现"以学生为中心"和"面向过程"特点的新型教学评价。

（一）信息化教学评价的主要变化

为了达到信息化教育的培养目标，信息化教学评价必须要与各种相关的教学要素相适应，在实践过程中，既与人们常用的评价方式存在诸多联系，又拓展和补充了评价的过程与内涵，形成了以下一系列重要变化。

1. 评价目的

在通常情况下，教学评价侧重于评价学习结果，以便给学生定级或分类。评价通常包含根据外部标准对某种努力的价值、重要性、优点的判断，并依据这种标准对学生所学到的与没有学到的进行判断。在信息化教学中，评价是基于学生表现，用于评价学生应用知识的能力。关注的重点不再是学到了什么，而是如何应用的问题。

2. 评价标准的依据

原有的评价标准一般是根据教学大纲或教师、课程编制者等的意图制定的，因而对团体学生的评价标准是相对固定且统一的；而信息化教学强调学生的个别化学习，学生在如何学、学什么等方面有一定的控制权，教师则起到督促和引导的作用。

3. 对学习资源的关注

人们习惯的教学中，学习资源往往是相对固定的教材和辅导材料，因而常常忽视对于学习资源的评价。而在信息化教学中，学习资源的来源十分广泛，特别是互联网的介入，更使学习资源呈现了取之不竭之势。然而这些资源的质量参差不齐，这就需要进行甄别和筛选。在这种情况下，如何选择适合学习目标的资源不仅仅是教师的重要任务，也是学生终身学习所要获得的必备能力之一。

4. 学生所获得的能力

信息化教学过程中，学生的角色不再是被动的。他们除了可以通过教师的评价被定级或分类，还可以进行自我评价，从多重评价的反馈中认识自己，并调整自己的学习行为。

5. 评价与教学过程的整合性

在信息化教学中，评价不再仅仅是教学之后进行的一种相对独立的、终结性的活动。评价具有指导学习方向、在教学过程中给予激励的作用，评价已经融入了学习过程之中。评价是镶嵌在真实任务之中的，是一个进行之中的、嵌入的过程，是整个学习不可缺少的一部分。

（二）信息化教学评价的实施要求

为了便于更好地实现教学目标，在实施信息化教学评价的过程中，一般可以考虑以下几个方面的要求。

1. 预先提供评估标准

预设的评价方案，将有助于学生在学习过程中把握学习目标，为学习提供清晰的导航。教师在设计具体的教案之前，应首先以评估者的身份思考一些问题，包括"我们怎么知道学生已达到了预期的结果和标准""我们可以用什么证据说明学生的理解和精通程度"等，在活动开始前使学生对自己要达到的目标有一个明确的认识。

2. 实施分层次的评估

在实施评估时，要注意评估的层次。如常用的量规、档案袋、概念地图等工具，不仅能够检验学生在具体情境中使用知识的能力（包括学生在实际任务中所表现出来的提问的能力、寻求答案的能力、理解的能力、合作的能力、创新的能力、交流的能力等），还能够评估学生的高级思维能力。通过多层次的评估，学生可以逐步认识到要进一步思考和研究的领域，达到更高的学习目标。

3. 引领学生自评和互评

让学生参与制定和使用评价的标准，不断评价自我、评价学友、评价教师等，帮助学生加深对自我的了解，了解学习过程中"需要解决的问题是什么""怎样才能知道自己已经取得了进步""如何才能得到提高""怎样才能达到优秀"之类的问题。

4. 提供适当的社会参与性评估

社会性的评估，如家长评估、社区评估等，可以为学生提供发布学习成果的机会。可以通过网上评价等方式，让家长甚至社区参与到学生成果的评估过程，有助于学生将自己的学习环境与社会情境联系起来，了解社会需求，明确学习任务与社会角色之间的关系，从而成为更加主动的学习者。

5. 利用评价优化资源

在信息化教育中，学习内容是开放的、动态的。而要保证其开放与动态，需要相应的评价方案来筛选合适的资源，或剔除不适宜的资源。这些资源包括原有的学习内容、学生通过学习创造的资源（如作品，对原有内容的讨论与质疑，创新的想法等）、学习发现的资源（如新的相关材料、网站链接等）。通过合理的评价方案帮助师生获得适宜的资源，有助于资源的优化。

应该指出的是，信息化教学评价并不是对原有评价方式的否定，而是一种完善与补充，它为评价提供了更多的支持工具与思路，一个成熟的教学设计者应该注意在实际教学中，巧妙地运用新的工具或方法，全面评价学生的学习过程与行为。

第二节　面向学习过程的评价

参考第一章中介绍的 AECT'94 定义中所描述的教育技术的研究对象，本节和下一节将重点思考如何对学习过程和学习资源进行评价。

面向过程的评价侧重于测量与评价学生的学习情况，主要关注如何采用测量工具或方法对学生的学习过程或学习结果进行描述，并根据教学目标对所描述的学习过程或学习结果进行价值判断。

面向学习过程的评价同样包括诊断性、形成性与总结性评价，分别应用于教学过程开始之前、过程中与学习任务完成后。

一、基础性评价方法

（一）测验

如果评价的目的是为了了解学生认知目标的达标程度，测验是最常用的工具。试卷是实现测验这种评价方法的主要工具之一，通常有两大类测验题，即构答题和选答题。所谓构答题，一般为主观性试题，指的是要求学生用文字、算式等，对给定的题目提供正确答案的试题，具体包括作文题、算术和填充题等。所谓选答题，一般是客观性试题，指的是要求学生在题目所附带的两个以上的答案中选择正确答案的试题，具体包括是单项选择、多项选择、配对、组合等类型。这两大类试题各有利弊并恰为互补，是不能相互取代的。

根据评价目标的差异，可以选用不同的题型，如在评价较高层次的理解能力、归纳推理能力、组织和表达能力方面，构答题（除填充题外）比选答题效果好；在评价较低层次的知识记忆、一般理解和判断能力方面，选答题比构答题效率高；在编制题目的技巧方面，构答题比选答题容易掌握；在判断和反馈答案的正误方面，选答题比构答题容易处理。一般情况下，这两类试题通常是结合起来使用的。

目前，人们比较关注如何在信息化教育环境中编制合适的测试题，并在寻找合适的自动化评判方式，以利于执行评价标准时能够做到相对统一。但对于主观性较强的测试题目，评价系统给予统一评价的难度是较大的，如果利用网络等方式，让广大学习者多角度的参与评价和补充，也许会更有利于实现评价的目标。

（二）调查

调查作为教学评价的重要手段，它可以了解学生的学习兴趣和态度、学习习惯和意向，了解各方面对教学过程和教学效果的意见，也可以通过调查了解学习资源对学生产生的效果等，从而判断教学或学习资源的有效程度，为改进教学或学习资源提供依据。调查的主要形式有问卷和面谈两种。在调查过程中，将有很多相关因素相互作用，以面谈为例，谈话时的气氛、谈话人的态度、谈话人的身份、谈话的时间、问题的表述及敏感性等都会影响调查的结果。为此，为保证评价的合理真实，必须事先对即将付诸实施的调查进行精心的设计。

问卷调查表是进行调查的工具之一，它的设计将直接影响到调查的结果。在设计问卷调查表时，应该注意：首先要明确调查目标，并根据调查目标设计表述简单明了、没有歧义的问题，同时也要考虑调查结束后，这些问题在进行整理评价时的意义；其次，为被调查者的方便起见（也是为了避免草率的问卷填写），应使问卷填写工作尽可能地简单。为此最好将每个问题的答案都设计成选择题的形式，并提供尽可能多的答案，同时在必要的地方也不要忘了设置"其他"项收集意料之外的答案。最后，还要考虑问卷调查表的表现形式。最基本的要求是简洁大方，便于理解，方便填写。

如果能够将调查和网络等形式结合起来，对于收集和处理信息会带来更多的便利。同样，目前人们已经开发了许多专门用于支持研究统计的软件，可以使得数据分析更为方便。

（三）观察

观察即在教育自然的场景下了解观察对象。观察与测验、调查不同的是被观察者像往常一样的学习和活动，不会产生或感到任何的压迫感。所有收集的资料自始至终都是被观察者的常态表现，都是自然的、真实的。观察一般要在事前确定观察目的、观察范围，并必须明确对将观察的某现象需设置哪些变化的情况或场景，使被观察者在这种特定条件下进行活动，以获得合乎实际目的的材料。如在情境化教学的评价过程中，观察就具有不可替代的作用。如果在实际应用中，能够巧妙运用量规等评价工具，会取得更好的评价效果。

二、信息化学习评价工具

在信息化教学中，除了要根据教学目标的不同对评价方法进行改造外，人们还开发了一些新的评价工具。

（一）电子学档（E-Portfolio）

在信息化教学中，电子学档常常成为记录学生的学习进程、保留学生的学习轨迹、汇集学生的电子作品的学习过程评价方法。

电子学档（e-learning portfolio 简称 ELP 或 E-Portfolio）是按照一定目的收集的、反映学生学习过程以及最终成果的一整套电子材料。一个电子学档就是学生学习成果和作品的一种集合体，这种集合体代表和展示着学习者的发展和技能，在电子学档中描述他们的学习情境，介绍他们的作品和反思他们的学习过程。同时在许可的条件下，电子学档也可以作为一种交流工具。同时基于电子学档的评价实质上是一种过程性评价和真实性评价。在这种评价框架中，评价从多种渠道收集学生学习情况的信息，所以说电子档案的使用在客观上有助于促进个人的发展，学生也能在自我评价中逐渐变得更加积极。

电子学档的内容并非固定不变，它根据使用目的、对象的不同而不同。电子学档可包括数字化形式的各种学习材料。一般的，电子学档包含以下几方面的内容（如图8－3所示）。

（1）学习者基本信息，如姓名、学号、年级等。

（2）主题任务描述和学习计划安排，如学习计划表、研究活动的相关描述文档等。

（3）搜集的作品及选择的理由，如作业、调查报告、演示文档等。

（4）评价和反思，如教师评价文档、学生互评、自评、反思文档等。

图8－3　电子学档示意图

（二）学习契约（Learning Contract）

学习契约（Learning Contract）也称为学习合同，是学习者与帮促者（专家、教师或学友）之间的书面协议或者保证书。这种评价方法来源于真正意义上的契约或合同。学习契约一般由以下5个要素组成。

（1）学习目标；

（2）学习资源与策略；

（3）完成学习目标的证据；

（4）评价证据的标准及工具；

（5）完成学习目标的时间表。

制定学习契约的目的主要是为了培养学习者规划自己学习的能力，加强学习者的责任心。学习契约的基本原则是以"学"为核心，以"任务驱动"和"问题解决"作为学习研究活动的主线。

由于学习契约允许学习者控制自己的学习进程（如图8－4所示），从而在最大限度上满足了学习者的个别化需要，又由于学生自己参与了保证书的签订，了解预期的工作任务，因而有助于学生在较长的时间内根据契约的内容来评价自己的学习，保持积极的自律，反过来也能激发学生的学习动机与学习热情。当然，学习契约也不一定总是给学生很大的自由度，教师完全可以根据需要制定相对客观的学习指标。

同伴辅导学习契约

被辅导者姓名：＿＿＿＿＿＿ 辅导者姓名：＿＿＿＿＿＿

辅导专题：
＿＿＿＿＿＿＿＿＿＿＿＿＿＿＿＿＿＿＿＿＿＿＿＿＿＿＿＿＿＿

辅导：

你期望通过这次辅导学到什么？打算通过什么方式来学习？

这个假期你想学习什么技能？怎样培养这些技能？

你在怎样的环境下学习最有效？

辅导者：

你打算何时开始辅导，如何辅导？

日期/时间/地点：＿＿＿＿＿＿＿＿＿＿＿＿＿＿

你打算何时评价被辅导者的作业，如何评价？

日期/时间/地点：＿＿＿＿＿＿＿＿＿＿＿＿＿＿

你打算何时检查被辅导者的学习状况，如何检查？

日期/时间/地点：＿＿＿＿＿＿＿＿＿＿＿＿＿＿

签名：

被辅导者：＿＿＿＿＿＿＿＿＿＿ 日期：＿＿＿＿＿＿＿＿

辅导者：＿＿＿＿＿＿＿＿＿＿＿ 日期：＿＿＿＿＿＿＿＿

图8－4 同伴辅导学习契约

（三）概念图（Concept Map）

概念图是一种用来组织和表征知识的工具。概念地图能有效记录学习者的思维历程、概念形成过程，也是学习者开展自我反思、自我评价的工具。实际应用中，教师可以和学生在进行"头脑风暴"的基础上组织成一个概念图，这一显示主题和有关子主题的图对于学习活动的进行和评价有重要的意义，有助于学生以具体和有意义的方式表征概念。概念图的另一个优势是它可以记录人的思维过程（如头脑风暴中的集体思维过程），这对于学生的反思十分有价值。它通常将某一主题的有关概念置于圆圈或方框之中，然后用连线将相关的概念和命题连接，连线上标明两个概念之间的意义关系（如图 8 - 5 所示）。

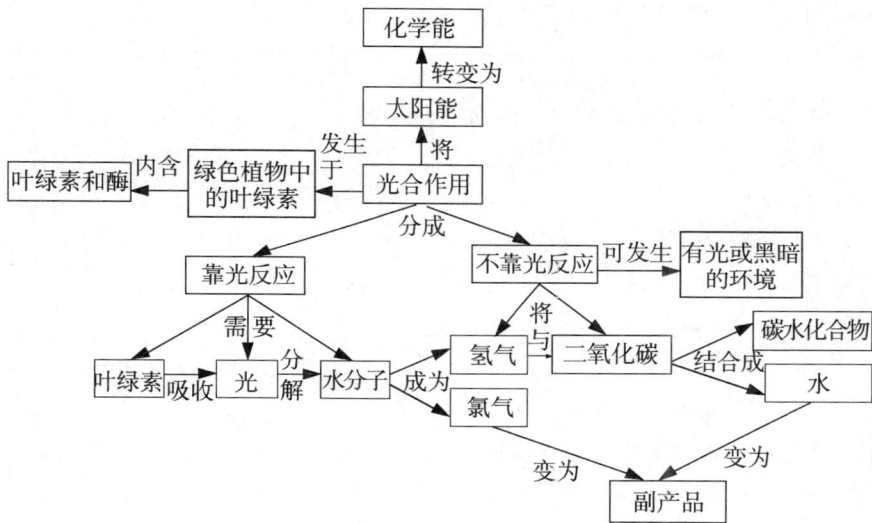

图 8 - 5　概念图示例

（四）量规（Rubric）

量规是一种结构化的定量评价标准，往往是从与评价目标相关的多个方面详细规定评级指标，具有操作性好、准确性高的特点。在应用作业分析和学习契约等评价方法时，应用量规可以有效降低评价的主观随意性，不但可以教师评，而且可以让学生自评或同伴互评。如果事先公布量规，还可以对学生学习起到导向作用。

本节的第三部分还将对量规进行具体介绍。

（五）评估表（Assessment Form）

评估表是以问题或评价条目组织的表单，适当地设计可以帮助学习者通过回答预选设计好的问题来产生某种感悟，有效地启发学生的反思，从而增强他们的自主学习能力，达到提高绩效的目的。如图 8 - 6 所示，在学习者按照评估表的要求逐一回答问题的过程中，会领悟到应该从哪些方面去评价网上的教育资源。事实上，评价的结果已经不重要，重要的是学习者从中掌握了评价网上教育资源的技能。

评价 Internet 上资源

1. 网址：_____

2. 网站名：_____

3. 主要使用者：□学生　　□教师　　□其他

4. 学科领域：_____

5. 网站的主要用途和目的是什么？_____

6. 哪个团体或个人创建了这个网站？_____

7. 他们是否属于某种可能创建有偏见信息的组织？_____

8. 所提供的信息是否注明参考出处？_____

9. 网页的作者是谁？他们是否有权提供这些信息？_____

10. 是否有办法在网站上回复信息并与作者或网络管理员交流？____

11. 素材在网上放了多长时间，它有没有及时更新？_____

12. 考虑如何在你的学习中使用这个网站？_____

图 8 - 6　网上资源评估

三、评价量规及使用

量规是十分重要的表现性评价判决工具，它是对学生的测验、成长记录袋或者行为表现进行评价或者等级评定的一套标准。同时也是一个有效的教学工具，是连接教学与评价之间的一个重要桥梁。

量规虽然从字面上看是一个全新的名词，但从内涵上讲并不是全新的。在以往的教学评价中，特别是在评价非客观性的试题或任务时，人们已经自觉不自觉地应用了这种工具。例如，教师对学生作文的评价，往往会分别就内容、结构、卷面等方面所占的分数给予规定，以便更有效地进行评价；又如教师在期末评价学生一学期的表现时，也往往会从学生的学业成绩、劳动与纪律、同学关系等多个方面进行综合考虑，给出优、良、中、差的等级评定。但应该认识到，虽然教师可能已经应用了这种结构化的评价方法，但其自觉性、规范性，以及对量规这种工具重要性的认识还是远远不够的。

随着教育信息化的发展，越来越多的试题或学习任务是以非客观性的方式呈现的。传统的客观性评价方法已被证明具有较大的局限性，因而，量规这种评价工具的应用逐渐受到重视。下面将从量规的要素、模版、在评价中的应用来进行分析和阐述，并列举优秀的量规作为案例。

（一）量规的要素

一般量规至少都具有以下三个要素。

（1）一是评价准则，指决定表现性任务、行为或作品质量的各个指标。

（2）二是等级标准，说明学生在表现任务中处于什么样的水平。

（3）三是具体说明，描述评价准则在质量上从差到好（或从好到差）的序列，评价准则在每个等级水平上的表现是怎样的。

（二）量规模版

图 8－7 是一个评价量规模版，左边竖栏是评价准则，具体说明部分是对不同等级行为（认知或技能表现）在质量上从差到好的描述，等级标准则从差到好的对不同的表现进行等级划分。分数一栏是用于定量评价个人或者小组的得分，最后的教师或伙伴评述用于教师、管理者、学生或同伴进行定性的评价。

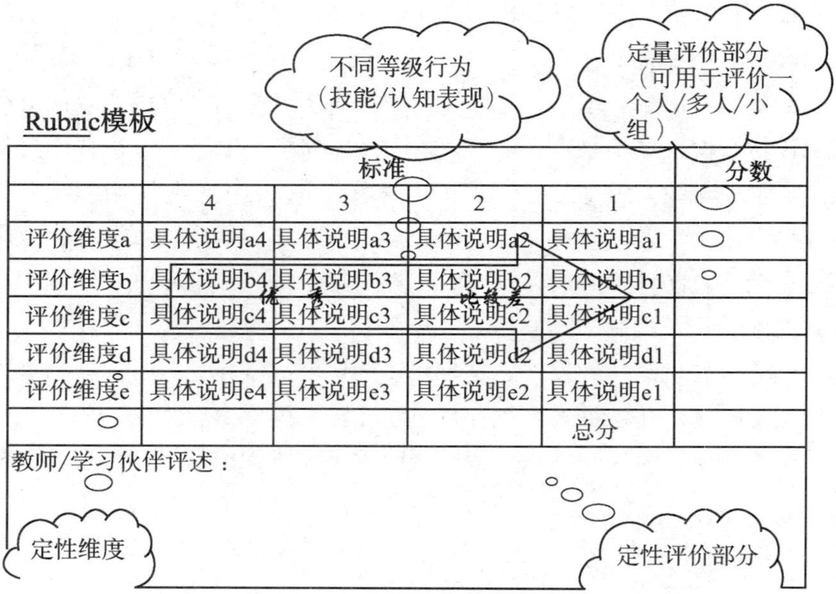

	标准				分数
	4	3	2	1	
评价维度a	具体说明a4	具体说明a3	具体说明a2	具体说明a1	
评价维度b	具体说明b4	具体说明b3	具体说明b2	具体说明b1	
评价维度c	具体说明c4	具体说明c3	具体说明c2	具体说明c1	
评价维度d	具体说明d4	具体说明d3	具体说明d2	具体说明d1	
评价维度e	具体说明e4	具体说明e3	具体说明e2	具体说明e1	
				总分	
教师/学习伙伴评述：					

图 8－7　量规的模板

（三）量规在评价中的应用

信息化教学强调以学为中心，注重学习者综合能力的培养。在信息化教学中，要充分利用信息技术手段进行学习，以学生为中心，注重学习者学习能力的培养，充分利用各种信息资源来支持学习。此时学习过程和学习活动是以学生为中心的，学习活动是真实任务驱动，最后的学习结果往往是电子作品、调查报告、观察心得等。这就要求相应的评价工具不但要关注学习过程，还要具有操作性好、准确度高的特点。量规是从与评价目标相关的多个方面详细规定评级指标。量规可以使学生明确学习的要求和目标；可以清楚地显示评价学生学习的方式和教师的期望，同时让学生清楚"如何做"才能达到这些期望；可以使用具体的术语陈述标准，使评价更客观、公正；可以由教师评价学生学习，也可以让学生自评或与同学进行互评。

在信息化教学评价中，量规是一种实用性与操作性都很强的评价工具。不过，要想设计出一个好的量规来并不是那么简单的事情。这里我们提供了一个信息化教案的量规（表8-5），读者可以思考如何对其做出完善，或者参照其设计一则研究性学习量规。

表8-5　信息化教案量规

	优（40~32分）	良（31~16分）	一般（16~0分）
技术的应用是否有利于提高学生的学习效果（40分）	1. 技术的应用和学生的学习之间有明显的关联； 2. 学习目标明确，表述清楚； 3. 所有的学习目标都符合该主题的教学大纲、内容标准的要求； 4. 已经明确地说明如何变化，以适合不同的学习者； 5. 应用的技术能激发学生的兴趣，符合学生的年龄特征，有利于学生的学习以及高级思维能力的培养	1. 技术的应用和学生的学习之间有一些关联； 2. 对学习目标进行了界定； 3. 一些学习目标符合该主题的教学大纲、内容标准的要求； 4. 提供少量的变化来适应不同的学习者； 5. 应用的技术能激发学生的学习兴趣，符合学生的年龄特征，但对于其如何才能提高学生的学习效果不清楚	1. 技术的应用与学生的学习之间关联不大； 2. 学习目标不明确； 3. 学习目标与该主题的教学大纲、内容标准之间的关系模糊； 4. 不能适应不同的学习者； 5. 应用的技术不能激发学生的兴趣，不符合学生的年龄特征，不能提高学生的学习效果

续表

	优（20～16 分）	良（15～8 分）	一般（7～0 分）
技术与教学的整合是否合理（20 分）	1. 技术是使信息化教案成功的必不可少的一部分； 2. 把计算机作为研究、出版和交流的工具对信息化教案的实施很有帮助	1. 技术很重要，但还没有成为信息化教案必不可少的一部分； 2. 信息化教案中包括了将计算机作为调查、发布和交流工具等条目	1. 技术在信息化教案中的重要性不明显； 2. 信息化教案中很少利用计算机进行调查、发布和交流
	优（20～16 分）	良（15～8 分）	一般（7～0 分）
教案的实施是否简单易行（20 分）	1. 教案可以很容易地进行修改，以便应用到不同的班级； 2. 为教案的重复使用提供了一个完善的模式及原则	1. 教案可以应用到其他班级； 2. 提供了一个可以重复使用的模式，但该模式的原则需要完善	1. 教案仅适用于一个班级； 2. 教案未能提供一个可供重复使用的模式及原则
	优（20～16 分）	良（15～8 分）	一般（7～0 分）
是否能够有效评价学生的学习（20 分）	1. 信息化教案讲解了与教学大纲相适应的知识，并且对学生的成果评估有明确的标准； 2. 学生的学习目标和学习成果评估标准之间有明确的关系； 3. 信息化教案中包括一些评价工具，用于进行务实的评价和评估	1. 信息化教案中所讲解的知识比较符合教学大纲的要求，并对学生的学习成果有比较明确的评估标准； 2. 目标与评价之间有一些关系； 3. 信息化教案包括一些评价工具，可以进行一些评价和评估	1. 信息化教案中所讲解的知识比较符合教学大纲的要求，但对学生的学习成果没有明确的评估标准； 2. 目标与评价之间的联系不明确

（资料来源：http：//www. intel. com/education/teachtech/lessonplans/index. htm）

第三节　面向学习资源的评价

　　学习资源的范围广泛、种类繁多，这里所指的主要是教科书、讲义、讲授提纲、参考书刊、辅导资料、教育录音和录像、教学软件和网上学习资源等。面向学习资源评价的意义一方面在于改进学习资源的设计，使之更加符合教学或学习的需要；另一方面在于选择符合特定要求的学习资源，提高教学或学习的成效。

　　面向学习资源的评价也包括形成性与总结性评价，形成性评价通常是由资源设计者或教师进行的，因为他们决定了是否要对资源进行修改，总结性评价是当学习资源开发完成后，在将要被实际应用的教学环境中进行的，一般由开发小组以外的人来进行评价。

一、主要评价形式

学习资源的评价通常包括专家评价和用户评价两种方式。

（一）专家评价

　　专家评价是由学科专家组成评价小组，根据一定的评价标准，在全面分析学习资源的性能、确认学习资源的教学效果的基础上，在评价表上打分，最后由评审委员会表决、评定学习资源的质量及应用价值。

　　专家评价的一般过程是：首先制定学习资源的评价标准，制定评价用的各种表格；第二，确定被评价的学习资源，填写登记表，如学习资源的名称、学科、适用对象、存贮介质、软硬件环境等；第三，初审，以课件为例，软件评审工作人员检查课件是否符合评审条件并试运行，评价课件内容是否有重大错误，运行是否正常等；第四，专家审议，通过初审的学习资源，再由专家进行评审，专家首先了解学习资源的大致情况，再通过观察学习资源的教学效果，依据评价标准，填写评价表，给出评审意见；第五，终审，由评审委员会综合考察，通过表决，给出该学习资源的评价意见和应用建议。

专家评价的方法比较简单明了，而且也有很大的应用价值，因而得到国内外评价组织的广泛使用。但是，由于该评价方法受一定主观因素的限制，不能完全反映学习资源在实际教学应用中的效果。例如，学习资源是否达到教学目标？是否符合学生的学习需要？是否方便使用、激发学习兴趣？而用户评价是回答以上问题的有效方法。

（二）用户评价

用户评价即在实际教学中，让学生（用户）真正使用学习资源进行学习，观察学生对学习资源的反应及达到教育目标的程度，从而判断学习资源的应用价值。

用户评价的一般过程是：首先确定学习资源的教学目标及适用对象，并把目标条目进行细化；第二，挑选参加评价的学生，应包括不同水平的学生，这样方便检验学习资源对使用者的支持程度；第三，准备好实施评价的条件，如软硬件环境、测试内容和问卷；第四，进行现场评价，观察学生使用学习资源的情况；第五，对学生进行测试；第六，分析以上步骤，获得学习结果，并对照评价标准写出评价报告。

用户评价一般都在使用现场进行，所以比较客观，该评价方法也由此逐渐受到了教育学习资源评价组织的重视，并展开了相关的研究工作。但是，用户评价涉及的因素较多，如学校管理体制、课程安排、学科教学进度、学校的条件、教师和学生态度等，而且周期长、费时费力。因此，在教育实践中，我们常常把专家评价和用户评价结合起来使用。

二、面向学习资源评价的基本标准

学习资源评价是指以学习资源为评价对象，根据一定的目标，采用一切可行的教育评价技术和方法，对学习资源的设计、开发、使用及其效果进行测定，分析目标实现程度，做出价值判断的过程。在这里，我们主要讨论对于教师和学生而言，应该如何对学习资源进行实用的评价。

（一）学习资源的评价准则

随着科学技术的普及和发展，学习资源尤其是计算机课件和网上学习资源随处可见，甚至到了泛滥的程度。虽然这些资源都声称是依据合理的教学原则设计的，但其中很多资源并不适合学习，还有待改进。网上的学习资源更是如此，由于任何人或组织都可以在网上发布自己的作品，所以网上学习资源的质量跨度是很大的，有一流的精品，也有纯粹的垃圾。目前，教师和学生面临的主要问题就是，如何在资源的海洋中，通过有效的评价挑选出有助于师生学习的、高质量的学习资源。

在评价和选择学习资源的过程中，教师不但要能够自己评价学习资源，还要引导学生学会正确地评价资源。实际上，不管由谁评价，评价时所依据的标准是非常重要的。在资源的评价过程中，有学者提出了"五性"原则，可以此作为学习资源评价的基本标准。

一是教育性，看其是否能用来向学生传递课程标准所规定的教学内容，为实现预期的教学目标服务。

二是科学性，看其是否正确地反映了学科的基础知识或先进水平。

三是技术性，看其传递的教学信息是否达到了一定的技术质量。

四是艺术性，看其是否具有较强的表现力和感染力。

五是经济性，看其是否以较小的代价获得了较大效益。

表8-6和表8-7分别以计算机课件和网上资源为例，设计了一些学习资源评价的基本标准。读者可以思考如何对其做出完善与改进。

表 8-6 计算机课件的评价标准

序号	评价指标	评价内容
1	功能性	教学目标适当，内容具有科学性；符合教学规律和因材施教原则；体现计算机特点，发挥其特长；激发学生的学习兴趣和主动性、积极性
2	可靠性	不受错误操作影响，并给予学生友好的提示；判断出学生答案正误，并对答案分析处理，使学生可校对自己的答案
3	方便性	操作键较少且统一，输入操作简单；随时进入和退出，任意选择章节，自由控制内容在屏幕上的停留时间；屏幕上的操作提示简单明了
4	技巧性	综合利用文字、声音、图像，并彼此协调；画面美观，图像有动态效果；算法优化，程序效率高
5	商品化	有比较详细的功能说明、使用说明和必要的维护说明

表 8-7 一种实用的网上学习资源评价量规

序号	评价指标	评价内容
1	可靠性	网站所提供的信息正确、完整、有用、及时且有意义，没有拼写和语法错误
2	友好性	网站的界面友好（即易于理解和使用），主要标题清晰易懂；包括有效且相关的链接，并且链接格式统一、有逻辑、易跟随；下载和浏览的速度较快；用户易于理解网站的信息分类及按钮图标的意义，这包括：信息分类合理；相关按钮附有提示菜单（如文本方式）；相关的图标用意义相符的图形表示；按钮和图标的格式和位置统一，等等
3	美观性	图片与内容相关，能够快速下载且有吸引力；图片格式恰当（如 .gif，.jpeg）。图片位置合适，不影响内容的表现；文本通俗易懂，背景的颜色与文本和图片颜色相辅相成；列表和表格结构合理，位置适当
4	适用性	写作风格适合学生的阅读和理解水平；网站作者能从用户角度出发考虑问题，深入浅出地解释复杂概念

（二）学习资源的选择与加工

学习过程中，对资源的选择与加工，一定程度反映出学习者对学习资源的评价。学习者一般会依据一定的评价标准，对学习资源进行评价，并做出相应的筛选和处理。

学习最终指向意义建构与能力掌握，学习资源最终服务于学习过程的展开。对于学习资源的评价，归根到底应该对其有效性进行评价，也就是要看对学习是否有帮助。学习资源的功能主要就是体现在为学习过程提供全面的支持。

网络给我们提供了无数的信息资源，但使用时要在浩瀚的资源中花费大量的时间进行搜索，这对学习者而言，是难以容忍的事情。而这正是目前网络资源存在的共同问题——冗杂，离散，烦琐。另一方面，这种结构离散的资源往往不能直接被学习者所利用，学习者至少还要经过选题、设计、检索、筛选、加工、组合等一系列设计环节，才可能从中选取某些有用的素材用于学习活动过程。

就某一特定的学习资源而言，针对不同的教学目的，可以设计不同的应用方式，使其发挥适当的功能。如，PowerPoint 演示文稿是常用的学习资源，在初中物理的引论课中，为了帮助学生产生学习物理的兴趣，这时要求提供大信息量的例证，且不要求学生深入思考，演示和讲解也许是不错的选择；而要开展有关神舟六号的探究学习时，为了激励学生主动思考，可以引导学生思考"你想知道神舟六号的哪些知识？"，并通过 PowerPoint 演示文稿展示学生的回答与思考。有效发挥学习资源作用（不论是设计还是应用）的关键在于，使资源适合于其所服务的学习情境当中，帮助学习者更好地开展学习活动。

【实践活动】

1. 评价方案设计

请结合前面的教学设计，为你的教学设计一个评价方案。并将评价方案放到"成果共享区"中。

2. 专题讨论

借助课程学习支持平台，师生开展专题讨论：我们需要什么样的学习评价技术。

3. 自我学习评价

到现在，我们已经完成了本书的阅读，请你思考一下，通过本课程的学习获得了什么变化？我们还需要在哪些方面做出补充？请将你的思考发布到共享平台上。

参 考 文 献

1. 祝智庭. 教育技术培训教程（教学人员版·初级）［M］. 北京：北京师范大学出版社，2006.

2. 祝智庭，钟志贤. 现代教育技术——促进多元智能发展［M］. 上海：华东师范大学出版社，2003.

3. 祝智庭. 现代教育技术——走进信息化教育［M］. 北京：高等教育出版社，2001.

4. 周平儒. 浅谈人本主义学习理论在教学中的应用［J］. 信息技术教育，2001（4）.

5. 钟志贤. 信息化教学模式［M］. 北京：教育科学出版社，2005.

6. 钟志贤，曹东云. 网络协作学习评价量规的开发［J］. 中国电化教育，2004（12）：49－52.

7. 赵蔚，姜强. 电子学档：一种适合网络学习评价的有力工具［J］. 现代远距离教育，2005（2）：46－49.

8. 张艳明. 美国 PT3 项目简介及对我国职前教育信息化培训的启示［DB/OL］.（2005－11－08）［2007－09－16］. http：//www. pep. com. cn/xxjs/jszj/jylw/20051108_ 233804. htm.

9. 张娟. 基于建构主义理论的中学信息技术教学与实践［D］. 扬州：扬州大学，2004.

10. 张虹，夏士雄，张薇，梁银. 计算机网络多媒体技术与应用［M］. 北京：机械工业出版社，2003.

11. 张福炎. 新编计算机应用基础［M］. 苏州：苏州大学出版社，1997.

12. 张华. 英国教育信息化的特点及其启示［J］. 教育评论，2003（6）.

13. 袁莉. John Gardner（约翰·加德纳），Pamela Cowan（帕米拉·柯文）. 英国"新机会基金"培训的分析及对我国教师教育技术能力培训的启示［J］. 教育信息化，2006，（1－2）.

14. 余武. 教育技术学［M］. 合肥：中国科学技术大学出版社，2002.

15. 王经，刘秀. 教育技术新进展［M］. 上海：上海交通大学出版社，2003.

16. 余武. 欧美各国教师教育信息化发展及启示［J］. 电化教育研究，2004（4）.

17. 永刚. 概念图作为教学评价工具的发展［J］. 学科教育，2004（7）：44－46.

18. 尹俊华，庄榕霞，戴正南. 教育技术学导论［M］. 北京：高等教育出版社，2002.

19. 易徽，网络虚拟社区的文化特色及其影响［J］. 西安政治学院学报，2002（1）.

20. 颜辉. 当代美国教育技术［M］. 广州：中山大学出版社，2003.

21. 闫寒冰. 学习过程设计——信息技术与课程整合的视角［M］. 北京：教育科学出版社，2003.

22. 闫寒冰. 信息化教学评价——量规使用工具［M］. 北京：教育科学出版社，2003.

23. 徐继存，王传金. 教学模式研究何去何从［J］. 克山师专学报，2000（2）.

24. 武法提. 网络教育应用［M］. 北京：高等教育出版社，2003.

25. 乌美娜. 教学设计［M］. 北京：高等教育出版社，2004.

26. 王佑镁，祝智庭. 从联结主义到联通主义：学习理论的新取向［J］. 中国电化教育，2006（3）.

27. 王以刚. 美国教育信息化的考察报告［DB/OL］. ［2007－08－15］. http：//www.fjjjzx.com/xd/wlzx/jz/jz－7.htm.

28. 王明臣，姜秀华，张永辉. 数字电视与高清晰电视［M］. 北京：中国广播电视出版社，2003.

29. 任友群. 现代教育技术的建构主义应用［D］. 上海：华东师范大学，2002.

30. 刘昭东，等. 信息与信息化社会［M］. 北京：科学技术文献出版社，1994.

31. 李艺. 抓住总结性评价这个信息技术课程发展的牛鼻子［J］. 信息技术教育，

2006（1）：7.

32. 李彦花. 教学反思——促进教师专业发展的一种有效途径［J］. 中小学教材教学，2003（36）.

33. 李如密. 关于教学模式若干理论问题的探讨［J］. 课程·教材·教法，1996（4）.

34. 蒋宏. 新媒体导论［M］. 上海：上海交通大学出版社，2006.

35. 黄荣怀，沙景荣，彭绍东. 教育技术学导论［M］. 北京：高等教育出版社，2006.

36. 顾小清. 主题学习设计——信息技术与课程整合的实用模式［M］. 北京：教育科学出版社，2005.

37. 龚玉清. 教育技术中的媒体技术——对教育技术的再认识［J］. 现代教育技术，2003（6）.

38. 龚祥国，等. Photoshop 图像处理使用教程［M］. 北京：科学出版社，2003.

39. 高利明. 学习资源的开发利用与评估［J］. 现代教育技术，2001（1）：25－29.

40. 冯奕競. 教育技术技能训练与评价［M］. 北京：高等教育出版社，2003.

41. 冯锐. 论人本主义理论对现代教学技术的影响［J］. 中国电化教育，1996（10）.

42. 查有梁. 教育建模（修订版）［M］. 南宁：广西教育出版社，2003.

43. 彼得·F. 德鲁克，等. 知识管理［M］. 北京：中国人民大学出版社，1999.

44. 王文静. 基于情境认知与学习的教学模式研究［D］. 上海：华东师范大学，2002.

45. 章伟民. 教学设计基础［M］. 北京：电子工业出版社，1998.

46. The CEO Forum：School Technology and Readiness Report［DB/OL］.［2007－03－26］. http：//www. ceoforum. org/downloads/99report. pdf.

47. The 4MAT Learning Style Model［DB/OL］.［2007－07－05］. http：//www. bworks. on. ca/thesis/chapter_ 3. doc.

48. Tan Oon Seng. Thinking Skills, Creativity and Problem-based learning［DB/OL］.［2007－07－15］. http：//www. tp. edu. sg/pblconference/full/TanOnnSeng. pdf.

49. Scardamalia, M. , & Bereiter, C. Knowledge Building［M］. In Encyclopedia of Education, Second Edition. New York：Macmillan Reference, 2003.

50. Kang M, Kwon Y. A Conceptual Framework for a Web-based Knowledge Construction Support System〔J〕. Educational Technology. Vo. 41, No. 4, 2001.

51. Jerry Whitaker. DTV：The Revolution in Electronic Imaging〔M〕. McGraw-Hill, Inc, 1999.

52. 教学活动程序的建立〔DB/OL〕.〔2007 - 08 - 05〕. http：//www. tltvu. ah. cn/personalweb/csy/教学设计/第三章 3 教学活动程序的建立. htm.

53. 王佑镁. 电子学档：信息化教学的新思路〔J〕. 中国电化教育，2002（10）.

54. 教育网站量规〔DB/OL〕.（2004 - 01 - 14）〔2007 - 08 - 15〕. http：//www. czedu. gov. cn/knowledge/contentview. asp? contentid = 20891.

55. 行为主义学习理论〔DB/OL〕.（2006 - 10 - 12）〔2007 - 08 - 15〕. http：//www. blog. edu. cn/user1/20546/archives/2006/1524603. shtml

56. 现代教育技术的基本模式〔DB/OL〕.〔2007 - 08 - 15〕. http：//met. fosu. edu. cn/Article_ Print. asp? ArticleID = 365.

57. David H. Jonassen. Computer In The Classroom：Mindtools for Critical Thinking〔M〕. Pennsylvania State University, 1996.

58. Gagne R M, Briggs L J, Wager W W.（1992），Principles of Instructional Design〔M〕. New York：Holt, Rinehart and Winston, Inc. , 1992.

59. Winnips J C. Scaffolding by Design：A Model for WWW-Based Learner Support〔D〕. Enschede：University of Twente, 2001.

60. R. J. 斯腾伯格. 成功智力〔M〕. 吴国宏，钱文，译. 上海：华东师范大学出版社，1999.

61. Grant Wiggins, Jay McTighe. 理解力培养与课程设计〔M〕. 么加利，译. 北京：中国轻工业出版社，2003.

62. Bruce Joyce, 等. 教学模式〔M〕. 荆建华，等，译. 北京：中国轻工业出版社，2002.

63. 迈诺尔夫·迪尔克斯，等. 组织学习与知识创新〔M〕. 上海社会科学院知识与信息课题组，译. 上海：上海人民出版社，2001.

64. Brody P J. *Technology planning and management handbook：A guide for school district educational technology leaders.* Englewood Cliffs, NJ：Educational Technology, 1995.

65. Jonassen D. Handbook of Research on Educational Communications and Technology. New York：Simon & Schuster Macmillan, 1996.

66. Kearsley G. *Online Education*: *Learning and Teaching in Cyberspace*. Belmont, CA: Wadsworth, 2000.

67. Salmon G. *E-Moderating*: *The Key to Teaching and Learning Online*. Stylus Publishing, 2000.

68. Lyons C J. Essential design for web professionals. Upper Saddle River, NJ: Prentice-Hall, 2001.

责任编辑　杨晓琳
版式设计　贾艳凤
责任校对　刘永玲
责任印制　曲凤玲

图书在版编目(CIP)数据

实用教育技术/祝智庭,沈书生,顾小清编著. —2
版. —北京:教育科学出版社,2008.2(2009.11重印)
(新世纪教师教育丛书/袁振国主编)
ISBN 978 - 7 - 5041 - 4000 - 5

Ⅰ. 实…　　Ⅱ.①祝…②沈…③顾…　　Ⅲ. 计算机辅助教学
Ⅳ. G434

中国版本图书馆 CIP 数据核字(2008)第 013701 号

出版发行	*教育科学出版社*			
社　　址	北京·朝阳区安慧北里安园甲 9 号	市场部电话	010 - 64989009	
邮　　编	100101	编辑部电话	010 - 64989593	
传　　真	010 - 64891796	网　　址	http://www.esph.com.cn	
经　　销	各地新华书店			
制　　作	北京金奥都图文制作中心			
印　　刷	北京中科印刷有限公司			
开　　本	169 毫米×239 毫米　16 开	版　　次	2002 年 3 月第 1 版	
			2008 年 2 月第 2 版	
印　　张	21.75			
字　　数	292 千	印　　次	2009 年 11 月第 2 次印刷	
定　　价	37.00 元	印　　数	5 001—8 000 册	

如有印装质量问题,请到所购图书销售部门联系调换。